◎知识产权研究书系

国际技术
转让法学

徐红菊◎著

知识产权出版社
全国百佳图书出版单位

内容提要

　　本书分别从国际技术转让法学基础理论、国际技术转让与知识产权制度、国际技术转让合同、国际许可贸易法、国际技术转让中的限制性商业行为、国际技术转让的使用费、国际投资中的专利技术转让、国际货物贸易与技术转让、国际技术转让的政府管理等九个方面，详细论述了国际技术转让领域的理论与操作实践，是一本具有专业指导性的理论著作。

读者对象： 知识产权法领域的高校师生及国际技术贸易领域的从业人员。

责任编辑：卢海鹰　　责任校对：董志英
版式设计：卢海鹰　　责任出版：卢运霞
特邀编辑：王祝兰

图书在版编目（CIP）数据

　　国际技术转让法学 / 徐红菊著 . —北京：知识产权出版社，2012.2
　（知识产权研究书系）
　　ISBN 978-7-80011-964-4

　Ⅰ. ①国… Ⅱ. ①徐… Ⅲ. ①国际法－科学技术转让法－法的理论
Ⅳ. ①D996.5

　　中国版本图书馆 CIP 数据核字（2011）第 253694 号

知识产权研究书系
国际技术转让法学
GUOJI JISHU ZHUANRANG FAXUE

徐红菊　著

出版发行：	知识产权出版社			
社　　址：	北京市海淀区马甸南村1号	邮　编：	100088	
网　　址：	http：//www.ipph.cn	邮　箱：	bjb@cnipr.com	
发行电话：	010-82000860 转 8101/8102	传　真：	010-82005070/82000893	
责编电话：	010-82000860 转 8122			
印　　刷：	北京紫瑞利印刷有限公司	经　销：	新华书店及相关销售网点	
开　　本：	787mm×960mm　1/16	印　张：	14.75	
版　　次：	2012年4月第1版	印　次：	2012年4月第1次印刷	
字　　数：	244千字	定　价：	38.00元	

ISBN 978-7-80011-964-4/D·0219（1181）

出版权所有　侵权必究
如有印装质量问题，本社负责调换。

作者简介

徐红菊，祖籍山东滕县（现山东省滕州市），出生于吉林省吉林市，目前执教于大连海事大学法学院。1996年毕业于吉林师范学院，获法学学士学位，1999年毕业于吉林大学，获国际法学硕士学位，师从车丕照教授。2007年毕业于大连海事大学，获国际法学博士学位，师从屈广清教授。2011～2012年，英国诺丁汉大学法学院访问学者。现为大连海事大学法学院副教授、硕士生导师，大连海事大学知识产权研究院副院长，中国国际经济法学会理事，中国科技法学会理事。主要从事的专业为国际经济法学与知识产权法学。

2006年撰写出版《国际技术贸易法学》（大连海事大学出版社）；2007年撰写出版《专利许可法律问题研究》（法律出版社）；2009年撰写出版《专利权战略学》（法律出版社）。参加编写的著作有：《国际商法》（法律出版社，2002年）；《国际经济法教程》（对外经济贸易大学出版社，2008年）；《电子商务法》（东北财经大学出版社，2007年）。就职后共发表论文20余篇，近期发表的代表性论文有：《知识产权一体化下我国技术转移规范的滞后和改进》（载于《国际经济法学刊》第18卷第1期，2011年）；《中国知识产权的美国化？——美国模式的影响与走向》（载于《清华法治论衡－法律全球化与全球法律化》第14辑，2011年）。

PREFACE 序言

我自 2000 年起,在大连海事大学法学院教授"国际技术转让法"这一门课程,十余年教学,感触颇多。大连海事大学法学院设有国际经济法学专业,因而将国际经济法学的许多分支体系分解开来,作为一门单独的课程加以讲授,这也使我有机会专门对国际技术转让法学加以研究。国际技术转让法仅是国际经济法中的一个小分支,前后不过几十页的内容,教学之初,我既想清楚讲解专业知识,又希望借生动的案例丰富课堂教学的,着实花费了不少的工夫。

"寓教于学、教学相长",在讲授课程的过程中,我开始对越来越多的问题产生兴趣,许多前辈的著作带给我关于这一课程的启示与思考。首先,应当承认国际技术转让法在 20 世纪的发展是有限的,无论在学术理论,还是在技术转让的国际法规范方面,都未取得长足的进步。《国际技术转让行动守则》至今还停留在草案阶段,世界贸易组织的工作也未取得显著的进步。其次,国际技术转让法的发展以知识产权制度为基础。知识产权制度为技术转让的客体提供了确定的法律依据,承认了无形技术的私有财产权地位。只有知识产权制度的完善,才能够推进技术转让的发展,只有知识产权制度的全球化,才能够推动国际技术转让的进步。最后,国际技术转让的研究不能停留在知识产权制度本身,它要求对知识产权的运用与流转进行更加合理的规范,这一研究任重道远。本书更加侧重在知识产权制度下研究国际技术转让,侧重研究纯粹的国际技术转让方式,而非综合性的技术贸易;将国际专利联营、国际技术标准等问题融入国际技术转让法的研究，介绍了欧盟诸国、美国等发达国家最新规范国际技术转让问题的成果。在交付书稿的这一刻，我感觉到仍然有诸多问题尚未或者未充分得以剖析并给予明确细致的阐述，只能留待未来有进一步的思考时再弥补缺憾。

  本书的完成得到了许多人的帮助：感谢师长与家人的支持，感谢知识产权出版社编辑的辛勤工作，感谢法律硕士程会兰与王莉莉同学协助精心校对书稿。

徐红菊
2011 年 12 月

目录

第一章 国际技术转让法学基础理论 …………………………… (1)
 第一节 国际技术转让法研究概述 ………………………… (1)
  一、国际技术转让法研究的意义 ………………………… (2)
  二、国际技术转让法学的客体 …………………………… (3)
  三、本书的研究体系 ……………………………………… (7)
 第二节 国际技术转让法律关系与法律渊源 ……………… (9)
  一、国际技术转让法律关系 ……………………………… (9)
  二、国际技术转让法律渊源 ……………………………… (11)
 第三节 国际技术转让统一法的发展 ……………………… (20)
  一、《国际技术转让行动守则(草案)》 …………………… (20)
  二、区域专利许可统一法 ………………………………… (22)
  三、WTO 框架下 TRIPS 的新发展 ……………………… (25)
 第四节 国民待遇原则的适用 ……………………………… (29)
  一、国民待遇原则的发展 ………………………………… (29)
  二、国际技术转让领域国民待遇原则的适用对象 ……… (32)
  三、国民待遇原则适用的一般例外 ……………………… (35)

第二章 国际技术转让与知识产权制度 ……………………… (38)
 第一节 国际技术转让经济理论与知识产权制度 ………… (38)
  一、国际技术转让与知识产权制度的关系 ……………… (38)
  二、国际技术转让经济原因 ……………………………… (41)
 第二节 专利制度下技术进出口国的不同利益 …………… (46)
  一、专利制度的经济分析 ………………………………… (47)
  二、技术输出国的利益分析 ……………………………… (49)
  三、技术引进国的利益分析 ……………………………… (50)
 第三节 我国相关知识产权制度的完善 …………………… (55)
  一、专利法律制度现状 …………………………………… (55)

二、专利技术转让相关规范的完善 ………………………………… (56)
　　三、技术秘密法律制度及完善 …………………………………… (59)

第三章　国际技术转让合同 …………………………………………… (62)

第一节　国际技术转让合同的通用条款 ………………………………… (62)
　　一、授权范围 …………………………………………………… (62)
　　二、转让方基本义务条款 ………………………………………… (63)
　　三、受让方基本义务条款 ………………………………………… (64)
　　四、侵权条款 …………………………………………………… (65)
　　五、改进技术成果归属与实施条款 ……………………………… (65)
　　六、国际技术转让合同法律适用条款 …………………………… (66)

第二节　国际技术转让合同的类型 ……………………………………… (66)
　　一、依是否转让技术所有权为标准划分 ………………………… (67)
　　二、依知识产权的不同类型为标准划分 ………………………… (69)
　　三、依知识产权不同控制主体为标准划分 ……………………… (71)

第三节　国际专利技术转让合同 ………………………………………… (71)
　　一、专利权概述 ………………………………………………… (71)
　　二、国际专利技术转让合同中的权利内容 ……………………… (74)

第四节　国际技术秘密与计算机软件转让合同 ……………………… (78)
　　一、国际技术秘密转让合同 ……………………………………… (78)
　　二、国际计算机软件转让合同 …………………………………… (80)

第五节　国家资助研发技术的转让合同 ………………………………… (83)
　　一、国家资助研发技术的特征 …………………………………… (83)
　　二、国家资助研发技术的权属关系 ……………………………… (84)
　　三、国家资助研发技术的转让与实施 …………………………… (85)

第四章　国际许可贸易法 ………………………………………………… (89)

第一节　国际许可贸易法概述 …………………………………………… (89)
　　一、国际许可贸易法的含义与特征 ……………………………… (89)
　　二、国际许可贸易的法律特征 …………………………………… (90)

第二节　国际专利许可的几种具体形态 ………………………………… (91)
　　一、共有专利许可 ………………………………………………… (91)

二、专利强制许可 …………………………………………… (95)
　　三、专利默示许可规范 ……………………………………… (99)
　第三节　专利许可需注意的几种法律形态 ……………………… (104)
　　一、在先使用权 ……………………………………………… (104)
　　二、专利质权 ………………………………………………… (107)

第五章　国际技术转让中的限制性商业行为 ……………………… (111)
　第一节　限制性商业行为 ………………………………………… (111)
　　一、限制性商业行为的含义与产生 ………………………… (111)
　　二、限制性商业条款的具体表现 …………………………… (112)
　第二节　对限制性商业行为的规范 ……………………………… (116)
　　一、限制性商业行为与自由竞争 …………………………… (116)
　　二、美国立法对限制性商业行为的规范 …………………… (116)
　　三、欧盟对限制性商业行为的规范 ………………………… (119)
　　四、发展中国家立法对限制性商业行为的规范 …………… (123)
　第三节　国际专利联营中的限制性商业行为 …………………… (123)
　　一、专利联营的含义与类型 ………………………………… (123)
　　二、国际专利联营的垄断威胁 ……………………………… (125)
　　三、国外反垄断法对专利联营的规制 ……………………… (126)
　第四节　国际技术标准中的限制性商业行为 …………………… (132)
　　一、国际技术标准与专利 …………………………………… (132)
　　二、国际技术标准壁垒 ……………………………………… (134)
　　三、国际技术标准中的限制性商业行为 …………………… (135)

第六章　国际技术转让的使用费 …………………………………… (145)
　　一、技术使用费概述 ………………………………………… (145)
　　二、技术使用费的支付 ……………………………………… (147)
　　三、专利无效对合同技术使用费的影响 …………………… (149)
　　四、技术使用费的征税 ……………………………………… (152)

第七章　国际投资中的专利技术转让 ……………………………… (155)
　第一节　国际直接投资与专利技术转让概述 …………………… (155)
　　一、基本概念 ………………………………………………… (155)

二、国际专利技术直接投资的优势 …………………………… (157)
　　三、调整国际专利技术直接投资的法律规范 ………………… (160)
　第二节　东道国政府管理专利权出资的现有规范 ………………… (162)
　　一、界定合格的出资 …………………………………………… (162)
　　二、明确外资进入的条件 ……………………………………… (164)
　　三、鼓励专利技术出资的规范 ………………………………… (167)
　第三节　东道国政府管理专利权出资需完善的规范 ……………… (168)
　　一、东道国接受专利技术出资的风险 ………………………… (168)
　　二、东道国专利技术投资配套法律体系的完善 ……………… (170)

第八章　国际货物贸易与技术转让 ………………………………… (176)
　第一节　国际货物贸易中的平行进口 ……………………………… (176)
　　一、平行进口的概念与特点 …………………………………… (176)
　　二、关于专利平行进口的几种理论 …………………………… (179)
　　三、平行进口的合法性分析 …………………………………… (184)
　第二节　未获知识产权许可货物的边境措施 ……………………… (186)
　　一、知识产权边境措施 ………………………………………… (186)
　　二、知识产权边境措施的国际法规范 ………………………… (187)
　　三、美国"337条款" …………………………………………… (188)
　　四、我国海关知识产权法律规范 ……………………………… (188)

第九章　国际技术转让的政府管理 ………………………………… (191)
　第一节　国际技术转让政府管理概述 ……………………………… (191)
　　一、国际技术转让政府管理的含义与特征 …………………… (191)
　　二、政府管理国际技术转让的原因——技术的政治性 ……… (192)
　　三、国际技术转让政府管理的内容 …………………………… (193)
　　四、国际技术转让政府管理的国际协调 ……………………… (194)
　　五、各国政府管理技术进出口的立法 ………………………… (195)
　第二节　发达国家国际技术转让的政府管理 ……………………… (198)
　　一、发达国家国际专利技术转让政府管理的特点 …………… (198)
　　二、美国政府管理的法律措施 ………………………………… (200)
　　三、日本对技术出口的管理 …………………………………… (202)

第三节 发展中国家国际技术转让的政府管理 …………………（203）
　一、发展中国家国际技术转让政府管理的特点 ……………（203）
　二、发展中国家技术引进政府管理法介绍 …………………（204）
　三、我国的技术进出口管理规范 ……………………………（207）
　四、我国技术进出口政府管理规范的完善 …………………（217）

第一章
国际技术转让法学基础理论

第一节 国际技术转让法研究概述

国际技术转让法学是国际经济法学的一部分，是伴随着国际经济法学与知识产权法学的发展而逐步完善起来的，主要调整跨越国界的技术转让法律关系。自20世纪80年代以来，我国学者对国际技术转让法学的研究内容进行了不同的诠释，例如，有的学者认为对国际技术转让法的研究应该从其所调整特定部分的社会关系入手，主要指国际技术转让当事人因技术转让而结成的关系、国际技术转让当事人与有关国家政府之间的关系，以及各国政府因国际技术转让而结成的关系[1]；有的学者则认为应当从国际技术转让的贸易标的入手，对"技术"含义与特征进行分析，并推导出不同种类的技术转让方式；还有的学者则认为应侧重研究国际技术转让方式的表现及特征。

本书认为国际技术转让法的研究是以所调整的跨国技术转让关系为主的综合性研究。国际技术转让法学的研究不是孤立的，是伴随着邻近部门法学的发展而发展起来的，对于国际技术转让法的研究，应持以历史的、全面的态度。国际技术转让法的研究要遵循法学研究的一般理论与基本原则，以进行技术转让的法律现象为研究对象。对于国际技术转让法学的研究应当进行系统的研究，既要包括对于该法学产生、发展及其规律的研究，也要包括对不同法系国家技术转让法律制度及国际统一实体法制度的比较研究；既要包括对于国际技术法学体系自身内部联系与机制的研究，也应当包括国际技术转让法与其他部门法相互关系的研究。国际技术转让法学是对所有技术转让

---

[1] 高树昇. 国际经济法总论［M］. 长春：吉林大学出版社，1989：231-232.

法律现象的综合性研究，其特定的研究对象决定了其可以成为自成一体的独立法学学科。

一、国际技术转让法研究的意义

1. 国际技术转让法学研究的内在要求

随着国际技术转让的发展，一些原有的技术转让方式已经逐步淡化，这些传统方式或者削弱了技术转让的特征，或者贸易方式本身发生了改变，所以国际技术转让法也应当相应地改变其研究对象。如补偿贸易，在我国改革开放之初，是通过加工产品吸引技术的重要方式，但随着技术贸易的发展，补偿贸易这种方式已经逐步弱化，纯粹的技术转移方式，尤其是其中的知识产权问题应当受到重视。当代国际技术转让的发展呈现"软化"的特征。所谓国际技术转让"软化"，是指国际技术转让行为由原来附着于有形设备之上进行转移，向单纯转移技术本身演化的特点，是技术转让研究发展到一定阶段的必然结果。"技术"的财产权属性是进行技术交易的基础，这种财产权属性表现为知识产权。知识产权制度自诞生至今，已经发展成为涵盖众多客体的复杂的权利体系，并处在不断的发展与变化过程之中。❶ 国际技术转让涵盖了众多的知识产权转让法律行为，但不同类别的知识产权具有各自独立的特征，近年来随着国际与各国自有知识产权制度的完善与变化，国际技术转让法的研究遇到了新的课题，在知识产权制度基础之上深入对该学科的研究，同样是国际技术转让法发展的必然要求。

2. 国际贸易发展的必然要求

世界贸易组织（WTO）框架下《与贸易有关的知识产权协定》（TRIPS）将知识产权问题与货物贸易紧密联系起来，使货物贸易不再停留在单纯的要约、接受及合同履行等内容，而是扩及知识产权问题以及其对于国际货物贸易流通的影响。如果不对货物本身所含有的知识产权内容给予保护，无论合同订立程序设计如何完美，国际货物贸易都可能在知识产权问题上遇到阻碍。国际技术贸易与国际货物贸易之间的密切联系，可以喻为表里关系，国际货物贸易为表，国际技术贸易为里。换言之，经济全球化的发展，不仅要求货物的外在要符合质量、数量等要求，还要求其内在所包含的知识产权要符合法律要求。事实证明，促进国际贸易发展的规范研究，仅停留在货物贸

---

❶ 万鄂湘. 国际知识产权法［M］. 武汉：湖北人民出版社，2001：1.

易这一层次上是不够的。国际技术转让是进行货物贸易的在前阶段，随着科技的发展，不同企业对于相互间拥有技术的依赖性增强，即使拥有相当数量专利技术或技术秘密的跨国公司，也无法回避对于其他技术的依赖，需要寻求与其他技术所有人的合作，许可就是这种合作的典型表现形式。国际货物贸易发展速度越快，竞争压力越强，对于技术转让的需求也就越大，国际技术转让随之呈现出形式多样化、法律关系复杂化的特点，界定不同国际技术转让形式的范围，以法律来规范技术转让行为成为货物贸易发展的必然要求。

国际技术转让将不同的区域市场连接起来，并造成发明人在全球范围的竞争，产生更多可以彼此替代的发明，却可以产生不同的效率。通过国际货物贸易促使技术以许可等方式将不同国家的发明人联系到一起，可以创造出比各分立实验室更为优良的技术，因此，国际技术贸易不但可以促进技术的更好创新❶，而且可以更好地促进国际货物贸易的发展。

二、国际技术转让法学的客体

1. 对传统客体的分析

国际经济法自20世纪80年代引入我国，国际技术转让法是作为国际经济法的一门分支学科在我国开展研究的。除最早出版油印本供教学使用外，刘丁教授于1984年初在中国人民大学出版社正式出版的《国际经济法》被认为是中国境内最早的国际经济法教材。❷ 1989年5月，吉林大学出版社出版了高树异教授的《国际经济法总论》，1989年10月姚梅镇教授在武汉大学出版社出版了《国际经济法概论》。自此，南北学者联合拉开了在中国探索国际经济法学的漫长之路。随后，国际经济法学中的各分支学科也相继有成果出现，在国际技术转让法领域，比较显著的成果是1989年郭寿康教授在法律出版社出版的《国际技术转让》一书。国际技术转让法作为分支学科是国际经济法学的研究内容之一，但与其他分支学科，如国际货物贸易法、国际金融法、国际商事仲裁法等相比，显然并未引起更多的关注与兴趣。这与"技术"作为研究客体的产权属性不明确，内涵与外延的不确定性，有着直接的关系。

---

❶ DANIEL F. SPULBER. Competition Policy and the Incentive to Innovate: the Dynamic Effects of Microsoft v. Commission.

❷ 引自课程介绍 [EB/OL]. [2009-07-09]. http://gjjjf.rucil.com.cn/.

在传统的国际技术转让法著作中，对"技术"的界定采用的主要是世界知识产权组织（WIPO）在《供发展中国家使用的许可证贸易手册》中对技术所下的定义，"技术是指制造一种产品，采用一种工艺或提供一项服务的系统知识"；联合国《国际技术转让行动守则（草案）》通过列举的方式对国际技术转让的内容作了概括：（1）各种工业产权的转让、出售或授予许可，即以转让或许可合同的方式提供发明专利权、实用新型专利权、外观设计专利权以及商标权为内容的技术知识；（2）以可行性研究、计划、图表、模型、说明、手册、公式、技术规格、详细工程设计和训练设备、技术咨询服务、管理人员服务及人员培训等方式，提供专有技术知识；（3）提供工厂和设备的安装、操作和运用以及交钥匙项目所需要的技术知识；（4）提供将要或已经购买、租赁或以其他方式获得机器、设备、中间产品或原材料取得、安装或使用所需的技术知识；（5）提供工业和技术合作安排的技术知识。然而，以上关于"技术"的概念似乎并未使国际技术转让法的学习变得清晰，反而带来一定程度的模糊，其基本原因在于"技术"一词本身在法律上的不确定性。类似"技术"的词语在我国一些法规、条例名称中也加以使用，如《技术进出口管理条例》《科学技术进步法》《科学技术普及法》《技术合同认定登记管理办法》等。由于技术一词的含义无论在自然科学领域还是在法学领域，都没有非常精确的范围界定，当法规制定目的限于促进技术的普及，泛指"技术"的抽象含义时，该词的使用尚不会带来太大混淆，但当法律、法规规范的客体本身为"技术"时，使用技术一词就会为理解法律本身带来困扰。

产生这种现象的另一重要原因在于技术贸易晚于货物贸易的发展，国际技术转让是国际货物贸易发展到一定阶段的产物，国际技术转让法的研究不如国际货物法久远，研究无其更深入也就不足为奇了。法律关系的客体是部门法研究的基础，"技术"是国际技术转让法的重要研究对象。然而，这一客体缺少了基本的研究基础，即作为交易的对象应当具有的私有财产权的属性。"技术"这一抽象的概念作为客体，无法满足这一基本要求，因为"技术"一词本身并非准确的法律概念。法律概念是对法律事实进行概括，抽象出共同特征而形成的法律上的权威性范畴，每一个法律概念都应有确切的法律意义和应用范围。只有将某一对象确定为法律概念后，相应的权利义务关系才能展开，权利义务方面的法律规定才能适用。作为法律要素的法律概念必须是明确的和规范的，即其应当具有明确的内涵与外延，如果法律概念本身存在歧义，在一个不清晰概念的基础之上分析有关的法律关系，就必然产生混淆与误解。"技术"一词不具备作为法律概念的条件，由于技术的无形性属性，对于"技术"的理解是存在歧义的，在任何相应的技术法律规范中均没有关于技术范围的明确界定，在不同的法律环境之下可以赋予技术不同的含义。"技术"一词非法学概念的属性与解释的多样性也决定了在国际技术转让法中该概念本身产生混淆的可能性。

2. 国际技术转让法学的客体——知识产权

作为交易客体应具有法律上的产权属性。英国学者劳森、拉登指出，产权是一种完全的、排他的权益，无论"物"有多么抽象，它应当可以实际占有使用、可以获取收益、拥有转让的权利❶。确立"技术"私人财产权法律地位的法律制度是知识产权制度，在 TRIPS 中，明确要求各成员承认知识产权的"私权"地位。随着知识产权制度的发展与完善，"技术"的各种表现形式都可以归为不同的知识产权类型，如专利权、技术秘密、计算机软件等，知识产权制度与国际技术转让法越来越密不可分。与技术相比，将知识产权作为客体，有利于突出国际技术转让的自身特征，使该领域的研究逐渐脱离贸易混合体的模式，研究重点集中于纯粹的国际技术贸易。同时，作为客体，私有产权属性的界定，也有利于国际技术转让法学向深入法学理论的探索。

该学科客体的变化具有历史的原因。在知识产权制度尚未形成之前，将技术作为客体是必然的，因为法律尚未确认其在交易中的财产权属性，只有在知识产权制度确立后，技术的财产权法律地位才得以确认。正是知识产权制度的建立推动了国际技术转让的发展。巧合的是，在这门学科引入我国之时，也是我国知识产权制度刚刚起步之时。1984 年 3 月 12 日第六届全国人大常委会通过并颁布了《中华人民共和国专利法》，该法于 1985 年 4 月 1 日施行。尽管如此，将专利权作为"私权"加以保护的专利体系还未完善，专利保护制度自身的研究也刚刚起步，建立在专利法律制度基础之上的"国际技术转让法"研究也略显薄弱。随着我国知识产权法律制度的不断完善，《国家知识产权战略纲要》的实施，国际技术转让法的研究也进入了一个崭

---

❶ F.H. 劳森，B. 拉登. 财产法 [M]. 2 版. 施天涛，等译. 北京：中国大百科全书出版社，1998：7.

新的时期。

3. 国际技术转让法学的研究与发展

尽管由于历史客观原因，国际技术转让法学在引进我国后，不如其他学科的研究深入，但在短短的近三十年时间里，其仍然取得了相当的成果。国际技术转让法研究对象基本确定，出现了含"国际技术转让法"的国际经济法教材、著作以及单独以"国际技术转让法"为研究对象的著作。

传统国际技术转让法的研究范围包括：（1）单纯以专利、专有技术或两者结合为标的进行的国际许可贸易；（2）国际工程承包；（3）国际技术咨询与服务❶；（4）国际合作生产；（5）国际补偿贸易；（6）国际特许专营❷。这一研究对象与当时国际上的研究范围也基本保持了一致，如依据《国际技术转让行动守则（草案）》（以下简称"守则"）的规定，国际技术转让的基本法律范围应包括主要是以专利、专有技术及两者的结合进行的转让行为，不包括单纯的商标及商号等进行的转让，国际工程承包、国际合作生产等。这与我国当时的历史背景有关，守则起草于20世纪80年代，主要反映了当时发展中国家的利益，我国作为发展中国家的代表，站在此种角度对国际技术转让法进行研究是符合时代发展需要的。同期，在国外相关的著作与教材中（以美国国际经济法教材为例），国际技术转让法的研究对象包括：（1）专利保护（包括TRIPS、专利权的国际承认）；专有技术；商标保护（商标权的国际承认）；版权保护（版权的国际承认）；（2）国际特许经营；（3）国际专利与专有技术许可；（4）平行进口的灰色市场；（5）数据信息的跨国流动；（6）301条款特别程序❸。美国对于国际技术转让法的研究建立在知识产权法律制度基础之上进行，并结合了国际技术转让中新出现的法律问题，如平行进口，与美国将货物贸易与知识产权相联系的特别301条款。相比较来看，我国国内学者对于国际技术转让法的研究主要依据了守则中给予界定的范围，而较少参考美国等国家给予国际技术转让法的研究范围。

自20世纪末到21世纪初，由于外在的压力与内在的需求，我国知识产

---

❶ 参见：陈安. 国际经济法概论 [M]. 北京：中国政法大学出版社, 2001.

❷ 参见：安丽. 国际技术转让法 [M]. 北京：中国法制出版社, 2003；车丕照，张瑞萍. 国际技术转让法 [M]. 长春：吉林大学出版社, 1999.

❸ RALPH H. FOLSOM, MICHAEL WALLACE GORDON, JOHN A. SPANOGLE, JR. International Bussiness Transactions [M]. Fifth Edition. WEST PUBLISHING, 1994.

权制度有了历史性的发展，在短短 30 年内，涉及专利、商标、著作权的法律、法规历经多次修改。修订后的知识产权相关法律，不仅确立了知识产权的私有财产权地位，也顾及了专有权与公共利益的平衡；不仅做到了与国际知识产权条约的衔接，也考虑了本国的切实利益；不仅建立了制度框架，还切实加强了公民的知识产权意识。自此，国际技术转让法真正获得了得以发展的法律基础环境。国际技术转让法的研究范围不断扩大，国际技术转让与公共利益的平衡，国家对技术转让私人契约条款干涉的法律效力，国际技术转让与反垄断法的关系等内容开始纳入国际技术转让法学的研究范围。此外，原有的研究内容也出现了新的改变，如国际技术转让的方式、国家对国际技术转让的政府管理等内容。

三、本书的研究体系

本书的研究以国际技术转让法与知识产权联系为基础，侧重单纯的国际技术转让法律关系，如国际许可贸易的研究。混合型的国际技术转让方式，如国际工程承包、国际特许专营等贸易方式未列入本书的研究体系。本书的主要研究内容主要包括以下几部分：

第一章内容为国际技术转让法学基础理论。在该章中第一部分介绍了国际技术转让法的发展过程与研究对象，指出知识产权是国际技术转让的客体，明确该客体内容对于国际技术转让法的研究有着重要的意义。第二部分介绍了国际技术转让法律关系与法律渊源。国际技术转让法律渊源是指能够体现国际技术转让法的效力、作用的法律的外在表现。与专利有关的国际技术转让法的渊源，本书既介绍了国际法上的渊源，也阐述了专利保护方面的国内法渊源，既包括制定法、习惯法，也包括一些国际条约与国际惯例，既包括对专利权进行保护的法律制度，也包括专门的技术转让法律制度。第三部分对国际技术转让法渊源的最新发展进行了专门的介绍。

第二章的内容介绍了国际技术转让法与知识产权制度的联系。第一部分介绍了知识产权制度促进了国际技术转让的发展，同时，国际技术转让贸易的发展也促进了各国知识产权制度的协调一致。但这种一致的知识产权制度对于技术的进口国与出口国将产生不同的影响，分析这种差距的主要方法是法律的经济分析方法。法律的经济分析是运用经济分析的方法解释法律制度的设计与选择，国际技术转让法属于经济性更强的技术性法律规范，运用经济分析的方法可以对国际技术转让双方当事人的经济利益加以合理分析，也可以对技术引进国与输出国的不同经济利益作出判断，这是该章第二部分的内容。第三部分以我国知识产权制度为核心，重点介绍了我国与国际技术转让有直接联系的专利制度与技术秘密法律规范的发展。

第三章内容为国际技术转让合同。第一部分介绍了国际技术转让合同的通用条款。第二部分介绍了国际技术转让合同的基本类型与特征，第三、四、五部分分别介绍了具体的国际专利技术转让合同、国际技术秘密转让合同与国际计算机软件转让合同以及国家资助研发技术的转让合同的内容。

第四章介绍了国际许可贸易。国际许可是国际技术转让法的基础，也是最为典型的国际技术转让方式。在第一部分中介绍了国际许可贸易的基础理论，包括国际许可合同的类型与法律特征。第二部分针对知识产权的权利行使，分别列举了几种突出的许可形式，如共有专利许可、专利强制许可与专利默示许可等。这几种许可形态均具有一定的特殊性，且不同国家的法律规范也有差异，该部分比较分析不同国家的立法与法学理论。第三部分介绍了几种对国际许可贸易有着重要影响的法律形态，如知识产权的在先使用权与专利质权等，如果在国际许可贸易中忽略这几种特殊的法律形态，将会影响贸易的顺利进行。

第五章内容是国际技术转让中的限制性商业行为，国际许可合同中的限制性商业条款是各国法律规范的重点对象，限制性商业条款的界定不明确，易于在国际许可当事人之间产生纠纷，严重则影响国际整体经济利益与市场的自由竞争秩序。因而国际许可中有关限制性商业条款的界定、具体表现以及各国法律对其规范的立法与司法实践，应当成为国际专利许可贸易法研究的重点。该章第一部分与第二部分分别介绍了限制性商业行为的概念、产生原因以及各国对限制性商业行为的规范，主要是以反垄断法的形式加以规范。近年来，美国与欧盟相继推出指导规范限制性商业行为的法律文件。该章的第三与第四部分介绍国际专利联营与国际技术标准中的限制性商业行为的表现与规范，这两种形式是近年来比较突出的热点问题，而其与限制性商业行为的关系则尤为重要，值得分析，是国际技术转让法中较新的研究对象。

第六章介绍了国际技术转让使用费，包括使用费的构成与支付，专利权无效时技术使用费的支付，以及技术使用费的税费等问题。

第七章介绍了国际直接投资中的技术转让，重点内容是东道国对于专利技术出资方面的法律规范的分析。除国际许可方式外，技术转让还大量存在于国际直接投资之中。涉及国际直接投资的技术转让包含两种，一种是一国权利人将技术许可给在技术引进国设立的合资公司，另一种方式是将专利技术折价入股，技术所有人成为另一国合资公司的股东。国际技术直接投资不同于国际许可，涉及的法律行为更加复杂，不仅涉及技术的评估作价，还涉及公司法领域技术的出资与转让。

第八章内容是国际货物贸易与技术转让。尽管本书在国际技术转让方式上刻意剥离了国际技术转让与货物贸易的联系，以避免研究对象的混淆，但国际技术转让与货物贸易在实践中有着密切的联系，本书将这种联系专设一章进行分析。第一部分介绍了平行进口的法律问题，该问题涉及经权利人授权的被许可方的利益分析。第二部分介绍了未经知识产权许可货物的边境管理措施，主要包括海关对于知识产权侵权进口货物的处理措施等。

第九章内容介绍了政府对于国际技术转让的管理。由于技术的特殊属性，各国政府对于技术进出口都给予相应的管理，该章分别介绍了发达国家与发展中国家政府对于技术进出口的管理规范，并专门分析了我国现有的技术进出口管理规范。

第二节　国际技术转让法律关系与法律渊源

一、国际技术转让法律关系

法律关系是以相关的法律规范存在为前提的，技术转让法律关系调整人们在进行国际技术转让行为过程中形成的权利义务关系。

1. 法律关系的主体

法律关系的主体是指法律关系的参加者，是权利与义务的承担者。国际技术转让法律关系主体指在国际技术转让法律关系中，依据有关法律规定享有权利或负有义务的人，这种"人"既包括自然人，也包括法人或其他组织，还包括特殊情形下的国家。

我国对技术进出口主体的规定随着法律的修订而有所变化。最初体现在1994年《对外贸易法》中，该法在第2章"对外贸易经营者"第8条中规定："本法所称对外贸易经营者，是指依照本法规定从事对外贸易经营活动的法人和其他组织"。可见，依当时的法律规定，自然人不能作为国际技术贸易活动的主体。2004年，我国修订了《对外贸易法》。修订后的法律规定，对外贸易经营者，是指依法办理工商登记或者其他执业手续，依照本法和其他有关法律、行政法规的规定从事对外贸易经营活动的法人、其他组织或者个人。可见,目前在我国可以构成国际技术转让主体的不仅包括法人与其他组织,也不再限制自然人成为国际技术转让法律关系的主体。在国际技术转让法律关系中,国家同样是重要的主体。首先,国家以管理者的身份对国际技术转让合同进行管理,这种管理只针对技术的进出口行为,如我国2001年颁布实施的《技术进出口管理条例》规定,国家对不同类型的技术进出口合同进行登记、审批等管理。其次,国家通常成为国际技术转让的交易主体,由于技术影响范围的广阔,国家也可以成为技术转让合同的一方当事人。再次,作为技术转让客体的知识产权的授权、失效往往由国家机关作出决定。国家与技术的交易有着密切的联系,技术的流动有着越来越强的政治性,不仅因为知识产权的全球性流动,还因为技术保护主义的存在。[1] 与其他贸易形式相比,由于技术转让的政治性,政府对于国际技术转让的管理尤为重视。

2. 法律关系的客体

国际技术转让法律关系的客体指国际技术转让法律关系主体权利义务所共同指向的对象,客体的作用是将技术转让的权利主体与义务主体联系在一起。依据法学的基本理论,能够成为法律关系的客体,应当具备一定的条件。首先,应当具有价值,知识产权便具备这一条件,在知识产权制度下的国际技术转让法律关系表现得更加明确,原因在于知识产权属于无形财产权,具有价值属性。其次,客体应当具有可控制性,即在法律上可以明确此种财产权的权利人,并在法律上保证权利人对财产的占有、利用与处分。随着技术交易的发展,各国已经建立起有效保护知识产权的法律制度。综上,知识产权具备成为国际技术转让法律关系客体的条件,可以作为研究国际技术转让法的对象。知识产权完全符合法学理论对于客体的要求,对于明确国际技术转让过程中双方当事人的权利义务关系有着重要的作用。

3. 法律关系的内容

国际技术转让法律关系的内容是指国际技术转让法律关系主体所享有的权利和承担的义务。国际技术转让法律关系内容根据特定的性质,可以分为

---

[1] JOHN H. BARTON. New Trend in Technology Transfer: Implications for National and International Policy [R]. Published by International Center for Trade and Sustainable Development (ICTSD), 2007: 2.

两种，一种是存在于国际技术转让合同双方当事人之间的平等法律关系，是基于国际技术转让合同所要承担的各自权利义务关系。双方当事人的法律地位建立在平等协议基础之上，当事人之间的权利义务关系主要由其所签订的合同内容来确定。另一种法律关系是存在于非平等主体之间的国际技术转让关系，即当事人与有关国家政府之间的权利义务关系。这种权利义务关系的具体内容不能由当事人随意作出约定或加以改变，必须依法作出，调整双方当事人权利义务关系的依据是由国家制定的相关法律规范，具有强制性的特点。如国家对于国际技术转让合同的审批与登记，依据我国《技术进出口管理条例》第11条规定：进口属于限制进口的技术，应当向国务院外经贸主管部门提出技术进口申请并附有关文件。技术进口项目需经有关部门批准的，还应当提交有关部门的批准文件。国际技术转让合同的当事人必须依法提交申请与有关文件，这些关于国际技术转让当事人的义务性规定是强制性的，当事人无权变更。

二、国际技术转让法律渊源

法律渊源是指具有法的效力作用和意义的法的外在表现形式，法律渊源主要表现为制定法、判例法、习惯法以及国际协定与条约。国际技术转让对国家之间的交往影响很大，有80多项国际性文件以及大量的区域性、双边协定与国际技术转让直接相关，这些文件大多数是为了促进发展中国家技术能力的发展。❶ 如直接有关"专利技术"国际转让的国际条约、区域性条约。调整国际技术转让法律关系的国际法渊源可以分为两类，一类是直接调整国际技术法律关系的国际条约，如《国际技术转让行动守则（草案）》；另一类是以保护知识产权为主要内容的国际条约，如 TRIPS。这两类法律渊源一方面调整技术保护的设定标准，就是试图在发明人与潜在的技术使用者的权利义务之间建立平衡；一方面则更加关注调整技术转让的直接措施，解决某些特殊性技术的转让问题，如关于人类健康与环境保护方面的技术，生物多样性方面的技术以及海洋资源开发与利用方面的技术等。

（一）多边国际条约

1.《保护工业产权巴黎公约》

《保护工业产权巴黎公约》（Paris Convention for the Protection of Industrial

---

❶ UNITED NATIONS. Compendium of international Arrangement on Transfer of Technogoly: Selected Instruments. UNCTAD/ITE/IPC/Misc. 5, New York and Geneva, 2001.

Property，以下简称《巴称公约》）早在 1873 年已经开始筹备工作，目的在于为专利和商标提供实质性的国际保护。1880 年在法国巴黎举行的外交会议上起草了公约，并于 1883 年 3 月在法国巴黎签订，1884 年经 11 个国家❶签字批准并提交批准书 1 个月后，公约正式生效。《巴黎公约》是最早签订的一项以保护专利权、商标权为主要内容的国际公约。在以后的一百余年时间里，先后完成了数次修订，目前对各成员国仍然有约束力的文本为 1925 年修订的海牙文本、1934 年修订的伦敦文本、1958 年修订的里斯本文本及 1967 年修订的斯德哥尔摩文本，其中，1967 年修订形成的斯德哥尔摩文本，是目前该公约的绝大多数成员国批准或加入的文本。我国于 1985 年加入《巴黎公约》的斯德哥尔摩文本。

《巴黎公约》中除规定了国民待遇、最惠国待遇等基本原则外，还规定了成员应当遵守的专利权独立性原则与实施义务。专利独立性原则是 1900 年的布鲁塞尔修订会议上出现在《巴黎公约议定书》中的，在 1911 年的华盛顿及伦敦修订会议上进行了完善，目前，已经成为《巴黎公约》一项重要原则。专利权独立性原则的含义是各成员国所授予的专利权是相互独立的，各成员国在专利权授予条件、权利期限和权利无效或权利注销条件等方面有权根据本国法律的具体规定独立作出决定，不受其他成员国就同一专利所作的决定的影响。各成员国都是独立地按本国的国内法授予专利权，同一发明，在一个成员国取得专利权并不意味是在其他成员国也一定可以取得专利权；同一发明的专利权在一个成员国被撤销或终止，并不意味着在其他成员国一定要被撤销或终止。依照各国专利独立的原则，各国都只保护根据本国专利法所批准授予专利权的发明创造，没有保护在外国被批准的专利的义务。所以，一般在进行国际专利许可贸易之前，必须在该国申请专利，并在申请被批准后才能得到该国的法律保护。专利的实施义务是涉及由专利的独占垄断权而可能发生的专利权的滥用问题，公约授予成员国以立法权以阻止专利权的滥用，规定公约成员国有权采取立法措施规定授予强制许可，以防止由于行使专利所赋予的排他权而可能产生的滥用。《巴黎公约》为专利权与商标权设定了最低的法律保护标准，并确立了国际知识产权保护的一些重要原则。

---

❶ 11 个国家分别为意大利、葡萄牙、法国、荷兰、比利时、西班牙、巴西、危地马拉、萨尔瓦多、塞尔维亚、瑞士。

2.《与贸易有关的知识产权协定》

在 1994 年 4 月摩洛哥的马拉喀什城乌拉圭回合后,知识产权作为最终法律成果的一部分,被首次纳入国际贸易制度之中,颁布了对国际知识产权保护产生了重要影响的《与贸易有关的知识产权协定》(TRIPS)。

该协定共包括七部分,既包括知识产权的基本原则、有关知识产权保护的效力、范围与利用标准,也包括知识产权执法的各种程序性措施。协定在第 2 部分 "有关知识产权的效力、范围及利用标准"(Standards concerning the availability, scope and use of Intellectual Property Rights)中对专利、技术秘密、计算机软件以及商标与外观设计等对象进行了规范。如专利方面,协定规定专利权人所享有的专有权包括,专利权人有权制止第三方未经许可制造、使用、许诺销售、销售或为上述目的而进口该产品。规定了专利权人所享受权利之例外,对专有权的行使进行了限制。但协定只是作了原则性规定,即这种例外应符合第三方的合作利益,且该例外不与专利的正常利用有不合理的冲突,也没有不合理地损害专利所有人的合法利益。协定对专利强制许可作了较为详细的规定:对于授予强制许可,各成员均应个案处理,不能将原来某一个案件的强制许可判决作为原则来用,意图使用人应已经努力向权利持有人要求依合理的商业条款及条件获得许可,但在合理的期限内没有成功,除非某成员进入国家紧急状态,或有其他特别紧急的情况,可不必受上述条件的约束。协定要求各成员对专利可享有的保护期,应不少于自提交申请之日起的 20 年年终。❶

3.《专利合作条约》

《专利合作条约》(Patent Cooperation Treaty, PCT),于 1970 年缔结于华盛顿,是《巴黎公约》之下的一个专门性国际公约,由总部设在瑞士日内瓦的 WIPO 国际局管理。《专利合作条约》对专利申请的受理和审查标准作了国际性统一规定,为申请人在多国提出专利申请提供简便的程序。依据该条约,凡条约成员国,任何国家的居民或者国民只要使用一种规定的语言在其中一个国家提交了国际专利申请,就可以产生分别向各成员国提交国际专利申请的效力,并可以取得在各条约成员国承认的国际申请日。我国在 1994 年成为该条约成员国,我国的企业均可以利用该条约提出专利的国际申请,不

---

❶ 协议注:对于无原始批准制度的成员,保护期应自原始批准制度的提交申请之日起算。

必向所有国家逐一递交专利申请。

《专利合作公约》的主要目标是通过国际合作途径，建立一个从申请到检索、审查、公布出版的国际统一程序和标准，为专利申请人提供便利，使分散申请和分散审查的专利制度逐步走向统一。条约规定了专利国际申请的合作程序，各成员国就批准专利以前的审查工作进行合作，实行国际新颖性的检索和国际事先审查制，某一项发明通过国际申请程序以后，即可由指定国家的专利局作出是否授予专利权的决定，避免了各国专利机构在分别审查时，检索专利文献中进行的重复劳动。这种国际申请程序对于国际专利技术许可贸易来说，缩短了在另一当事国重新申请专利所用的期间，大大调动了专利技术所有人开展国际专利技术许可的积极性。

（二）区域性条约

1. 《关于对若干技术转让合同适用条约第81条第3款的第772/2004号条例》

2004年4月27日，欧洲委员会颁布第772/2004号条例，对于有关专利许可、专有技术许可以及计算机软件版权许可适用竞争政策进行了重新规定，此条例更侧重于以新的经济分析方法作为分析限制性行为构成的基础，把许可合同的双方当事人之间的关系以及占有的市场份额作为给予集体豁免时需要考虑的重要因素。

2. 《欧洲专利公约》

《欧洲专利公约》又称《关于欧洲专利的公约》，于1973年10月在德国慕尼黑签订。建立《欧洲专利公约》的目的，是为了加强欧洲各国在保护发明方面的合作，尤其是通过制定单一的专利授予程序和建立由这一程序所授予专利的相应标准规则，满足专利申请人在各缔约国取得专利保护的需求。《欧洲专利公约》是在其缔约国范围内授予发明专利的一项欧洲法律制度，根据这一公约授予的专利称为欧洲专利。欧洲专利与该缔约国所授予的本国专利具有同样的效力并受同样的条件约束。❶《欧洲专利公约》使得专利可以在申请人指定的缔约国内得到保护，在欧洲范围内统一了专利保护。

为了与TRIPS保持一致，《欧洲专利公约》自2000年起进行修改，2007年12月，修订后的《欧洲专利公约》通过了缔约国的批准程序正式生效。

---

❶ 汉斯·高得，克里斯·阿贝尔特，王志伟. 欧洲专利公约指南［M］. 上海：上海世界图书出版公司，2003：2.

修订后的《欧洲专利公约》简化了获得欧洲专利的程序与途径，如专利申请人不必再提交指定国当地语言的译本，只要提交条约指定语言的译本就可以，这将进一步促进欧洲专利一体化的程度。

3.《欧亚专利公约》

《欧亚专利公约》（EAPC）于1995年8月12日生效，1996年1月1日欧亚专利局正式受理欧亚专利申请。《欧亚专利公约》制定的背景是前苏联解体后，各独联体国家在专利领域的联系所需，因而，《欧亚专利公约》的主要成员国是前苏联国家，包括俄罗斯、塔吉克斯坦、亚美尼亚、哈萨克斯坦、白俄罗斯、摩尔多瓦等。《欧亚专利公约》具有一定特殊性，其他区域性专利公约是先实施专利公约，国家间专利保护逐步统一，而《欧亚专利公约》的成员国基于其特殊的历史背景，是先存在统一的专利保护体系，以专利公约保证一体化体系的继续存在。因而，《欧亚专利公约》从体制上讲，完全解决了地区范围内专利统一的问题，专利申请、审查、授权都使用一种语言，在所有成员国境内实现了有效、统一的专利法律保护。

4.《班吉协定》

《班吉协定》于1977年3月在中非首都班吉通过，在非洲知识产权组织成员国范围内适用，非洲知识产权组织是1962年建立的，官方语言为法语的国家组成的保护知识产权的一个地区性组织，总部设在雅温得。依据《班吉协定》，凡在成员国地域内有住所的人，申请专利可以向所在国的主管机关提交，也可以直接向雅温得总部提交，依照协定产生的跨国知识产权，在成员国中应按照各国立法作为独立产权对待。《班吉协定》修订本已于2002年2月生效，修改《班吉协定》的目的是完善投资环境，促进创新，保护发明专利，吸引更多外资和技术转让。

5.《安第斯区域一体化协定》

1969年生效，又称《卡塔赫纳协定》。宗旨是充分利用本地区的资源，促进成员国之间平衡和协调发展，取消成员国之间的关税壁垒，组成共同市场，加速经济一体化进程。1996年决定成立安第斯共同体，建立安第斯一体化体系。其中卡塔赫纳委员会第291号决议❶的名称中直接指明，建立外资普通待

---

❶ *Decision 291 of the Commission of the Cartagena Agreement: Regime for the Common Treatment of Foreign Capital and on Trademarks, Patents, Licensing Agreements and Royalties.*

遇、商标、专利许可协定与使用费的体制，促进外资与技术进入安第斯共同体。

6.《北美自由贸易协定》

《北美自由贸易协定》（North America Free Trade Agreement）1994年生效，协定的目的是通过在自由贸易区内扩大贸易及投资机会，增强成员国竞争力。《北美自由贸易协定》使美国、墨西哥、加拿大实现了能源互补、人力资源互补与技术资本互补，大大提高了成员国的竞争力。

7. 南部非洲发展共同体条约

1992年正式改名成立南部非洲共同体，建立的宗旨是在平等、互利和均衡的基础上建立开放型经济，打破关税壁垒，促进相互贸易和投资，实行人员、货物和劳务的自由往来，逐步统一关税和货币，最终实现地区经济一体化。

8. 建立加勒比海共同体条约

加勒比海共同体1973年成立，其宗旨是促进本地区经济一体化，加强各方面的区域合作，协调成员国的对外政策。其后，先后又通过第一、第二议定书，加强了区域的经济合作。

国家之间缔结的关于知识产权方面的技术合作协定较多，包括单纯知识产权保护、技术合作，以及知识产权争议解决方面的双边协定。如《加拿大—智利自由贸易协定》《韩国与孟加拉科学技术合作协定》《中国荷兰科学技术合作协定》《中国国际贸易促进委员会和法兰西共和国全国工业产权局关于解决中法工业产权贸易争议的议定书》等。由于各国对本国技术领域的控制较多，且不会在技术领域轻易向别国作出让步，直接调整国际技术贸易关系的国际条约很少，主要是区域性的国际条约，以及两国政府间缔结的技术合作方面的协定等。

（三）国际惯例

国际惯例是各国在长期技术转让交往实践中，由于长期反复使用而逐步形成的不具有法律拘束力的行为规则。联合国内外的许多国际机构非常热心于国际技术贸易法的发展，它们通过对国际技术转让实践的调查研究，编写了一些具有一定价值的评价准则或指南手册，尽管这些手册不具有法律约束力，但随着这些范例被广泛采用，还可能从中演变出国际惯例，从而成为国际技术转让法的渊源。在国际专利技术转让领域的国际惯例主要表现为对国际技术转让合同中限制性商业条款的习惯做法。

1.《联合国一套多边协议的控制限制性商业惯例的公平原则和规则》

《联合国一套多边协议的控制限制性商业惯例的公平原则和规则》

(United Nations Multilaterally Equitable Principles and Rules for the Control of Restrictive Business Practices，以下简称《原则与规则》）在 1980 年 12 月 5 日联合国大会第 35 届会议上通过。是在国际层面上关于控制限制性商业惯例达成的第一个国际性文件，但不具有约束力。

《原则与规则》是发展中国家争取利益的结果，拟订了一套多边协议的公平原则和规则，以保证限制性商业惯例不致妨碍或取消因降低不利于世界贸易、特别是不利于发展中国家贸易和发展的关税和非关税壁垒而应获得的利益。保护、促进发达国家和发展中国家的一般社会福利，特别是消费者的利益。消除跨国公司或其他企业的限制性商业惯例对贸易和发展可能造成的不利条件，从而设法尽量扩大国际贸易，特别是发展中国家的贸易和发展方面的利益。此套控制限制性商业惯例的公平原则和规则，供国际一级采用，从而便利国家一级和区域一级采用和加强这方面的法律和政策。

2. 其他方面的国际惯例

国际惯例既可以体现为无约束力的规范文件，也可以存在于国家之间的习惯做法之中。如在国际技术转让领域中关于专利技术使用费方面的惯例。依据国际惯例，专利技术使用费的支付一般采用三种方式，分别为一次总付、提成支付，以及专利技术入门费加提成支付。其中，以专利技术入门费加提成支付为各国专利技术转让当事人所经常使用。由于对于专利技术使用费并无法律上的明确规定，各国专利技术转让当事人在计算使用费时，一般会以利用专利技术生产出产品的销售利益作为基础，将专利产品的销售利润与专利技术使用费的高低相挂钩。这种计算方式增进了技术转让合同当事人之间的合作，使他们可以为了共同的利益进行合作，技术所有人会尽力培训受让方，使其掌握技术生产出高质量的专利产品。

（四）国内立法

1. 直接规范国际技术转让的立法

各国几乎都有专门的法律对专利技术转让行为进行规范，只是在发展中国家与发达国家中，法律的表现形式有所不同。各国政府关于国际技术转让行为的规范，对于技术贸易的发展与走向有着重要的影响，或者可以说，国际技术转让的发展主要受国内法的影响，而非国际规则的影响。[1] 发展中国

---

[1] KEITH E. MASKUS. Using the International Trading System to Foster Technology Transfer for Economic Development, 2005 Mich. St. L. Rev. 222 (2005).

家一般以本国经济利益为出发点，制定专门的技术转让立法，如墨西哥，此外，阿根廷、委内瑞拉，非洲的赞比亚、尼日利亚，亚洲的菲律宾、印度等国都制定有相关的技术转让法律规则。发达国家一般通过反垄断法的形式，对技术转让行为中威胁自由竞争秩序的垄断行为加以规范，但也有的国家制定有专门的法律来调整国际技术转让关系，如西班牙的《调整技术转让法令》、法国的《关于与外国人订立获取工业产权和技术知识合同的法令》等。以下分别举发展中国家与发达国家相关立法进行比较。

（1）墨西哥关于技术转让与使用专利权与商标权的法律

墨西哥关于技术转让与使用专利权与商标权的法律于1972年12月实施。根据这部法律，墨西哥成立了国家技术转让登记处，为使用发明者的专利权、外观设计以及一切方式的技术援助合同都需要进行登记。凡未在国家技术转让登记处进行登记的合同，不产生任何法律效力，各机关都不予以执行，也不能申请法院判令履行。

这部法律规定了在合同中出现法律禁止情形时，工商部得拒绝登记，如规定在技术转让合同中，价格或约因与取得的技术不相称或对本国经济造成不应有的负担；技术供应方有权直接或间接地控制或干预技术接受方的业务管理工作者；规定技术接受方须无偿地把有关技术的改进或革新的成果返授给供应方等。

（2）日本《关于国际许可证协议的反垄断法准则》

《关于国际许可证协议的反垄断法准则》是日本公平贸易委员会1968年公布实施的规范，主要目的是为了实施引进外国技术采取的自由化措施。

依据该准则，如果一企业在签订的专利权许可合同中，包含构成无理限制贸易或不公平商业行为等事项，准则就会对有可能成为不公平商业行为的各种限制进行关注。但对于各种限制不须经过审查手续，而只是根据反垄断法进行事后审查。准则对于合法行使专利权的具体行为进行了明确规定，即规定在有关专利权的国际许可合同中，一般下列行为应视为根据专利法行使权利：分别地授予制造、使用、销售等的许可证；授予专利权等整个有效期内某一有限期间的特许，或整个区域内某一有限区域的许可证；将专利商品的制造限制在某一有限的技术范围内，或将专利商品的销售限制在某一有限的销售范围内；将专利工序的使用限制在某一有限的技术范围内；限制专利商品的生产量或销售量，或限制专利工序的使用周期。

(3)《中华人民共和国技术进出口管理条例》

我国的《技术进出口管理条例》于2001年由国务院发布,2002年正式实施。该条例将技术分为自由进出口技术、限制进出口技术与禁止进出口技术三类,对技术进口与技术出口分别进行了规范,自由进出口技术实行登记管理,限制进出口技术实行许可制,禁止进出口的技术则不允许进行技术转让。在条例中还列举了不允许出现的七种限制性商业条款的具体表现。

为了适应我国技术进出口发展的需要,我国先后修订了与技术转让有关的一些具体条例。我国商务部在2009年2月公布了新的《技术进出口合同登记管理办法》,取代了原2001年的登记管理办法。科技部与商务部在2009年4月根据《对外贸易法》和《技术进出口管理条例》公布了修订后的《禁止出口限制出口技术管理办法》,取代了原2001年的《禁止出口限制出口技术管理办法》。

2. 知识产权法

各国国内的知识产权法是国际技术转让的重要法律渊源。如美国专利法体系由美国专利判例与专利法的成文法构成。美国参考英国的垄断法,于1790年通过了首部专利法,随后对专利法进行了数次的修改。美国大量的关于专利的法律原则体现在判例当中,成文法方面,除专利法外,美国还有专利法实施细则、1999年的《美国发明人保护法》等。美国2007年进行了修改专利法的努力,2007年9月,美国众议院以220票对170票通过了对专利法的第六次修改,美国第六次专利法修改的重要内容就是将美国现在的专利权首先授予第一发明人的制度,改为与世界大多数国家一致的专利授予先申请人。但这次修改在2008年的参议院投票中失败。2011年9月,美国总统签署了《美国发明法案》(Leahy-Smith America Invents Act),这是60年来,美国对专利法改动最大的一次修订,突出的修改内容是将美国现有的"先发明制"转变为"先申请制",从而与其他大多数国家专利制度保持了一致。在这次修改中,还简化了专利审批与转化专利的程序,得到了许多企业的支持,表明了美国致力于鼓励科技创新的努力。

欧洲的专利法律体系是由欧盟的条约与欧盟各成员国的国内专利法共同构成的。欧盟成员国之间签订的专利条约主要有《欧洲专利条约》与《卢森堡条约》,《欧洲专利条约》在1973年由部分欧共体成员国及其他欧洲国家在慕尼黑签署,随后,其他的欧共体成员国也都加入了该条约。《欧洲专利公约》是在其缔约国范围之内授予专利权的一项欧洲法律制度，根据这一公约授予的专利可被称为欧洲专利，欧洲专利与欧盟成员国国内授予的专利具有同样的法律效力，可以在申请人在申请专利时指定的公约成员国国内生效。欧洲专利组织设欧洲专利局与行政理事会，欧洲专利局负责落实公约所规定的程序，行政理事会负责监督专利局的工作。此外，还设有受理处、检索部与审查部等，受理部负责对专利申请的审查，公告专利检索报告等，检索部负责为每项专利申请撰写专利检索报告，审查部则负责对每项欧洲专利申请进行实质性的审查。

自1984年颁布《专利法》以来，我国初步建立起了包括《专利法实施细则》、地方性法规以及有关司法解释的专利法律保护体系。

除直接规范知识产权的立法之外，与技术转让行为相关的配套立法也是主要的国内法渊源。如规范技术转让合同的合同法规范，关于技术直接投资的各国公司法、外资法等规范，其他知识产权类型的保护规范，以及知识产权融资方面的担保法、物权法等规范，都是重要的技术转让配套立法。在进行国际技术转让时，各国国内的配套立法对技术转让的顺利进行发挥着重要的作用。

第三节 国际技术转让统一法的发展

一、《国际技术转让行动守则（草案）》

1974年9月联合国第七届特别会议通过决议，重申关于制定国际技术转让规则的要求，并正式授权联合国贸发会主持起草工作。各国很快相继成立了政府间的专家组，联合国守则谈判会议从1978年10月开始至1985年6月期间，共举行了六次会议，经多方努力终于对大部分条文达成了协议，形成《国际技术转让行动守则（草案）》，但对一些重要问题仍然分歧较大，并导致谈判最终破裂。

达成一致协议的守则内容尽管并未生效，但毕竟从国际的角度确立了国际技术转让活动的基本原则，体现了国际社会对待国际技术转让双方当事人权利与义务的态度，对国际技术贸易法律关系还是起到了积极的指导意义。

1. 守则的目的与意义

该草案在序言部分申明，制定行动守则的目的和意义是为了促进技术的国际流动，增强各国尤其是发展中国家的技术力量。强调技术在发展中国家经济和社会发展中起着重要的作用，发达国家在技术许可方面必须给发展中国家以特殊待遇。该草案的宗旨是确立普遍和公平的标准；促进当事人及其政府间的相互信任；奖励各种技术的转让，尤其是涉及发展中国家当事人的技术转让，防止强势一方滥用权利，达成许可方与被许可方共同满意的协议；增进技术信息的国际流动，使各种技术在各国，尤其是在发展中国家得到应用；增进各国，尤其是发展中国家的科学技术发展，增强其参与国际生产和贸易的能力；有利于技术发挥在解决各国，尤其是在发展中国家社会和经济问题中的作用。

该草案在序言中同时还提出了守则的法律性质问题，发展中国家与发达国家对于这一问题分歧较大，发展中国家认为守则应为对各缔约国均具有约束力的国际法律文件，在守则生效后，各缔约国应遵守守则所规定的各项权利义务。但发达国家认为不应赋予守则法律约束力，制定守则的目的仅是为各国在国际技术转让过程中出现的问题提供一定的参考意见，因此，守则的性质应为类似"指南"那种不具有普遍约束力的指导性文件，双方最终对此问题并未达成一致意见。

2. "技术转让"定义

该草案规定"技术转让"的含义是：许可方将其所有的关于制造某种产品、应用某项工艺或提供某项服务的系统知识转移给被许可方，但不包括单纯涉及货物销售或货物出租的交易，其具体内容有：各种形式的工业产权的转让、出售和授予许可，主要指发明专利权、实用新型专利权、外观设计专利权以及商标专用权的转让、出售和使用许可，但是，不包括单纯的商标、服务标记和商号名称这三种工业产权的转让和使用许可；以可行性研究、计划、图表、模型、说明、手册、公式、基本或者详细的工程设计、培训方案和设备、技术咨询和管理人员服务，以及人员培训等方式提供专有技术和技术知识；提供工厂和设备的安装、操作和运用以及交钥匙项目所需的技术知识；对于将要或已经购买、租赁或依其他方式获得的机器、设备、中间产品或原材料，提供取得、安装和使用所须的技术知识；提供工业和技术合作安排的技术内容。

3. 守则"国际性"标准

守则适用范围的国际技术转让应是许可方越过国境将其技术转让给被许可方的交易，跨越国境是判断技术转让国际性的标准，对于这一点，发展中国家与发达国家均没有疑义，但对于跨国公司位于东道国的子公司将技术转让给当地公司是否属于国际技术转让，双方则有较大分歧。发展中国家认为，此种转让应为国际技术转让，属于守则的适用范围，而发达国家则认为，这种技术转让行为发生于一国境内，尽管许可方为跨国公司子公司，仍然属于国内的技术转让行为，适用国内相关的技术转让法规，不应属于守则的调整范围。

4. 发展中国家的特殊待遇

该草案的总体精神就是为了给发展中国家提供一种公平的交易原则，提高发展中国家在技术转让交易中的地位，这些可以从守则的目标和原则体现出来，尽管如此，守则仍对发展中国家的特殊待遇做了规定，主要包括三方面的内容：（1）帮助发展中国家对技术的真正价值作出估价。守则要求发达国家为发展中国家有自由、充分的机会取得不需经过私人决定即可转让的技术提供机会，并帮助发展中国家选择和估价国际市场上的现有技术，这是发展中国家面临的最难以把握的问题；（2）更为优惠的不附带条件的信贷条件；（3）协助发展中国家促进其技术开发和实施。这三方面对发展中国家规定的特殊待遇提高了发展中国家在国际技术市场上的地位，但这些规定并未涉及实质性的内容，只是做了抽象的原则性规定，因此，谈判各方没有重大分歧，意见基本一致。

5. 限制性商业惯例

由于这方面分歧很大，守则很难对限制性商业惯例作出一般性的规定，所以选择了列举的方法，具体列出一些条款，作为守则认为不应订入技术转让合同的限制性商业条款，各国达成一致的具体限制性商业条款共有14条，还有6条分歧较大，作为保留提议。

二、区域专利许可统一法

（一）欧洲委员会第772/2004号条例

1. 第772/2004号条例的产生

1996年，欧共体委员会将《专利许可协议集体适用欧共体条约第81条第3款的第2349/84号条例》与《技术秘密协议集体适用欧共体条约第81条第3款的第556/89号条例》两个条例依照理事会的授权，进行了合并和修改。此次合并的目的是推动欧共体企业间的技术转让，并最终发布了《技术转让协议集体适用欧共体条约第81条第3款的第240/96号条例》，该条例于

1996年4月生效，条例的有效期为10年。

欧共体委员会在条例中对专利技术的许可、专有技术及其他技术的许可一并进行了规范。2004年4月27日，欧洲委员会颁布了新的《关于对若干技术转让合同适用条约第81条第3款的第772/2004号条例》（COMMISSION REGULATION（EC）No 772/2004 of 27 April 2004 on the Application of Article 81（3）of the Treaty to Categories of Technology Transfer Agreements），该条例取代了第240/96号条例，成为欧盟目前有效的最新技术许可规范。

2. 第772/2004号条例的内容

第772/2004号条例共11条。第1条为定义条款，第2条为适用条例进行豁免的范围，第3条确立适用条例进行豁免的市场份额基准，第4条为绝对无效性限制，第5条规定被排除的限制，第6条为委员会撤销本条例适用的情况，第7条为不适用条例的情形，第8条规定市场份额基准的适用，第9条至第11条为条例效力期间等问题的技术性规定。

第772/2004号条例对于有关专利许可、专有技术许可以及计算机软件版权许可适用竞争政策进行了重新规定，与原有条例相比，新条例更侧重于以新的经济分析方法作为分析限制性行为构成的基础，把许可合同的双方当事人之间的关系以及占有的市场份额作为给予集体豁免时需要考虑的重要因素。第772/2004号规则与第240/96号条例相比，其主要变化有：

（1）取消了"白色清单条款"与"灰色清单条款"

第772/2004号条例取消了第240/96号条例中的"白色清单条款"，即当事人许可合同中不再有可以自动得到豁免的"白色清单条款"及向委员会通知或者申请豁免的"灰色清单条款"。"白色清单条款"与"灰色清单条款"的取消，使限制性条款更少情形下被置于无须进行审查的境地，在签订专利许可合同时，当事人必须自行判断其合同中的限制性条款是否能够得到豁免。合同签订后市场的变化及合同的履行也会使条款成为不能得到豁免的条款。

（2）增加了竞争关系的影响

依据第772/2004号条例第2条，在判断限制性做法时，应首先判断合同缔结者之间是否为竞争关系，对竞争者之间签订的技术转让合同与非竞争者之间签订的合同适用不同的规则。如果缔结专利技术转让合同的双方当事人为竞争关系，则规则的适用相对于非竞争之间的合同要更加严厉。如依据第772/2004号条例，对低于某些市场份额的技术许可合同给予集体豁免，即如果具有竞争关系的合同各方的总的市场份额加起来不超过相关技术市场和产品市场的20%，则他们之间订立的技术转让合同就会被给予豁免，反之，如果许可合同的双方当事人之间不具有竞争关系，则各方的总的市场份额加起来不超过相关技术市场和产品市场的30%。

（3）规范绝对无效性限制条款

影响整个合同效力的条款即绝对无效性限制（hardcore restrictions）条款，如果在专利许可合同中出现此类条款，则导致整个许可合同无效。这也是第772/2004号条例引用了在许可实践中的做法，绝对限制条款不能得到豁免。属于绝对限制的行为有价格限制、某些情况下的产量限制、某些情况下的销售限制以及对于市场和客户的分配等。

（4）规范被排除的限制性条款

影响条款本身效力的限制性条款又被称为被排除的限制（excluded restrictions），该类限制性条款的出现只影响条款本身，因此，尽管此类限制也不会得到豁免，但只是针对于条款自身，未必及于包含限制性条款的许可合同整体。此类条款主要表现为，直接或间接要求被许可方，将改进技术排他性地许可给许可方或者许可方指定的第三方的条款；直接或间接要求被许可方，将其对改进技术的权利全部或者部分转让给许可方或者许可方指定的第三方的条款；直接或间接要求被许可方，不得对许可方在共同市场中拥有的知识产权的有效性提出质疑的条款。

（二）关于外国资本待遇和商标、专利、许可证以及特许权费用的安第斯法典

安第斯集团委员会关于外国资本待遇和商标、专利许可方面的规范主要体现为，于1987年通过的第220号决定，于1991年通过的第291号决定。安第斯集团是拉丁美洲区域一体化程度较高的一个，安第斯集团在开展区域内经济合作的同时，对于来自区域外国家的直接投资方面的问题作明确规范。在有关专利技术引进方面的规范主要如下：

1. 专利技术引进合同的登记

所有有关技术引进以及有关专利和商标的协议，必须接受审查并提请批准和登记，在合适的时候，应提交各自成员国有关国内主管机关批准和登记。集团成员国内主管机关必须通过估量所引进的技术可能产生的利润、结合进行该项技术的产品的价格、或者该项技术效果的其他特别的定量分析方

式,来评价所引进技术的实际贡献。

2. 专利技术引进合同的条款

根据安第斯集团委员会的决定,技术引进合同必须包含的条款有:引进技术转让方式的证明;技术转让中所涉及的每一因素的合同价值;以及确定合同的有效期限。

而一些限制性条款则不允许出现在外国专利技术许可合同之中,主要有:(1)规定提供技术要使接受技术的国家或公司负有从特定的渠道获取资本货物、中间产品、原材料或其他技术,或者长期雇佣由提供技术的公司指定的人员的义务的条款。但如资本货物、中间产品或原材料的价格符合国际市场上的通行做法时,则作为例外情况,接受技术的国家可以接受这种性质的条款以获取这些物资;(2)规定出售技术的公司保留确定销售或返销根据该项技术制造的产品价格的权利的条款;(3)含有对生产规模和结构加以限制的条款;(4)禁止使用竞争性技术的条款;(5)确立完全或部分有利于技术供方的购买选择自由的条款;(6)规定技术受让方负有将通过使用该项技术所取得的革新或改进转让给技术供方的义务的条款;(7)要求向专利权人对未投入使用的专利支付特许权费的条款等。

三、WTO 框架下 TRIPS 的新发展

1. TRIPS 第 31 条的规定

基于对公共健康及发展中国家现有发展水平的考虑,WTO 首次对其框架下的 TRIPS(以下简称"协定")进行了修改,其主要体现在专利强制许可这一部分。对专利强制许可的规定主要体现在协定第二部分第 5 节的第 31 条,共包括 11 个款项,分别对强制许可颁发的条件、使用费、强制许可的限制、救济程序等作了规定。协定对未经专利权人许可而实施专利的情况规定的主要内容为:

> 如果成员的法律允许未经权利持有人许可而就专利的内容进行其他使用,则应遵守下列规定:
>
> (a)对这类使用的授权应个案酌处;
>
> (b)只有在使用前,意图使用之人已经努力向权利持有人要求依合理的商业条款及条件获得许可,但在合理期限内未获成功,方可允许这类使用。一旦某成员进入国家紧急状态,或在其他特别紧急情况下,或在公共的非商业性场合,则可以不受上述要求约束。但在国家紧急状态

或其他特别紧急状态下，应合理可行地尽快通知权利持有人。在公共的非商业使用场合，如果政府或政府授权之合同人未经专利检索而知或有明显理由应知政府将使用或将为政府而使用某有效专利，则应立即通知权利持有人；

（c）使用范围及期限均应局限于原先允许使用时的目的之内；如果所使用的是半导体技术，则仅仅应进行公共的非商业性使用，或经司法或行政程序已确定为反竞争行为而给予救济的使用；

（d）这类使用应系非专有使用；

（e）这类使用不得转让，除非与从事使用的那部分企业或商誉一并转让；

（f）任何这类使用的授权，均应主要为供应授权之成员域内市场之需；

（g）在适当保护被授权使用人之合法利益的前提下，一旦导致授权的情况不复存在，又很难再发生，则应中止该使用的授权；主管当局应有权主动要求审查导致授权的情况是否继续存在；

（h）在顾及有关授权使用的经济价值的前提下，上述各种场合均应支付权利持有人使用费；

（i）关于这种授权之决定的法律效力，应接受司法审查，或显然更高级主管当局的其他独立审查；

（j）任何规范这类使用费的决定，均应接受司法审查，或接受该成员的显然更高级主管当局的其他独立审查；

（k）如果有关使用系经司法或行政程序业已确定为反竞争行为的救济方才允许的使用，则成员无义务适用上述（b）项及（f）项所定的条件。确定这类情况的使用费额度时，可考虑纠正反竞争行为的需要。一旦导致授权的情况可能再发生，主管当局即应有权拒绝中止该授权。

从以上规定可知，第三方尽管获得未经授权的权利人专利技术的许可，仍然要受到法定的限制。首先，申请人获得的许可为非专有使用，即并非专利的独占许可，其无权制止其他第三人从权利人处取得该项专利技术的许可。其次，该许可不得转让，即申请人不得将所获得的强制许可转让给他人，除非连同其经营的企业共同转让。再次，申请人要向权利人支付技术使用费，协定对专利技术被强制许可后使用费问题作出详细的规范，要求使用费的支付应考虑到专利技术的经济价值。成员可依据协议对专利技术使用费的问题自由作出进一步详细的规定，确定具体支付内容，但任何此种决定应接受相关的审查。最后，由此种使用所生产的专利产品只能供应授权国域内市场的需求，而不能将专利产品出口至域外，即通过强制许可使用专利技术生产的产品，只能在授权国的地域范围内销售，不得出口至境外。

协定对专利权人的利益给予多方面的考虑，如市场上的竞争关系等，对各国立法颁发强制许可给予了较多的限制。国际社会已经认识到专利权的许可与反垄断法及强制许可已经成为一个突出的问题，但如果保护竞争的行政权力强行鲁莽地介入这其中的关系，强迫权利人与他人分享其技术创新成果，就可能降低刺激创新的能力。[1] 这种慎重态度表现在协定的内容中，主要侧重权利人利益的维护。

2. 2005年《修改TRIPS议定书》

（1）《多哈宣言》与理事会决议

2001年底，在卡塔尔首都多哈召开的WTO第四届部长级会议就TRIPS与公共健康问题进行了谈判，最终达成了《关于TRIPS与公共健康的宣言》（以下简称《多哈宣言》）。《多哈宣言》对知识产权与公共健康之间的关系作了权衡，并且表明了立场，明确了WTO成员政府采取措施维护公共健康的主权权利。

宣言中声称TRIPS不会也不应阻止成员采取保护公共健康的措施。依据多哈部长宣言，启动了包括TRIPS与公共健康问题在内的新一轮共包括5个议题的谈判。围绕《多哈宣言》第6段药品专利强制许可问题，发达国家和发展中国家间发生了激烈的争论。《多哈宣言》第6段规定："认识到在制药领域生产能力不足或缺乏生产能力的WTO成员在有效实施TRIPS下的强制许可方面可能面临的困难，我们指示TRIPS理事会在2002年底前找出这一问题的迅捷解决办法，并向WTO总理事会报告。"这一款规定即为"第6段问题"。

2003年8月30日，《关于TRIPS和公共健康的多哈宣言第6段的执行决议》，即"理事会决议"达成，决议规定，发展中成员和最不发达成员因艾滋病、疟疾、肺结核及其他流行疾病而发生公共健康危机时，可在未经专利

---

[1] DANIEL KANTER. IP and Compulsory Licensing on Both Sides of the Allantic-an Appropriate Antitrust Remedy or a Cutback on Innovation [J]. European Competition Law Review, 2006 (7): 351.

权人许可的情况下，在其内部通过实施专利强制许可制度，生产、使用和销售有关治疗导致公共健康危机疾病的专利药品，同时规定，各个成员有权颁发强制许可并自主确定颁发这种许可的理由。世贸组织总干事也就此协议指出，这是一项历史性协议，它将使贫穷国家在世贸专利权规则范围内，充分发挥弹性，处理肆虐本国的重大流行性疾病。❶ 理事会决议是对《多哈宣言》的一个重大发展，也是对TRIPS的发展与突破，依据TRIPS第31条（f）项的规定，强制许可申请人生产的专利产品只能供应授权国域内，而不能出口，而决议则规定："在特定条件下出口方成员为生产必要药品并将其出口至'合格进口方成员'而颁发强制许可的，其TRIPS第31（f）项下的义务被免除"。

（2）议定书的主要内容

为了以正式国际规则的形式落实《多哈宣言》与理事会决议关于药品强制许可的内容与精神，2005年12月6日，各成员一致通过了修改协定有关药品强制许可条款的决定，该决定附属的《议定书》与2003年理事会决议在实质内容上完全一致。❷ 此份《修改TRIPS议定书》（以下称"议定书"）正式完成了对于TRIPS的修正，由各成员逐步完成国内批准程序，我国在2007年10月正式批准了该议定书。

依据2005年的议定书，出口成员在第31条（f）项下的义务不适用于生产并出口药品至有资格进口的成员的情形，即不再要求第31条（f）项规定强制许可生产的产品只能供应实施国国内市场的义务，允许成员方以实施强制许可方式生产的药品出口到合格的进口方。

当已经授权强制许可的成员将专利技术产品出口到有资格进口的成员时，会遇到这样的问题，即有资格进口的成员如在本国也已经授权强制许可，使用该进口专利技术产品时，是否需要依据第31条（h）项义务，向专利权人支付技术使用费。议定书对此问题予以明确，"当一个出口成员根据本条款与本协定附件建立的体制授予了一项强制许可，应参考出口成员专利授权使用对进口成员的经济价值，由出口成员一方依第31条（h）项给予充

---

❶ 张娟，文香平. 药品专利强制许可问题析［EB/OL］.［访问日期不详］. http://www.hzip.gov.cn.

❷ 郭寿康，史学清. WTO协定的新发展［J］. 福建政法干部管理学院学报，2009（3）.

分的补偿。当一个有资格进口的成员对同一产品授予强制许可，考虑到有关产品的补偿根据本项第一句内容在出口成员一方已支付，该进口成员不承担第 31 条（h）项下对该有关产品的义务"，即有资格进口的成员对同一产品免除向专利人支付报酬的义务。

第四节　国民待遇原则的适用

一、国民待遇原则的发展

（一）国民待遇原则的最早国际法规范

1.《巴黎公约》中国民待遇的基本内容

国民待遇原则在国际公约中首次予以明确规定应当是 1883 年在巴黎缔结的《巴黎公约》。国民待遇原则是《巴黎公约》的首要原则，公约第 2 条规定："本联盟任何国家的国民，在保护工业产权方面，在本联盟所有其他国家内应享有该国法律现在或今后可能授予该国国民的各种利益；本公约所特别规定的权利不得遭受任何损害。因此，他们只要遵守对该国国民适用的条件和手续，就应和该国国民享有同样的保护，并在他们的权利遭受任何损害时，得到同样的法律救济。"可见，《巴黎公约》国民待遇原则的基本目的是，保证成员国国民在工业产权保护方面应当具有其他成员国同样的待遇，当成员国国民在一国拥有的工业产权遭受损害时，应当与其本国国民一样获得法律救济。依据《巴黎公约》，国民待遇原则的含义是公约成员国应在工业产权保护方面，给予任何其他成员国国民依法获得权利保护的与本国国民同样的待遇。

2."国民"的范围

《巴黎公约》对可以享有国民待遇的国民范围做了扩大的解释，依据《巴黎公约》，国民范围包括两方面的含义：一是在工业产权的保护中，各成员国必须在法律上给予其他成员国的国民以本国国民能够享有的同样待遇；二是即使对于非公约成员国的国民，只要他在某一个成员国内有住所或有实际从事工业、商业活动的营业所，也应当享有同该成员国国民相同的待遇。公约中的"国民"，既包括自然人，也包括法人。其中，自然人国民指的是根据一国的国籍法享有该国国籍的人，对于具有双重国籍或多国籍人，只要其中一国是《巴黎公约》成员国，就符合国民的条件。此外，多数国家也承认国家或国家机关在工业产权方面享有国民待遇。

（二）《关税与贸易总协定》的国民待遇原则

《关税与贸易总协定》于1947年10月30日在日内瓦签订，1948年生效，是关于协调、处理缔约方政府间关税和贸易政策的国际多边贸易协定。

1. 国民待遇基本内容

《关税与贸易总协定》关于国民待遇原则规定在第3条中，主要体现在以下3款：

（1）缔约各国认为，国内税和其他国内费用，影响产品的国内销售、推销、购买、运输、分配或使用的法令、条例和规定，以及对产品的混合、加工或使用须符合特定数量或比例要求的国内数量限制条例，在对进口产品或国产品实施时，不应用来对国内生产提供保护。

（2）一缔约国领土的产品输入到另一缔约国领土时，不应对它直接或间接征收高于对相同的国产品所直接或间接征收的国内税或其他国内费用。同时，缔约国不应对进口产品或国产品采用其他与本条第1款规定的原则有抵触的办法来实施国内税或其他国内费用。

（3）一缔约国领土的产品输入到另一缔约国领土时，在关于产品的国内销售、推销、购买、运输、分配或使用的全部法令、条例和规定方面，所享受的待遇应不低于相同的国产品所享受的待遇。但本款的规定不应妨碍国内差别运输费用的实施，如果实施这种差别运输费用纯系基于运输工具的经济使用而与产品的国别无关。

2. 国民待遇原则适用的特点

（1）适用于产品贸易

《关税与贸易总协定》的国民待遇原则主要适用于产品国际贸易，对产品征收的国内税或其他国内费用应当与本国产品相同，以及进口产品在成员境内的销售、推销、购买、运输、分配或使用行为适用的法令、条例，应与相同的国产品所享受到待遇相同。

（2）具体化

《关税与贸易总协定》中的国民待遇原则是关于该原则的国际法规范中，使用法条解释最为具体的一次，《关税与贸易总协定》第3条"国内税与国内规章的国民待遇"中，一共用了10款的篇幅对国民待遇原则适用的范围进行解释。适用的范围包括与国内销售、推销、购买、运输、分配或使用适用相同法令、条例和规定，适用相同的国内税和其他国内费用，相同的对于某种特殊产品的特定数量或比例限制。但不适用有关政府机构采购供政府公用、非商业转售或非用以生产供商业销售的物品的管理法令、条例或规定，不适用于对国内生产者给予的特殊补贴。

(3) 成为 WTO 基本原则

《关税与贸易总协定》作为 WTO 成立的重要法律依据，是 WTO 的基本原则。在 WTO 建立后制定的一系列协定中，以此为依据，根据各自的特点分别规定了国民待遇原则的内容，包括《与贸易有关的投资措施协定》《服务贸易总协定》、TRIPS 等。但《关税与贸易总协定》中规定的国民待遇原则仍然是 WTO 的基本原则，是其他协定中规定该原则的基础依据，只是根据各自领域的不同特点可以作出一定程度的变化。

(三) TRIPS 国民待遇原则

《巴黎公约》与《关税与贸易总协定》中关于国民待遇原则的规定，为 TRIPS 中国民待遇原则的规定提供了国际法依据。《巴黎公约》在工业产权方面提供了关于国民待遇原则规定的规范，而《关税与贸易总协定》则是 WTO 框架下的关于国民待遇方面规范的总原则，TRIPS 综合考虑两个国际公约的效力与国民待遇原则规定的内容，在协定中作出了关于国民待遇原则的规定。

1. 国民待遇基本内容

TRIPS 关于国民待遇原则的规定，体现在 TRIPS 第 1 条第 1 款中，规定除《巴黎公约》（1967 年文本）、《伯尔尼公约》（1971 年文本）、《罗马公约》及《集成电路公约》已规定的以外，各成员在知识产权保护上对其他成员之国民提供的待遇，不得低于其本国国民。所谓知识产权"保护"，既应包括 TRIPS 涉及专指知识产权利用的事项，也包括涉及知识产权之效力、获得、范围、维护及行使的事项。TRIPS 专门对国民待遇原则的有关"国民"的特指含义，作了一个注解，即"国民"包括独立关税区的居民。

2. 国民待遇原则的发展

TRIPS 中关于国民待遇原则的规定，首先明确肯定了《巴黎公约》的效力，当然也包括《巴黎公约》对于国民待遇原则内容的界定，继承了《巴黎公约》关于国民待遇原则的规定。但在《巴黎公约》基础上，也对其有相当大的发展，最重要的表现在于规定了国民待遇原则在知识产权保护方面的具体内容。《巴黎公约》国民待遇原则规定成员国国民在工业产权保护方面应当享有其他成员国同样的待遇，但只明确了当成员国国民在一国拥有的工业产权遭受损害时，应当与其本国国民一样获得法律救济，对于知识产权的取得等方面是否也应当享有国民待遇则未明确说明。而 TRIPS 则明确规定了成员可以在其他成员境内享有的知识产权保护方面的国民待遇，不仅包括损害救济，还包括知识产权的效力、获得、范围、维护及行使等方面。

二、国际技术转让领域国民待遇原则的适用对象

目前，国际公约中只存在与技术转让相关的国民待遇原则规定，尚没有关于直接规范国际技术转让领域适用国民待遇原则的国际公约，国民待遇原则在不同领域的适用会有所差别。国民待遇并不是在所有领域均可以适用的原则，在服务贸易总协定中，只有最惠国待遇是基本原则，而国民待遇的主要适用则需要成员方的特别承诺，以不同途径进行的技术转让对国民待遇原则的适用就会有所不同。❶ 这里的不同途径指技术转让与服务贸易、货物贸易以及国际投资相结合的不同途径，对于国际技术转让领域国民待遇原则适用问题也可以从复杂的表象中抽取本质首先加以研究，在国际技术转让领域，国民待遇原则的适用对象主要包括专利权保护、专利技术转让方。

（一）专利权保护方面国民待遇原则的适用

1. 适用国民待遇原则的国际法规范

专利权是国际专利技术转让的重要标的，适用国民待遇原则的含义是，一成员在另一成员境内进行专利技术转让时，所拥有专利权的保护与其境内居民所拥有专利权得到的保护享有相同的待遇。国际法规范主要包括前文已经提及的《巴黎公约》、TRIPS 两大国际公约。此外专利权的国民待遇问题在一些区域性国际条约中也已经作出规定，如《欧洲专利公约》《欧亚专利条约》等，还有一些国家出于专利合作的需要，就两国之间的具体法律问题进行磋商，形成了涉及该原则的双边协定。

2. 适用国民待遇原则的特点

（1）给予国民待遇国家范围较广

在专利权保护方面，国民待遇原则在国际范围内得到较大普及，主要原因在于规定专利权国民待遇保护的国际条约较多，并多以具有法律约束力的国际公约的形式发挥作用。尤其是 WTO《关税与贸易总协定》等一系列国际

---

❶ 张玉卿. WTO 新回合法律问题研究 [M]. 北京：中国对外经济贸易出版社，2004：539.

条约中均明确规定了国民待遇原则。WTO成员数量多，普遍接受了TRIPS中所规定的知识产权保护国民待遇原则，并在本国境内加以适用。

（2）保护标准较高

TRIPS设定了专利权保护的基本标准，要求WTO成员域内的专利法律制度不得低于协定要求的标准，从而在世界范围内建立了近乎统一的专利权保护制度。TRIPS中对专利权保护的要求以发达国家专利法律制度为范本，要求成员提供的专利权保护水平较高，为了获得货物贸易关税等其他方面的优惠，尽管发展中国家在协定制定过程中提出了异议，但最终还是批准了协定的效力，并逐步按照协定中规定的标准修改了本国的专利法律制度，如中国、印度、墨西哥、韩国等。这就在世界范围内形成了专利权的高水平保护，尽管发达国家与发展中国家之间在具体执法中会存在差异，但在法律制度的外在形式上差别已经缩小，专利权保护水平较高。

（3）适用范围较具体

TRIPS对成员国民可以在其他成员境内享有的国民待遇作出了较为具体的规定。外国国民应当在其他成员境内，可以取得与其国民同样的法律效力，在授权与审查内容上，应当适用同样的条件，所获得的专利权在侵权维护以及专利权权利行使方面都应当取得与本国国民同样的待遇。

专利权国民待遇的统一性与较高的保护标准促进了国际技术转让，为外国技术的进入提供了良好的法律保护环境，使大批国外先进技术可以在引进国取得法律保护，并继续维持对于技术的垄断地位。但同时引进国也要付出一定的代价，除应当支付的技术使用费以外，引进国还要牺牲国内一定时期的技术发展速度和本国民族产业的发展，这一点也已为许多国家所意识，国际上质疑TRIPS合理性的声音也不断加大。纵观发达国家专利法律制度的历史，许多国家在专利制度建立之初都对外国居民施以较为严格的限制，避免外国人在本国可以获得同样的专利技术垄断地位，如美国。随着发达国家技术实力的增强，技术带来更强的国际竞争力，发达国家一方面加强本国专利保护水平，一边向其他国家，尤其是发展中国家施加压力，要求其修改本国专利法，以维持其本国权利人的技术领先地位。我国专利权保护方面也同样给予其他WTO成员以国民待遇，在专利权的获得、行使、维护方面，可以享有与我国国民同样的待遇。对于外国居民专利申请、专利授权量多于本国居民专利申请、授权量的弊处，政府已经有所意识，根据近两年的专利申请与授权数据，外国居民申请与授权量虽然还在一定比例上偏高，但已经有所下降。目前，我国在专利权保护方面给予外国国民以国民待遇是要承担"入世"的一项义务，除 TRIPS 中规定的例外，我国应当给予其他成员以国民待遇。

（二）"转让方"国民待遇原则的适用

"国民待遇"，顾名思义最初是出于给予他国"国民"以何种待遇的考虑，如在 1804 年的《法国拿破仑法典》中规定："外国人，如其本国和法国订有条约，允许法国人在其国内享有某些民事权利，在法国亦得享有同样的民事权利"。《法国拿破仑法典》中关于给予外国人以本国国民同样待遇的规定，被认为是国民待遇规则的最早起源，其最初的含义是适用于外国国民。随着社会经济的发展，国民待遇原则也有了进一步的发展，适用的范围不断扩大，不仅适用于国民，还适用于国民进行的交易活动本身，如投资、货物贸易等。但对于参与交易活动的"人"仍然是适用国民待遇的一个重要方面。

一般而言，能够成为国际技术转让领域国民待遇原则适用对象的转让方应当为居所在国外的自然人、法人或其他组织。居所目前是多数国家用以界定专利技术转让"国际性"的通用标准，只有居所在国外的专利技术转让方才能够成为国民待遇原则适用的对象。如根据阿根廷技术转让与技术许可法，国际技术转让合同是指居所地位于境外的许可方与居所地位于阿根廷境内的被许可方签订的在阿根廷境内生效的技术转让与许可合同。我国在《技术进出口管理条例》中，将技术进出口界定为跨越国境的技术转移，指营业地位于不同国家的当事方签订的技术转让合同。至于居所在引进国但拥有外国国籍的转让方是否可以成为国际技术转让国民待遇原则适用的对象，目前各国一般持否定的态度，在实践中尚未有以此确定专利技术转让国际性的标准。但由于技术的特殊性，对国家经济影响较大，也有学者提出关注转让方的外国国籍身份。在国际技术转让过程中，如果作为转让方的自然人国籍或法人的实际控制者的国籍为外国国籍，对技术转让的影响较大，技术受让方国家对于此类技术转让往往特殊对待。对于外国国民不完全给予国民待遇，这在国际经济法的其他领域也有类似的做法，如在国际投资领域，许多国家通过法人控制者的国籍界定法人国籍或法人与某国是否具有密切关系。如美国的海外投资保险制度，在确定法人是否为可以向本国海外保险机构投保的合格投资者时，就给予了不同的待遇，要求投保的投资者应为资产的 51% 为美国人所有的美国公司或资产至少95%为美国人所有的外国公司。可见，国际投资法对真正控制公司的控制者国籍有着特殊的法律规定。但归根结底，在国际技术转让领域，由于技术本身的无形性，各国在司法实践中，对于拥有外国国籍，但居所在本国境内的转让方已经等同于本国国民对待，只是对居所地位于境外的转让方才会加以特别规范，适用国民待遇原则。

三、国民待遇原则适用的一般例外

1. *技术的有效转让*

技术的有效转让是指技术所有人能够通过生效的技术转让合同将技术有偿成功转让。技术与外资不同，不涉及外资的准入问题，进行转让的技术一般是已经在技术引进国依法取得有效专利权的技术，或是依法受到引进国知识产权法保护的其他技术。各国对于国际技术转让的限制主要体现在对于限制或禁止进口技术合同的审批环节，如果一国限制外国人控制的技术进入本国市场交易，在技术转让合同的审批过程中，就会被拒绝，则技术转让合同不发生任何效力。在我国，对于限制或禁止进口的技术实行许可管理制，技术进口方要首先取得技术进口意向许可证，才能够签订技术转让合同，在技术转让合同签订之前即对技术的进口加以限制。而对于本国境内居民签订专利技术转让合同则不需要进行合同的审批与许可。如果外国自然人或企业与引进国的受让方达成的协议无法获得许可，通过审批，技术就不能实现有效的转让。

2. *国际技术转让合同条款的内容限制*

在一些国际条约以及国家关于国际技术转让的国内立法中，都会涉及对限制性商业条款的规范问题，国际条约如TRIPS、《国际技术转让行动守则（草案）》等，国内立法、法规如我国的《技术进出口管理条例》、美国的知识产权许可反托拉斯守则、墨西哥技术转让法、阿根廷技术转让与技术许可法等。尽管这些立法中均规定了关于技术转让合同中限制性商业条款的规范，但在发展中国家与发达国家之间有着很大的不同。

（1）适用对象不同

发达国家国内立法以及TRIPS中，对于出现限制性商业条款的合同并未限定为国内技术转让合同还是国际技术转让合同，而是不加区别，统一对待，适用统一的规范进行调整。而发展中国家关于限制性商业条款的规范往往只限定于签订的国际技术转让合同，对于国内的专利技术转让合同则未加以限制，与此相呼应，关于限制性商业条款的规范也只出现在调整技术进出口方面的立法中。如我国关于限制性商业条款的规定体现在《技术进出口管理条例》之中，其他发展中国家也类似。

(2) 内容与效力的明确程度不同

发达国家国内立法以及TRIPS对于限制性商业条款内容与效力的规定并不明确，往往依靠在具体案件中进行反托拉斯审查，被认定违反竞争法的限制性条款才会遭受法律的制裁。而在发展中国家的立法中，往往对于限制性商业条款的具体内容加以明确列举，有的国家立法可以达10余条之多，而且出现类似条款技术转让合同的效力也十分明确，多为不能通过国家审查，技术转让合同无效。发达国家与发展中国家对于专利技术转让合同中限制性商业条款的立法体系决定了国民待遇原则的适用范围。发达国家对于限制性商业条款国内合同与国际合同不加以区分，发展中国家对于与居所在外国的转让方订立的合同则不允许出现法定的限制性条款，不能与本国国民享有同样的待遇。

3. 国际技术转让合同的登记备案

国际技术转让合同在受让方所在国需要满足特定的形式，首先要提交书面合同以备审查，即使是可以自由进口的技术转让合同，也需要进行登记备案。如依据阿根廷技术转让与技术许可法，本国当事人与境外许可方签订的技术转让合同必须在阿根廷国家工业产权机构进行登记。依据墨西哥1972年《关于技术转让与使用专利权与商标权的法律》，当技术转让合同涉及具有墨西哥国籍的个人或公司、居住在墨西哥的外国人或设在墨西哥的外国公司、设在墨西哥的外国公司的分支机构等主体时，其签订的合同应当进行登记。依据我国《技术进出口管理条例》，对属于自由进口的技术，实行合同登记管理。进口属于自由进口的技术，技术进口合同自合同依法成立时生效，不以登记作为合同生效的条件。技术的进口经营者在进口属于自由进口的技术时须将技术进口合同向主管部门办理登记，但与限制性技术进口管理不同，不是对技术的审批程序，只是一种形式管理。

对于本国国内的技术许可实施合同，则向宽松的方向发展，如依据我国《专利法》第12条的规定，任何单位或者个人实施他人专利的，应当与专利权人订立实施许可合同，向专利权人支付专利使用费。可见，我国对于技术的境内许可转让，只要求签订合同，支付专利使用费，除此没有其他的限制，甚至不再要求技术转让当事人签订书面的专利许可实施合同，对于合同形式的限制几乎没有。

　　发展中国家迫于发达国家的压力，接受对知识产权的高水平保护要求后，对于本国技术与经济的发展产生了一定的影响，发展中国家由于经济水平较低，尚没有足够的能力规制国外先进技术企业的技术转让活动。如果在国际技术转让活动中完全给予国民待遇，会使本国技术发展与经济产业处于不确定的危险状态，实行差别待遇不可能在短时间内消除。随着发展中国家经济的逐步发展，技术实力的增强，在国际技术转让领域部分实施国民待遇并非不可能，但在目前知识产权国际保护水平普遍较高的现状之下，发展中国家很难在技术的国际转让领域放开本国的管制，完全给予国民待遇。

第二章
国际技术转让与知识产权制度

第一节　国际技术转让经济理论与知识产权制度

1995年TRIPS生效,标志着知识产权一体化在世界范围内初步形成。成员域内知识产权法律制度与TRIPS是否一致产生的争端,通过WTO争端解决机制得以解决,这一争端解决的过程,促进并加速了知识产权的一体化进程。国际技术转让是知识产权的实施行为,它推动了知识产权的全球化发展,同时也受到各国知识产权制度的直接影响。应当承认的是,一体化的知识产权制度对不同发展水平国家有着不同的影响,借助TRIPS,发达国家和其以研发为基础的产业获得了更强的知识产权保护和更大的发展;但发展中国家却已经意识到它们所签订的协议是个陷阱。[1]

一、国际技术转让与知识产权制度的关系

(一) 知识产权——技术的产权化保护

知识产权与技术的共同之处在于同指人类的智慧成果,知识产权是技术产权化的法律表现形式。相对于"知识产权","技术"的含义更为广泛与抽象,依据WIPO的定义,技术泛指制造某种产品、应用某种工艺、提供某种服务技能的系统知识。只有满足构成知识产权的法定条件,并经授权的技术,才能形成知识产权,从这一角度上讲,技术的范围大于知识产权。以知识产权形式对技术加以保护,使技术由自由传播向以私人主导传播转变,技术所有人依法拥有技术的独占使用权,除特定情形外,国家不能干预技术以

---

[1] 欧洲专利局.未来知识产权制度的愿景[M].郭民生,杜建慧,刘卫红,译.北京:知识产权出版社,2008:21.

何种方式传播、转移。这种技术控制权的转变，导致以下变化发生：

1. 跨国技术转移目标的变化。在中外古代史上的技术自由传播时期，国家并不限制技术跨国转移，技术转移伴随个体转移流出国境，没有固定的目标追求。如西汉"蔡侯纸"发明后，东晋名僧摩罗难陀渡海到百济国（今朝鲜），介绍了造纸方法，玄奘取经过程中，又将造纸术带到了印度。❶ 近现代资本主义形成和发展以来，以权利所有人为主导的跨国技术转移则有着明确的目标，即利用对技术的独占权，实现私人利益价值的最大化。

2. 知识产权法律制度的国际性。技术自由传播时期，技术转移对他国法律制度无特别要求与关注。权利所有人控制下的跨国技术转移首次要求受让国法律提供类似的私有权保护，知识产权法律制度的国际一体化由此加强。

3. 与经济的密切联系。技术自由传播时期，技术的跨国转移往往出于商业、文化交流的需要，与经济的联系并不突出。而在知识产权时代，进行技术交易获取经济价值成为权利人追求的目标，给予发明人经济激励成为国家制定知识产权法律制度的目标，经济分析成为法律研究的重要方式。

（二）知识产权制度与国际技术转让的相互作用

国际技术转让促进了知识产权制度的发展与国际化进程，一体化知识产权法律制度同样是促进并保障技术跨国转让的根本原因。知识产权制度使技术成为能够进行重新配置的资源，使技术可以脱离产品成为单独进行转让的标的。知识产权制度在不同国家内的确立，使同一技术可以在不同国家内得到同样保护，因此，知识产权制度促进了技术的转移。以我国为例，1984 年制定《专利法》，为与国际知识产权规则接轨，又分别在 1992 年、2000 年与 2008 年进行了三次修正。与此相吻合的是，国家科委 1985 年批准成立"中国技术市场开发中心"，促进与管理全国技术市场。随后，无论是国内技术交易市场还是技术进出口交易，交易数额呈稳步的上升趋势（如图 2-1：1996~2008 年全国技术合同成交金额❷）。

随着出口成为国家财富相当大的来源，政府决策者对主要贸易伙伴的法律和经济制度更为关注，包括了对这些国家知识产权制度的考察。❸ 但很明

---

❶ 刘保军. 风行天下之蔡侯纸 [EB/OL]. [2010-09-11]. http://www.chnmus.net/html/20050803/197598.html.

❷ 科学技术部发展计划司. 2008 年全国技术市场统计分析报告 [R]. 科技统计报告, 3.

❸ 罗伯特·P. 墨杰斯, 等. 新技术时代的知识产权法 [M]. 齐筠, 等译. 北京：中国政法大学出版社, 2003：105.

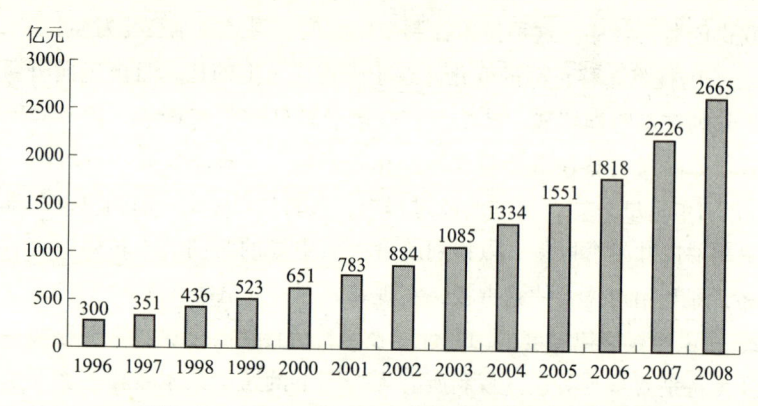

图 2-1　1996~2008 年全国技术合同成交金额

显,在当代知识产权一体化背景下,发展中国家在技术转移中面临着更大的困难。由于自由贸易规则的存在,发展中国家的本地公司很难像 19 世纪早期的美国工业公司一样,突破法律保护日益健全的市场;由于 TRIPS 的保护,它们也很难像 20 世纪中期的日本公司一样,通过模仿既存技术而发展。❶

（三）WTO 知识产权体制对于国际技术转让的影响

WTO 框架下知识产权一体化制度对于国际技术转让的影响,有着不同的观点,关于 TRIPS 会促进抑或阻碍国际技术转让有着趋于两极分化的态度。支持者认为协定建立了一种必要的法律机制,在这种法律体系下,企业可以在确定的财产规则下进行交易。国际技术转让交易就会扩大市场范围,使技术形成高端的产业群,这一切对于发展中国家可能是有利的。批评者则认为,协定是一种加强发明人全球市场支配力的机制,致使产生了垄断,甚至滥用权利的行为,这或许会阻碍国际技术转让的发展。但事实上,无论哪一种观点都无法经受住严密的考察,国际技术转让是一种复杂多变的程序,协定的影响不能这样简单地一言以概之。其是否会促进或阻碍国际技术转让交易要受到多种因素的影响,包括国家知识产权制度、当地投资环境、市场竞争情况等等。❷

因此,我们在研究国际技术转让法律制度时,不仅要重视全球化下 WTO

---

❶ JOHN H. BARTON. New Trends in Technology Transfer: Implications for National and International Policy [R]. International for Trade and Sustainable Development (ICTSD), 2007: viii.

❷ KEITH E. MASKUS. Using the International Trading System to Foster Technology Transfer for Economic Development [J]. 2005 Mich. St. L. Rev. 223 (2005).

知识产权机制的研究，了解自 2001 年以来 WTO 组建国际技术转让工作小组的进展，还应当侧重研究各国关于国际技术转让行为的国内法规范，以及国家知识产权制度的具体内容。

二、国际技术转让经济原因

1. 传统基础经济理论

1817 年，大卫·李嘉图首先提出了比较优势论，根据这一理论，在自由贸易条件下，如果两国同时生产的两种产品的成本之比存在差异，一国就会出口本国优势较大而劣势较小的产品。比较优势理论随后又经历了斯托尔珀－萨缪尔森、穆勒、马歇尔和埃奇沃思等人的完善。比较优势理论在国际技术转让领域依然适用。在此基础之上还发展了产品周期理论与日本斋藤优 1979 年提出的资源—需求理论。

依据产品周期理论，专利产品存在初期、成长及成熟三个阶段，技术产品在不同的阶段，所表现出的产品优势也不相同。技术产品的初期阶段技术优势较强，而在成长期阶段，资本优势较强，而成熟期阶段的技术产品则以资本与非技术熟练型劳动的投入为主。这样，处于导入成熟阶段，其技术优势不能继续发挥之际，连同技术在内的各种生产要素便可能通过交换流向阶段的产品，由于发达国家拥有技术优势，它们将直接生产并出口。当专利产品在发达国家处于成长或欠发达或不发达国家，由这些国家利用非熟练劳动的优势专门生产并用以出口返销发达国家。该理论以周期论揭示了国际技术转移是一项新技术问世后的必然归宿。❶ 斋藤优提出的资源—需求理论则认为，技术转移是一国将其资源充裕的技术转移到要求这项技术的国家，而引进自己所缺的别国充裕的技术。

2. 技术差距理论

技术差距理论（Technological Gap Theory）是探讨技术差距对于国际贸易影响的理论。

技术差距理论产生于 1961 年，为美国学者 M. U. 波斯纳在其撰写的《国际贸易与技术变化》一文中提出。该理论认为，能够产生国际技术转让的根本原因在于不同国家之间存在技术差距，技术上的差距使技术领先的国家具有技术上的比较优势，技术由具有优势的国家转让到技术不具有优势的国

---

❶ 方季子，李林. 比较优势理论——国际技术贸易理论的基础 [J]. 北方经贸，2005（12）：22－23.

家。技术上的差距直接带动了使用该技术产品的国际贸易,具有技术优势的国家可以凭借技术上的优势,生产技术密集型的产品,从而在国际产品的贸易中取得优势的竞争地位。

除技术产品贸易外,随着技术的成熟应用,技术可以通过多种形式进行技术转让,在引进技术的国家掌握了同样的技术,可以生产出技术产品时,一国的技术优势也就随之消失。当然技术引进国若想真正掌握技术,还需要一段的"模仿时滞"(Imitation Lag),即不具有技术优势国家模仿先进技术所需要的一段时间。波斯纳技术差距理论中模仿时滞的概念先后为美国的哥·登·道格拉斯(1963年)与盖·瑞·胡佛鲍尔(1966年)所发扬,他们运用模仿时滞的概念解释了美国电影业的出口模式与合成材料的产业模式,而事实证明,他们的解释是正确的。

3. 学习曲线效应理论

学习曲线效应(Experience curve effects)反映的是这样一个过程:随着生产产量的增加,企业掌握的技术经验日益丰富,从而生产的平均成本不断降低,它表明了产品的平均成本与生产者的累计总产量之间的反向关系。基于对学习曲线的分析可以看到,通过贸易与投资这些产生"学习效应"的基本渠道,后起企业通过学习能够获得比先进企业更多的收益。[1]

学习曲线效应实际讲述的是"后来居上"的道理,引进技术的发展中国家由于本国的劳动力等成本较低,技术产品的价格也会相应较低,具备扩大技术产品产量的优势。在扩大产量的同时,作为专利技术被许可方的企业因为技术经验逐步成熟,会进一步降低产品的成本,这样就产生了技术许可方企业所不能具备的成本优势。

4. 后发优势理论

后发优势理论(Advantage of Backwardness Theory)是美国经济学家亚历山大·格申克龙(Alexander Gerchenkron)1962年创立的,亚历山大·格申克龙总结了德国、意大利等国经济发展的成功经验,提出技术落后的国家由于引进技术往往会取得"后发优势",而这种后发的优势又往往是技术先进国家所不具备的。他指出,一个国家在工业化初期的落后程度越高,其后的工业化进展往往反而越快,其假设条件为:后进国家可以利用先进国家已经

---

[1] 杜奇华. 国际技术贸易[M]. 上海:复旦大学出版社,2008:52.

开发出来的技术，同时采用当代"最优做法"，使得落后具有相对积极的作用，替代了先进国家开始工业化时必须具备的某些先决条件。由于后发优势的存在，技术落后国家不必重复漫长的过程，可以通过大规模的技术引进缩短技术的研究开发时间，尽快地缩小与发达国家之间的技术差距，进而实现经济的跨越式发展。❶

与后发优势理论相通的还有赶超经济发展理论，赶超经济发展理论首先强调技术能力和技术水平赶超的重要作用，特别是在发展中国家，其中最为重要的研究领域在于技术创新带来的技术赶超成效。❷ 不过赶超经济发展理论还侧重研究外国直接投资活动在发展中国家的技术溢出现象，以及引入国的"社会能力"等方面。但有一点，赶超经济发展理论同样认为，通过引进先进的技术设备可以实现技术的提升，发展中国家可以利用类似技术引进的途径快速模仿学习，而不须或至少节省了本国的研究与开发方面的再投入。

（二）国际技术转让促进国家知识产权制度的建立

1. 知识产权制度建立的不同历史背景

（1）发达国家

自 1623 年英国颁布了第一部保护专利的垄断法规，发明人的技术专有权就得到了法律上的保护，改变了以往由君主赐予某种特权形式保护技术发明人的做法，但英国的专利制度很大程度上仍然是一种非正式行政工具。而且专利申请大多是注册式而非审查式，最为突出的是，几乎很难获得专利的授予。随着工业革命的飞速发展，专利才再次吸引人们的注意力。❸ 随后，许多发达国家逐步对本国的技术加以保护，颁布了相关的知识产权法规。发达国家知识产权法律制度的建立出于市场发展的需要，历经了近 400 年的摸索与完善，使其与本国的经济协调发展，既保护权利人的积极性，又能够不致阻碍社会经济的发展。对于技术输出的管制，也依据本国政治、经济利益的需要经历了曲折的过程。如在欧洲，19 世纪是新一代解析派经济学家质疑专利制度经济基础的时期，❹ 美国专利制度在 19 世纪的历史进程反映出国家对

---

❶ 杜奇华. 国际技术贸易 [M]. 上海：复旦大学出版社，2008：52 - 53.

❷ 陈向东. 国际技术转移的理论与实践 [M]. 北京：北京航空航天大学出版社，2008：75 - 76.

❸ 罗伯特·P. 墨杰斯，等. 新技术时代的知识产权法 [M]. 齐筠，等译. 北京：中国政法大学出版社，2003：103.

❹ 同上，并转引自：FRITZ MACHLUP & EDITH PENROSE. The Patent Controversy in the nineteenth Century, 10J. Econ. Hist. 1 (1950); FRITZ MACHLUP. Patent, in 2 Intl. Encyclopedia of the Social Sciences 461 (1968).

专利采取重点保护和一般保护上的摇摆不定。❶ 在对专利法律制度的探索过程中，发达国家已经逐步找到适合本国经济发展程度的专利权制度，并依据实际情况进行随时的调整。

（2）发展中国家

如果说发达国家知识产权法律制度的建立是出于本国经济发展的需要，而近几十年发展中国家专利法律制度的仓促建立则是一种被动的模式。知识产权对于发展中国家而言是一种制度"舶来品"，是被动移植，知识产权立法不是基于自身国情的制度选择，往往是受到外来压力的影响。❷ 1995 年正式生效的 TRIPS 将发展中国家专利权制度的保护水平有力地向前推进了一步。在短期内，作为 WTO 成员的发展中国家成员与发达国家一道将本国的知识产权保护水平提升到 TRIPS 要求的水平，在这过程中，忽略掉了对本国经济水平与专利权制度适应程度的考察。

以印度专利法历史为例，印度议会 1994 年否决了国大党提出的关于修正专利法的提案，美国向 WTO 起诉印度，要求印度履行其 WTO 成员义务，开放药品市场。印度在这场官司中败诉，被 WTO 责成修订相关法律。作为与 WTO 机制接轨的一个重要方面，《印度专利法修正案》于 1999 年 4 月 19 日正式实施。该法案参照 1994 年乌拉圭回合《关税与贸易总协定》中 TRIPS 的有关条款，对其原有专利法（1970 年颁布）作了重要修订。❸ 我国专利法律制度也有着类似的经历，新中国成立后，我国在 1984 年正式通过了《专利法》，1992 年我国进行了第一次修订，2000 年，为了符合 TRIPS 的要求，进行了第二次修订，从专利法律制度建立至专利制度的高水平保护仅仅用了 16 年。发展中国家建立专利权制度当然不完全是由于发达国家压力所致，而是同样考虑到了专利权制度的经济激励作用。但是，尽管在经济激励理论中对专利保护制度推进技术创新的作用做了论断，但同样对一项具体的专利制度是否会实现社会成本付出小于该项专利技术所创造的社会利益也尚无确切的答案。❹

---

❶ 罗伯特·P.墨杰斯，等.新技术时代的知识产权法 [M].齐筠，等译.北京：中国政法大学出版社，2003：104.

❷ 吴汉东.中国知识产权法制30年的9个问题//中国知识产权蓝皮书 [M].北京：北京大学出版社，2009：89.

❸ 张力.专利法修改与印度经济的国际接轨 [J].南亚研究季刊，2001 年增刊.

❹ 参见：威廉·M.兰德斯，理查德·A.波斯纳.知识产权法的经济结构 [M].金海军，译.北京：北京大学出版社，2005：序言.

如果完全出于经济激励的作用建立专利权制度，发展中国家必须考虑专利权制度建立要付出的代价与所获收益之间的比例，至少不会如此仓促地建立。

2. 国际技术转让推进发展中国家知识产权制度的建立

在经济方面，知识产权制度有两个重要的特征：一是允许权利人对市场独占以获取高额利润回报，导致价格处于非竞争状态，而另一特点是，如果知识产权制度体系完善，则会鼓励并不断推动新的科技研发。❶建立本国的知识产权法律制度是发展中国家的自主抉择，各国政府考虑到了知识产权制度对于本国经济发展的促进与激励作用。但在发展中国家专利权制度建立的历史过程中，发达国家的压力发挥了相当的作用。无论国际公约还是国内立法，均承认知识产权法律制度的地域性，即各国对知识产权的保护具有独立性，发达国家为何如此不惜成本致力于推进发展中国家的专利法律制度进程呢？这是发达国家在技术的跨国转移过程中维护本国利益需要所致。

前文介绍了西方国家自20世纪60年代以来，在国际技术转让领域影响最大的几种经济分析理论。在这些国际技术转让经济理论的分析中，从技术差距理论、学习曲线效应理论到后发优势理论，尽管这些经济理论本身尚存缺陷，但我们可以发现发达国家在经过国际技术转让后，产生了对于丧失技术优势可能性的担忧与分析。依据技术差距理论，尽管需要一段的"模仿时滞"，发展中国家在通过引进技术，生产出同类技术产品后，发达国家的技术优势会消失。依据学习曲线效应理论，通过对于先进技术的学习，发展中国家的企业可以获得比发达国家技术输出企业更多的收益，可以降低成本扩大产量。而后发优势理论更加直截了当地以发展中国家的发展优势为目标进行了经济分析，认为由于后发优势的存在，发展中国家必然可以通过缩短技术的研究开发时间，尽快地缩小与发达国家之间的技术差距，实现经济的跨越式发展，而这种后发优势是发达国家所不具备的。

在这些经济理论分析的基础上，发达国家若要保持或在一段时间内保持其技术优势，唯一的路径是要求发展中国家修改知识产权制度，提高对知识产权的保护水平，使具有优势地位的技术所有人在技术输出国享有独占的权利，从而排除发展中国家可以在学习效应与技术后发过程中可能取得的技术

---

❶ JOHN H BARTON. New Trend in Technology Transfer: Implications for National and International Policy [R]. Published by International Center for Trade and Sustainable Development (ICTSD), 2007: 3.

竞争优势。利用发展中国家高水平的知识产权保护水平，可以为具有技术优势的输出国带来本国知识产权制度所延伸的优势，不仅维持了技术优势，合法排除技术引进国竞争者，还可以节省专利权保护国为维护无形的专利财产权所要支出的法律成本。美国法学家罗伯特·P. 墨杰斯等学者在其著作中也同样提及此问题："随着出口成为国家财富相当大的一个来源，现在，政府决策者对我们主要贸易伙伴的法律和经济制度更为关注，这很自然地包括了对这些国家知识产权制度的考察。"❶ 尽管发展中国家的知识产权制度在外界压力下，逐步与国际知识产权制度相一致，但随之而来的争议也越来越多，主要焦点集中在发展中国家对药品专利的保护与公共健康利益的冲突问题上，WTO 也首次对 TRIPS 进行了修改。这种争议的主要原因在于发达国家与发展中国家技术水平的差距，因而，国际知识产权制度引起了关于国际知识产权制度作用的重大分歧，国际知识产权制度真的能够增加贸易并带来全球公平竞争的积极效果吗？还是仅仅强化了控制在西方国家手中的经济和跨国公司的利益？发达国家与发展中国家间的分歧最终还是来自不同经济发展水平带来的不同经济利益。❷

第二节　专利制度下技术进出口国的不同利益

由于技术水平的差距，专利制度对于技术进口国与出口国利益的影响是不同的，专利制度对于技术进出口国家利益产生的具体影响要运用法律经济分析的方法能够清楚说明。在专利权制度创设之初，即已明确知识产权法律制度与经济有着不可分割的联系。正如西方谚语所说：模仿是真诚的恭维。法律禁止未经授权的复制不是由于复制本身是罪恶的，而是由于它违反了某些追求经济活动效率最优化的技术规则，❸ 西方国家制度的初衷也确是出于经济效率上的考虑。在国际技术转让领域思考专利权制度的经济本质，却会

---

❶ 罗伯特·P. 墨杰斯，等. 新技术时代的知识产权法 [M]. 齐筠，等译. 北京：中国政法大学出版社，2003：105.

❷ SAHAR AZIZ. Linking Intellectual Property Rights in Developing Countries with Research and Development, Technology Transfer, and Foreign Direct Investment Policy: a Case Study of Egypt's Pharmaceutical Industry [J]. ILSA Journal of International & Comparative Law, Fall 2003.

❸ JAY DRATLER, JR. 知识产权许可（下）[M]. 王春燕，等译. 北京：清华大学出版社，2003：497.

反映出技术进出口国的不同利益。运用经济的方法分析法律问题始于20世纪60年代的美国,罗纳德·H.科斯的一篇论文《社会成本问题》产生的影响最大,并促使一系列优秀的法学家开始对法律经济学展开研究,其中就包括将法律经济学发扬光大的理查德·A.波斯纳。科斯认为,只有当政府矫正手段能够以较低的成本和较高的收益促成有关当事人的经济福利改善时,这种矫正手段才是正当的。他还认为,问题的解决没有普遍的方法,只有对每一情形、每一制度进行具体的分析,才能提出符合实际的,基于成本－收益分析选择的特定法律。❶ 国际技术转让动力产生于技术许可带来的经济利益,经济利益使发达国家督促发展中国家在短时期内建立了与国际水平协调一致的专利权制度,对其中法律利益运用经济的方法加以分析,可以看出国际知识产权制度为不同发展水平国家带来的利益差距。

一、专利制度的经济分析

专利制度中专利权人的专有权在经历一系列权利属性演变后,已被国际法律文件及各国国内法确定为"私权",这就决定了专利权人对该项技术拥有私人财产权,任何自然人、法人或其他组织不得随意干预权利人的权利行使。专利权人享有独占的制造、使用、许诺销售、销售及进口专利产品的权利,任何人未经权利人许可不得使用其中权利,这些独占权使专利权人拥有其他竞争者所不具备的竞争利益。专利制度在法哲学上有着洛克的财产权理论、以黑格尔等为代表的财产与人格论以及经济激励理论。依照洛克《政府论》中的财产权理论,由于劳动归属每个人,无论什么物品,如果渗进了其个人的劳动,就使其具有个人财产权的性质,"只要他使任何东西脱离自然所提供的其所处的状态,他就已经渗进他的劳动,在上面参与他自己的某些东西,因而使他成为他的财产。既然是由他来脱离自然所安排给他的有些东西,从而排斥了其他人的共同权利。"❷ 洛克的财产权理论使劳动成为财产权正当性的基础,而劳动的概念也同样顺理成章地进入智力劳动创造财产权这一领域,发明人对自己智力劳动所创造的技术发明同样拥有自然的财产权利,这一观点已经得到认可,并作为用来解释专利保护制度的法哲学理论

---

❶ 理查德·A.波斯纳.法律的经济分析(上)[M].蒋兆康,译.北京:中国大百科全书出版社,2003:6-7.

❷ 洛克.政府论(下)[M].叶启芳,等译.北京:商务印书馆,1964:53.

依据。

在三种学说中，为多数国家所接受的理论主要是经济激励理论。经济激励理论强调的是个人进一步发展的社会利益，它建立在这样一种信念之上：如果个人的创造性成果受到法律的专门保护，这将激发这些智力创造者们进行这样的创造，而这样社会将从中受益。❶ 经济激励理论在美国得到了全面的承认与肯定，这主要表现在美国的宪法之中。美国宪法第1条第8款规定："……为促进科学和实用技艺的进步，对作家和发明家的著作和发明，在一定期限内给予专利权的保障；"根据美国宪法的规定，美国在1790年制定了专利法，根据其宪法第1条第8款的内容，我们可以看出，美国设定专利保护制度的立法依据是"促进科学和实用技艺的进步"。根据激励理论，对发明人的专利权给予保护就可以使发明人在前期的研发投入得到回报，并可以通过排斥任何人不经其许可的非法复制而获得可观的经济利益，这必然激励发明人继续进行发明创造。❷ 美国成功地将这种激励技术创新的理念推向了国际社会，并进而使其为多数国家所接受，在许多国际性文件及发言中，美国都会试图渗透这种经济激励理论，而使专利权人在更多国家得到独占性的权利。WTO 的 *Intellectual Property: A Power Tool For Economic Growth* 中也这样指出"知识产权是一种阻碍竞争者的排他权这样一种观点已经越来越不能得到证明，实践中，知识产权许可与对他人擅自使用的禁止同样频繁。这些许可为知识产权人提供了许可费收入，并向众多被许可人传播了本来难以得到的技术与产品。在这样的交易过程中，被许可人还取得了创造改进成果和演绎作品的权利以发展他们自己的权利资产，这些资产又可以交叉许可（给原许可人）或许可给其他人，这样就形成了一个极富建设性的创新和商业交易的循环。"❸ 这段话还指明了知识产权对后续创新及市场竞争的影响，知识产权通过对许可方和内在的信息公开机制推广、传播了新的知识和技术，从而为后续创新奠定了广泛的社会基础。不仅如此，知识产权的存在实际上还成为刺激后续创新的"压迫机制"。❹

---

❶ 冯晓青. 知识产权法哲学 [M]. 北京：中国人民公安大学出版社，2003：192.
❷ 需要说明的是美国的经济激励理论与财产权的学说是紧密联系在一起的，只有承认了发明人对专利技术的私有财产权，才能进一步确定赋予此种特殊财产以独占的专有性权利。
❸ 郑成思. 知识产权——应用法学与基本理论 [M]. 北京：人民出版社，2005：21.
❹ 郑成思. 知识产权——应用法学与基本理论 [M]. 北京：人民出版社，2005：22.

我国的《专利法》在第1条也明确地说明对专利进行保护的目的是："为了保护专利权人的合法权益，鼓励发明创造，推动发明创造的应用，提高创新能力，促进科学技术进步和经济社会发展，制定本法。"对技术创新目标的追求就要求法律保护专利权人的经济回报。对具有创造性的技术进行保护的专利制度设计的确在一定程度上推进了社会技术的进步，这是对一个时代的贡献，经济激励理论也因此被广泛接受，并用以指导本国的专利保护法律规范，维护专利权人依据专利法律制度获得经济收益是国际专利许可法律制度经济分析的基础。对专利给予专有权保护的考虑是：知识产品具有公共产品的特征，就使得在没有特别法律保护的情况下，难以阻止他人的不法利用，但也可能由于限制对财产的使用而减少了产出，为强制实现这一财产权而采取的措施，就成为财产权的成本。❶ 现代专利制度通过将专利权在一定期限内授予权利人，禁止任何人未经其许可实施该项技术，是以限制该项技术的传播为代价的。社会知识是不断积累的，因此知识产权对社会的普遍伤害就在于它提高了获得产品的代价并且限制他人从事进一步的研发。❷ 专利制度设计此种社会成本的付出以在维护专利权人的利益基础上追求未来的社会预期利益为代价，只有当所追求的社会利益大于社会成本的付出时，该项法律制度的设计才是正确的，才会为该国带来预期的经济利益。

二、技术输出国的利益分析

（一）输出国国家利益分析

依据比较优势理论，专利技术只有在一国具有优势地位的情况下，才会向另一国家输出，这就决定了输出专利技术越多的国家在技术领域占有更强的国际地位，而引进技术多的国家则处于劣势地位。技术输出国往往是经济技术具有优势的国家。

当本国技术输出时，输出者母国会持积极的鼓励态度，使本国技术价值最大化。在技术进行跨国转让时，对技术输出国利益的影响表现在两个方面：一是前面已经提及的，技术输出国对于技术引进国模仿技术后的后发赶超优势；另一是在本国军事、政治等方面有着主要影响的先进技术的境外流

---

❶ 威廉·M.兰德斯，理查德·A.波斯纳.知识产权法的经济结构 [M].金海军，译.北京：北京大学出版社，2005：23.

❷ 罗伯特·P.墨杰斯，等.新技术时代的知识产权法 [M].齐筠，等译.北京：中国政法大学出版社，2003：14.

动。对于第一种情形，技术输出国积极督促技术引进国建立高水平的专利权制度，利用其本国法排斥在技术引进国境内的潜在竞争者。对于第二种情形的技术，在本国境内采取管制措施，严格禁止类似技术资料的外流，甚至包括掌握技术的人员的对外联络都要受到严格的控制，防止技术信息的泄露。

（二）输出国当事人利益分析

技术输出国的当事人是技术转让的许可方，许可方的行为对于国家利益有着重要影响。国际专利技术许可发生的一个重要原因是专利权人为理性的人，拥有利用财产利益最大化的愿望，这种愿望因与国家鼓励技术创新、发展自由竞争的市场的公共利益目标一致而得以实现。技术所有人在境外进行专利技术许可的前提条件是，依技术引进国法律取得合法专利权。

1. 利益最大化追求

为实现专利技术的价值最大化，国际专利许可贸易的发生成为必然。尽管随着世界经济的发展，全球一体化程度逐渐加强，许多根深蒂固于各国文化传统反映出的国家意志是不可能完全一体化的。权利人若想在不同于本国的法律环境下创造利润，授予许可并利用被许可方现有的资源及营销渠道是进入拟开发市场的捷径。技术水平的差距决定了在本国市场价值缩小的技术仍然可以在他国获得最大利润，许多进入技术衰落期的技术可以在技术水平低的国家再次许可使用。专利制度为专利权人的利益提供了强有力的法律保护，在一些国际公约中，都要求成员给予国民待遇，如TRIPS第3条规定，每一成员向其他成员的国民就知识产权的保护提供的待遇不得低于其给予本国国民的待遇。国民待遇原则使许可方在技术引进国家享有其本国同样的专有排他权，并利用这种排他权获得技术的最大化价值。

2. 占有技术进口国市场

技术输出国的许可方除了可以通过专利技术的许可获得技术使用费作为技术的收益外，还可以通过专利权制度的保护，在技术进口国市场获取技术垄断优势所带来的价值，排斥同行业其他竞争者使用类似技术进行竞争。随着全球经济的一体化，一些跨国公司的眼光不再停留在某个国家，而是投向全球市场，技术输出是占有更广阔市场的捷径。

三、技术引进国的利益分析

（一）引进国当事人利益分析

1. 被许可方的法律地位

被许可方一般为技术引进国的当地企业或其他经济组织。被许可方依据国际专利许可合同取得使用专利权人所拥有的专利技术的权利，获得的是合同法上的利益。签订许可合同后，被许可方与许可方拥有平等的法律地位，其可依据诚实信用原则要求许可方履行合同中所约定的权利义务，并通过对技术的应用获取专利产品进行销售，实现当事人的经济利益。但专利权的垄断权决定了被许可方在国际专利许可贸易中处于相对弱势的地位。

2. 被许可方利益的不确定性

被许可方同样是为追求经济利益的最大化，参与到国际专利技术转让法律关系之中，但其利益具有不确定性。这种不确定性由两个原因所致：一是技术创造效益的不确定性；另一是法律制度不完善带来的不确定性。

专利技术所有人对于技术的跨国转让承担保证义务，这种保证义务包括权利保证与技术适用性的保证，但此种保证义务只停留在技术可以生产出技术产品的层次，而不会延伸到技术产品是否会创造效益的层次。专利被许可方的利益是否会有所回报就处在不确定状态，在实践中，往往通过与专利许可方签订提成支付使用费的方式与权利人分担风险，但对于专利被许可方来说，仍然要承担更大的风险。因为专利技术所有人所投入的仅是无形的专利技术，进退自如，而所有组织技术产品生产的前期投入风险都要由被许可方承担。此外，技术引进国多为发展中国家，专利制度在发达国家压力之下完成，尚没有与本国国情相融合，在保护本国利益方面，专利制度的设计并不完善。到目前为止，如何界定专利权人滥用专利权的行为还是世界范围内的一个难题，在专利法律制度相对完善的西方国家，将更多的利益保护留给了专利权人，选择用反垄断法规范专利权人足以抑制本国市场自由竞争的行为，而将对被许可方的限制留给了"契约自由"去调整。发展中国家由于专利法律制度的早产，对于如何规范类似行为的立法经验显然不足，这种法律制度的不确定性，必然导致被许可方利益保护的不确定性。在国际专利许可合同中，许可方会借助自己的垄断优势地位要求被许可方接受一些限制性商业条款，限制性商业条款的效力并不确定，各国规范亦不同。再者，对于被许可方具体权利的保护在许多发展中国家也不明确。被许可方当事人的权利会时常面临不可知的风险，如专利权被撤销、专利权内容发生变更等带来的不确定后果。

(二) 专利技术引进国利益分析

相对于技术输出国而言，专利许可合同的履行地，专利技术的许可实施地、被许可方所在地均为技术引进国，国际专利许可对专利技术引进国国家利益的影响更为直接。

1. 专利制度加大技术引进成本

在引进适用技术后，引进国节省了本国技术的研发时间与资本投入，但需要支付技术所有人所愿意交换的对价，即技术使用费。国际技术转移自古存在，而专利法律制度却是近代的发明，与专利权制度建立之前相比较，技术引进国显然加重了技术引进的成本。除需要支付技术使用费之外，其他增加的成本表现在：（1）专利权人限制性要求增大成本。在专利制度建立后，技术的所有人排斥任何其他通过努力取得同样技术成果的所有人，被许可方只能从专利权人处取得所需技术，这种技术市场的卖方垄断特征，使得权利人可能在国际专利许可过程中增加各种限制性条件，如搭售等。引进国企业接受限制性要求增加了引进国技术引进的整体经济成本。（2）技术传播受阻成本。专利权的独占性限制了专利技术在引进国的传播与改进，由此增加社会成本。（3）法律制度建立与修改成本。技术国建立或修改专利权制度活动本身所发生的成本。（4）专利权维持成本。专利权为无形财产权，具有无限复制、重复使用的特性，制止侵权行为的发生需要国家支付更多的成本。

以上所列成本不能否定专利权制度本身的价值，但当专利权制度的经济激励并非囿于本国范围之内时，国家成本的支出就必须纳入考量范围之内。

2. 外国居民专利拥有量与引进国经济利益

专利权具有地域属性，外国居民在其本国申请到专利权之后，到其他国家申请专利权的动机主要有销售专利技术产品、将专利技术在该国许可或投资、在该国的一段时期内保持技术的垄断地位。为了顺利开展国际专利技术贸易，现代专利制度并未因专利权的保护因对象不同，而有所差别待遇。无论是本国居民，还是外国居民，只要在一国取得有效专利授权，就会受到同等的保护。但显然，过多地在国内保护外国居民所拥有的专利权，对一国的经济发展是不利的，同时也说明了该国对于国外技术依赖程度较高。

（1）外国居民专利拥有量的现状

在 WIPO 每年 7 月底公布的《世界专利报告》中，对非居民的专利申请量都会以数据及图表的形式加以说明。从 2008 年《世界专利报告》中的数据看，从 1985 年至 2006 年，非本国居民专利的申请量与授权量都在逐步上升。非本国居民专利申请量的增加，一方面说明了专利法律制度国际化趋势

第二章　国际技术转让与知识产权制度

的加强，另一方面也说明了专利技术的跨国转移比较活跃，专利产品的自由贸易程度提高。

在对国际技术转移过程中技术引进国经济利益分析中，引用非本国居民专利申请量的数据，需要作出这样一个对比，即针对同一成员专利局所受理的专利申请，本国居民与非本国居民的专利申请比例。由于该数据图在 2008 年《世界专利报告》中并未涉及，此处只好引用 2007 年报告中的数据资料表予以说明。

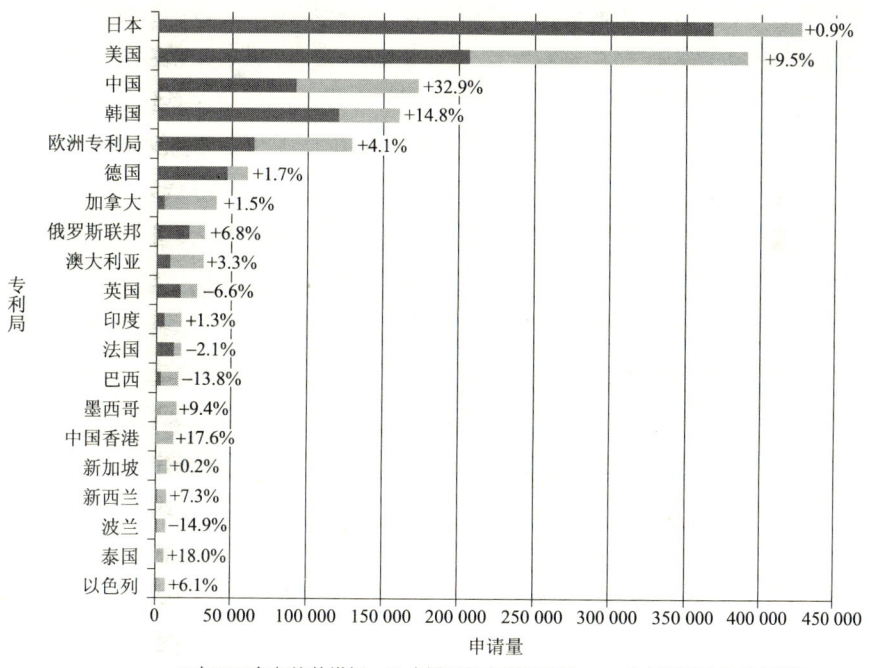

```
专利局
日本         +0.9%
美国         +9.5%
中国        +32.9%
韩国        +14.8%
欧洲专利局   +4.1%
德国         +1.7%
加拿大       +1.5%
俄罗斯联邦   +6.8%
澳大利亚     +3.3%
英国         -6.6%
印度         +1.3%
法国         -2.1%
巴西         -13.8%
墨西哥       +9.4%
中国香港     +17.6%
新加坡       +0.2%
新西兰       +7.3%
波兰         -14.9%
泰国         +18.0%
以色列       +6.1%
         0  50 000  100 000  150 000  200 000  250 000  300 000  350 000  400 000  450 000
                              申请量
  %与2004年相比的增幅    ■ 本国居民专利申请量    ■ 非本国居民专利申请量
```
来源：WIPO统计数据库。

图 2-2　2005 年专利申请受理量居世界前 20 位的专利局

图 2-2 列明了同一国内本国居民与非本国居民专利申请量的比例，其中横轴的深色部分为本国居民专利申请量，浅色部分为非本国居民的专利申请量。粗粗从这一表中所显示的数据来看，日本、美国、德国、俄罗斯以及英国等发达国家的本国居民专利申请量明显高于非本国居民的专利申请量。而发展中国家中，只有韩国的本国居民的专利申请量占据了明显的优势，其余国家，包括我国（不含港、澳、台地区），以浅色部分为代表非本国居民的

专利申请量则占了优势比例。

(2) 外国居民专利拥有量对引进国利益的影响

当外国居民专利拥有量超过本国居民的专利拥有量时，除表示技术引进国家不具有技术优势外，引进国在技术引进后的经济利益面临成本可能高于支出的危机。因为，外国居民通常并不将技术许可实施地国作为其首次申请、实施专利的首选，在该国申请专利的目的一般是为了许可实施已有技术。

专利制度是出于经济效率的考虑而进行的人为制度设计，美国普兰特教授认为，知识产权创造稀缺，有体物的财产权管理稀缺，这也同样决定了知识产权趋向于比物质财产的权利有更大的成本。❶ 这就意味着，一国对专利权人专有权提供保护以该国付出的社会成本为代价，包括为专利权保护提供的司法成本，社会其他竞争者无法更轻松地获得或无法获得该项技术所付出的社会成本，以及为获得该项技术所要付出的交易成本。而这一切成本付出的目的就是为了追求更有效率的社会经济回报，激励发明人的技术创新，使先进的技术能够更迅速地服务社会。可以看出，当外国居民申请获得专利授权的比例大于本国居民时，几乎所有社会成本完全出自于专利技术许可实施的引进国，技术创新价值却并没有在技术引进国实现。付出社会成本之地却并非收益收获之地，被激励进行创新的国外发明人往往并不会将新技术首先适用在引进国，尤其是当权利人母国与该国对专利有着同样保护水平的情况下，这一结果就更加明显，引进国所预期获得的利益必然小于支付的专利保护成本。因此，技术引进国应当关注外国居民在本国申请专利的数量，将其与本国专利授权数量的比例控制在合理的范围之内，才能有益于本国利益。

综上，无论是专利法，还是与专利许可相关的法律，首先维护的是专利权人的利益，法律保护专利权人从专利技术的使用中获得最大经济价值，以刺激技术创新。任何不受约束或约束不明确的权利都会被滥用，专利权也不例外。专利权人对专利拥有合法的垄断权，可以随意对专利许可的被许可方施加限制，垄断即代表权力，所有的权力都会被滥用。❷ 被许可方利益的不

---

❶ 威廉·M. 兰德斯，理查德·A. 波斯纳. 知识产权法的经济结构 [M]. 金海军，译. 北京：北京大学出版社，2005：26.

❷ DONALD CHISUM, MICHAEL JACOBS. Understanding Intellectual Property Law [M]. Matthew Bender, 1992：86.

确定性显然与专利独占权的价值选择有关,从法律制度上考虑被许可方利益,以法律维护其合理经济利益,在法律上恢复利益平衡是重要的。我国目前的法律法规对被许可方,尤其是国际专利许可的独占被许可方利益考虑较少,这是我国在最近的专利许可案件中,国内被许可方频频丧失利益,并付出巨大市场代价的重要原因。2002年在一次日内瓦会议上发表的报告从发展中国家的利益出发考察了知识产权的保护措施,报告明确认为,发展中国家应根据自己发展的需要,权衡自己的利弊得失来制定自己的知识产权保护政策,而不应当盲从欧盟和美国的相关法律和措施。因为即使是知识产权保护水平稍微提升,也会严重影响发展中国家的知识传播和知识产品的扩散。❶ 技术引进国,尤其是目前尚处于技术劣势地位的发展中国家,在制定本国专利权制度时,必须对专利权人与被许可方的权益,以及技术引进国的国家利益加以充分权衡。

第三节 我国相关知识产权制度的完善

一、专利法律制度现状

我国《专利法》在1985年4月施行后,分别在1992年、2000年与2008年进行过三次修改,对推动我国技术进步发挥了主要作用。2005年,国务院成立国家知识产权战略制定工作领导小组,国家知识产权局召开会议正式启动《专利法》及其实施细则第三次的修改工作。2006年5月,在第十届全国人大常委会第二十二次会议《全国人大常委会执法检查组关于检查专利法实施情况的报告》中,提出建议将《专利法》的修订列入立法计划。2008年十一届全国人大常委会第六次会议第四次全体会议表决通过《全国人民代表大会常务委员会关于修改〈中华人民共和国专利法〉的决定》,并于2009年10月1日起施行。随之修订的《专利法实施细则》于2010年实施。修改后的《专利法》,与技术转让相关的修改内容也较多,如共有专利的许可实施方面。依据我国修改前《专利法》的规定,如果专利权存在其他共有人,则未经其他共有人同意,任何共有人不得对外许可实施该项专利技术,这一规定显然不能够促进专利技术的实施。对于共有专利权人对外许可实施专利技术

---

❶ 乔生."入世"后我国限制知识产权滥用的立法研究//陈安. 国际经济法学刊 [M]. 12卷1期. 北京:北京大学出版社,2005:203.

的权利，各国规定差异较大，依照美国专利法规定，除有相反的约定外，专利权的每一个共同所有人都可以制造、使用或出售其取得专利权的发明，不必取得其他所有人的同意，而且无需向其他所有人说明，条件是在非独占的基础之上。我国专利法修改后规定，专利权共有人可以单独实施或者以普通许可的方式许可他人实施该共有专利。共有人许可他人实施该专利的，所取得的许可使用费应当在共有人之间分配。不经其他共有人同意许可专利权仅限于普通许可，不能延伸到独占许可，否则会使经济秩序造成混乱。此外，还包括药品专利侵权例外、平行进口等内容。

二、专利技术转让相关规范的完善

（一）专利默示许可规范

专利默示许可是指尽管没有专利权人明示授权，也从法律上视为被许可方存在授权的一种许可，默示许可表明的是对专利技术转让方权利的一种限制。我国《民法通则》第56条在规定民事法律行为的形式时，肯定了除书面、口头形式外，还允许"其他形式"。《民法通则》第66条第1款中有这样的规定：本人知道他人以本人名义实施民事行为而不作否认表示的，视为同意。我国民法理论上存在对于"默示"与默示授权的规定，在其他国家的不同部门法中也对此有着系统的规定，除代理法中的默示授权外，合同法、买卖法中的默示担保义务也有着重要的作用。可见，"默示"在法律体系中占有着较重要的地位。在专利技术转让领域也应当逐步完善关于专利技术默示许可方面的规范。与任何普通合同一样，专利许可合同除了可以书面形式达成外，还可以其他方式达成一致，法律对许可合同的书面形式要求出于对专利权权利变更之合理规范，但这并不能否认，在不对抗第三方的情形下，尽管专利许可双方未签订书面的许可合同，由于许多在他国申请专利的外国公司并不在该国内实施该项专利，而只是将专利产品销售至该国，因而对侵权人所在国的专利使用情况很少及时提起侵权诉讼或予以制止，而是等到使用专利的企业有一定规模时，才对其提起诉讼，我国近年出现一些这样的案例，本国企业由于侵权而被处以巨额赔偿等其他严厉处罚，而使其完全丧失市场竞争能力。因而，当在一国拥有专利权的外国法人或经济组织不积极履行权利，尽管没有明确的授权，可依其行为或相关法律被认定存在授权的许可即为国际专利默示许可。在专利许可的类型中承认默示许可与在民法中承认默示授权，在买卖法中承认默示担保具有同样的必要性与重要意义。对默示许可的承认是与民法的最基本原则诚实信用原则、平等互利原则相一致的，专利许可当事人之间的关系如因许可人的行为足以判断出双方存在许可关系时，对这种许可不加以肯定对许可贸易的发展是不利的。

对于专利默示许可可以依据不同的情况加以确定，依照使用人所使用的专利权保护的对象，如为教学科研目的而使用专利技术进行专利产品的制造，可以视为对使用专利技术制造专利产品的默示许可。在尽管没有权利人的明确授权，但使用人对专利的使用却侵犯专利权人权利的情况下，可以视为专利权人已经对该使用进行了默示的许可，使用人未与专利权人签订明确的书面授权许可合同，但专利权人的行为足可以证明其许可使用人使用时，使用人会被认为得到了专利权人的默示许可。此外，专利权人的不作为也可以作为产生的默示许可的法律依据，主要指由于专利权人懈怠行使其专利权，则使用人可以此作为不侵权的抗辩，并由此被推定产生的专利默示许可。此种默示许可的构成需要满足一定的条件，首先，专利权人明知侵权行为的存在，如果专利权人并不知道未经授权的使用行为的存在，无论该种行为经过了多长期间，都不发生由于懈怠而产生的默示许可，换句话说，如果专利权人不知道该使用行为的存在，也就不能称其为"懈怠"，迟延的起算于专利权人知道或者应当知道其权利受到侵害之日起算。其次，权利懈怠行使已超过法定的诉讼时效。法定的诉讼时效是指法律规定的专利权人应提起专利侵权行为的有效期间，如果专利权人对其明知的侵权行为在一段期间内不予追究，其潜在的想法是要给予侵权人一个默示的免费许可，这种默示许可会因为专利权人对该使用行为的诉讼行为而终止。法律作出这样的推定当然并非仅仅是为了保护侵权人的既得利益，更大程度上为了保护经济秩序的稳定，作出此种规范后，就可以避免专利权人在明知侵权行为存在而不追究，恶意地获取不当收益，损害专利许可实施地国的经济秩序。

（二）专利当然许可的规范

专利当然许可是指专利权人在申请并取得专利权后向专利主管机构请求登记，在专利权的有效期间范围内，任何人可以不经与其另行谈判，只要缴纳一定数额的使用费即可以实施其专利技术的一种许可形式。我国没有关于当然许可的规定，但在其他一些国家的专利法或专利权法典中有关于"当然许可"的规定，在欧盟条约中也有关于当然许可证制度。我国的专利法规范可以借鉴专利当然许可方面的规范。

1. 当然许可的构成

(1) 专利权人的主动声明

由专利权人向专利主管部门提出可以登记其专利为"当然许可"的声明，只要交付合理的专利技术使用费，即允许任何第三方实施其专利。《法国知识产权法》第 L.613-10 条规定：任何专利，如已制定的审查报告没有明显地反映出存在影响发明专利性的在先文件，而且该专利所有人愿意将发明的使用公开报价，同时该专利也未在全国专利注册簿上进行过独占许可的登记，应其所有人请求并经国家工业产权局局长决定，可适用当然许可证制度。可见，当然许可是专利权人在尚无具体的请求使用人之前，自愿提出该专利的公开报价，任何法人或个人均可以在支付了合理的报酬之后使用该专利技术。

(2) 为有效专利

当然许可的对象应在专利保护的有效期间之内，所拟授予许可的专利理所当然应为有效专利，这一点往往需要由所在国的专利主管部门进行审查。

(3) 无在先的独占性权利

专利的当然许可可以在申请专利获得授权的当时提出，也可以在专利权有效期间的任何时间提出，这就要求，在设定为当然许可之时，在专利权之上不应存在任何在先的独占性权利。主要指专利权人未就此专利签订过独占许可合同，即当然许可证颁发之前，必须在相关的地域范围内没有关于该专利技术的独占许可的登记。

2. 专利当然许可的特征

首先，当然许可证只能是非独占性的。其次，专利权人可以随时设定当然许可，也可以随时取消当然许可；如英国专利法第 46 条规定："在专利获准后任何时间，该专利的所有者皆可向专利局局长请求登记，同意签发当然许可证"，第 47 条规定："在按照上述第 46 条进行专利注册之后的任何时间，该专利的所有者可向专利局局长请求取消此项登记。"最后，当然许可的权利人可以享受费用方面的优惠待遇。如英国专利法规定：在登记日期以后的专利转期费，应是登记前应付费用的一半。专利的当然许可制度便捷了专利技术转化为产品，使其得到充分利用，推进技术的创新，因此，国家一般都鼓励专利权人适用当然许可证制度，并从法律给予优惠，规定专利适用当然许可制度时，国家会减少其所应当缴纳的年费。

专利权的当然许可制度免去了专利权人与需要使用专利技术的被许可人在专利许可谈判上所花费的时间，可以使用更为便捷的途径使用专利技术，促进了专利技术的产业化。

当然许可的许可方式目前在我国的立法中还是空白，没有任何法律形式加以体现。当然许可不仅可以促进专利技术的推广实施，而且可以使专利许可贸易更加便利地得以实现，我国的专利立法中应当对这种许可形式加以规范，鼓励专利权人以当然许可的方式进行许可。

三、技术秘密法律制度及完善

我国对于技术秘密的法律保护尚未明确列入知识产权范畴之内，相关的法律规范也比较分散，主要规定在《反不正当竞争法》《合同法》《侵权责任法》以及《公司法》中，关于技术秘密许可转让方面的法律规范就更为缺少。我国将侵犯他人商业秘密的行为放在《反不正当竞争法》中进行规范，对商业秘密所下的定义是："不为公众所知悉，能为权利人带来经济利益，具有实用性并经权利人采取保密措施的技术信息和经营信息"。侵犯他人商业秘密的行为，被视为不正当竞争行为的一种。此外，我国《公司法》第16条规定，公司的董事、经理不得自营或者为他人经营与其任职公司同类的营业或从事损害公司利益的活动。《合伙企业法》第30条第1款规定，合伙人不得自营或同他人合营与本合伙企业项目竞争的业务。在这种情况下，虽然雇员并未与企业签订竞业禁止协议，企业一样可以根据侵权事实对其提起诉讼。目前的规范主要针对技术秘密本身及侵权方面，就技术秘密许可产生的法律问题，以及国际上关于技术秘密的立法新动态尚未有明确的反映。以反向工程为例，关于反向工程的问题也成为21世纪各国立法关注的热点。所谓反向工程是指通过研究权利人售出的产品或用户手册等，运用反向、回溯的手段，获得权利人生产该产品所运用的技术的方法，又称之为逆向工程或还原工程。❶反向工程所研究的技术应是技术的所有人采取了保密措施的专有技术，在商业秘密的纠纷案中，被告方往往会以是通过反向工程的方法获得技术秘密，作为其抗辩理由。这种情况下，我们认为应由被告方承担举证责任，证明其

---

❶ 北京市第一中级人民法院知识产权庭. 知识产权审判实务 [M]. 北京：法律出版社，2000：344.

确实是通过一系列的反向演绎过程推导出了该技术秘密，但应限定被告方提供证据的时间，因为，被告有可能利用无限期的时间进行推后研究，而此时被告方应持有已研制出现成的反向工程技术。通过反向工程所获得的技术，各国一般认定为合法，不属于侵权行为。但近年来，美国和欧盟针对本国技术因反向工程而遭受损害的情形，开始尝试否定反向工程的合法性，这也是我国立法中应当予以关注的问题，应在法律中明确对于反向工程的立法态度，维护依据反向工程获得技术的合法使用。

技术秘密法律制度的主要问题首先在于对侵犯技术秘密行为的法律定位，仅将其定位于一种普通侵权行为，还是将其定位于侵犯技术秘密财产权的行为。技术秘密不能作为财产权进行保护，技术秘密转让的发展速度也会放慢。将技术秘密视为智慧财产权加以保护，才能够解决技术秘密转让产生的系列法律问题。否则，技术秘密转让的案件必然遇到众多难题。如技术秘密的被许可方在出现技术秘密侵权的情形时，技术秘密所有人维护法定权利依据的问题。作为国际技术转让的对象，其应当是具有价值及其可控制性的财产权，在普通法系中，已经逐步确立形成对商业秘密的私有财产权属性的认可，侵犯此种财产权的行为会受到严厉处罚。按照国际条约的规定，技术秘密具有价值属性，只有获得商业价值的技术秘密才能够得到法律的保护。尽管国家机关无法通过对技术秘密的明确授权进行所有人的确定，但在法律确定可以控制该项技术秘密的真正权利人是可行的，因而，其具有可控制性。技术秘密具备作为私有财产权的条件，只有将技术秘密真正作为私有财产权加以保护，在法律上明确此种财产权的权利人，才能够保证权利人对财产的占有、利用与处分。再者，只有确立技术秘密私有财产权的法律地位，才能够促进技术秘密转让交易的发展。以专利技术为例，在我国专利制度建立前，技术贸易的发展非常缓慢，而在专利制度建立并不断完善后，专利许可合同登记的数量才不断攀高，这与专利财产权的确立有着直接的关系。由于技术秘密事实上由所有人通过本人的合理措施维护其秘密性，法律确认并解决其权属纠纷具有一定的复杂性，但不能由此否定技术秘密作为财产权加以保护正确途径的选择。技术秘密的保护在我国历史上源远流长，许多重要的技术由于年代的原因，人们多采取秘密的方式进行流传，如我国制造宣纸、瓷器等的重要技术，许多技术秘密被侵犯后，由于没有完善的法律保护制度，权利人利益无法得到有效保护。随着技术交易的发展，各国已经建立起较为完善的知识产权法律制度，并倾向于加强本国优势技术的知识产权保护，若要真正激励本国技术创新，加强技术转让交易，法律应当确立技术秘密的私有财产权法律地位，切实加强对其应用、流转过程的法律保护。

第三章
国际技术转让合同

国际技术转让合同是进行国际技术贸易的重要途径，国际技术转让的客体是知识产权，且转让给受让方的权利在大多数情形下为知识产权之使用权。国际技术转让合同中的具体条款，尤其是双方当事人在合同中约定的权利内容，对于合同的性质及双方当事人权利义务的履行有着重要的影响。依据不同的权利内容，国际技术转让合同表现为不同的类别。理解与掌握不同类型的国际技术转让合同，对于正确掌握国际技术转让法学理论有着重要的意义。

第一节 国际技术转让合同的通用条款

一、授权范围

1. 技术范围

技术资料主要指关于所引进技术的基本说明，引进的技术通常是能够实施的具有完整技术体系的系列技术，所有与技术实施相关的技术资料都属于提交的范围。此外，还包括关于技术本身的基本资料，如批准日期、国家、有效期限、现实法律状态等等。

2. 权利范围

权利范围条款是最为重要，且对受让方权利影响最大的条款，当事人在缔结此项条款时应当更为细致。授权条款包括具体权利内容的授权，专利权利内容的授权主要指专利权人将专利权利内容中的那些具体权利许可给被许可方实施，包括专利制造权、使用权、许诺销售权、销售权与进口权。专利权类别方面的授权主要指被许可方得到实施权的类别，如独占实施、排他实施与普通实施权等，还包括是否有分许可权等。

国际技术转让合同对于权利的授予需要以明示方法进行，除法律规定外，只有权利人给了明示的授权，被许可方才能享有，否则，在任何情况下，都不能推定其拥有其在合同中未加以明确权利的实施权。

3. 使用范围

国际许可合同双方当事人应当在合同中约定技术的使用范围，即技术可以由被许可方适用于何种领域的约定。当一项技术具有不同的使用用途时，尤其是专利技术，通常专利权人具有限制被许可方对于技术使用范围的权利，被许可方应在合同中事先明确其打算适用技术的范围，以免未来发生侵权纠纷。

二、转让方基本义务条款

1. 交付技术资料

转让方有及时提交完整技术资料的义务。

2. 技术培训与指导

技术培训指对受让方指定的人员就转让的技术进行指导与训练，技术服务指转让方向受让方派遣专家，提供具有技术含量的咨询与指导服务。只有配合以技术培训与技术服务，受让方才能真正掌握实施所获得的技术。双方在缔结合同时，应明确规定培训的时间、地点培训人员、培训目标、培训费用等条款。

3. 保证义务

转让方的保证义务包括对于所转让技术的权利保证义务与技术具有可实施性的保证义务。

（1）权利保证义务

转让方首先应当保证所许可的技术是其合法持有的有效权利，主要指技术的所有权。其次，转让方还应当保证在技术许可合同期间维持权利的有效性。各国对于知识产权的保护一般具有期限性，并可能在法定条件下撤销所有人的权利，如在专利权人不缴纳年费的情形下，就会失去对专利技术的控制权。因而，转让方应当保证通过缴纳专利年费维持专利权的有效性，不得放弃专利权。最后，转让方应当保证，发生特殊情势需要放弃所转让技术的所有权时，应当优先给予独占被许可方维持权利有效的机会。

（2）技术质量保证义务

转让方应当保证技术的可实施性。转让方不保证被许可方实施技术生产出技术产品可以获得营利，但应保证可以利用技术生产合格的技术产品，能够实现双方当事人对技术产品的预期目标。

三、受让方基本义务条款

1. 技术使用费支付

被许可方最基本的义务是按照合同约定支付技术使用费。技术使用费的支付方式一般有三种：（1）一次总付（Lump-sum Payment），又称为统包价格，指被许可方对技术转让费采取按一固定金额，付清给许可方的支付方式，一次总付可以一次付清，也可以分期支付。（2）提成支付（Running Royalty），是指在合同是有效期内，定期或按一定的比例向许可方支付费用的支付方式，合同中只规定提成的计算方法，而不确定具体数额。只有当被许可方利用技术取得实际效果时，才根据合同规定计算提成费，按期支付给许可方。提成分为固定提成和滑动提成两种，固定提成可以分为固定提成率和固定提成费两种，固定提成率指按固定的提成比率支付提成费的方式，固定提成费指按单位产品支付固定的提成费，滑动提成指按产品产量或净销售额或利润的不断增加而逐步降低提成率支付提成的方式。提成率的大小与产品的销售量直接相关，产品销售量大，提成率低，反之，则提成率高。（3）入门费加提成费（Initial Down Payment & Royalty），指将技术转让费支付分为两大部分，第一部分是合同约定在收到技术资料后，先交付一笔固定的金额，即入门费。第二部分是滑动价格，这部分费用是在项目投产后根据产品销售情况逐年支付提成，具体的支付方式与提成支付相同。

2. 保密义务

从技术许可合同谈判之时起，到整个国际许可合同的履行过程结束，被许可方都涉及许可方的技术运作细节，在专利技术许可合同中，也会涉及与专利技术配套使用的部分秘密技术。由于各国关于技术秘密方面的立法，并不如其他知识产权立法那样完善，如专利法，就需要双方当事人在合同中就此问题进行更加详细的规定。在缔结国际技术许可合同时，转让方会要求被许可方承担相应的技术保密义务，包括谈判过程中的保密义务与合同履行过程中的保密义务等。被许可方应当在合同缔结之时，与权利人明确界定属于保密义务范畴的技术内容，并且，对于双方合作过程中涉及的保密技术予以保密，这样才能使双方长期的技术合作关系顺利进行，形成彼此信赖的利益关系。

四、侵权条款

由于国际许可合同的特殊性，主要是知识产权的地域性，涉及同一项技术，却可能出现在不同国家得到不同水平的保护，甚至在有的国家无法得到法律保护的情况，在缔结合同中应对可能遇到侵权问题的解决加以规范。这种对于侵权行为的规范对于处于技术劣势的发展中引进国当事人尤为重要。在国际许可合同中，双方当事人应当明确约定对所发生引进国专利侵权行为的诉讼责任分担与费用分担。独占被许可方拥有单独起诉权利时，对许可方的通知义务，以及当权利被判决无效时的责任。

大多数发展中国家知识产权法律制度并不如发达国家一样完善，对于知识产权的保护停留在权利本身，而未及于权利行使行为的规范。在专利许可行为中，对于权利被许可方利益的法律保护规范很少，或者法律逻辑设计存在一定的缺陷。如专利权，在专利侵权行为发生后，国际专利许可的独占被许可方面临着是否有权直接起诉侵权人的法律风险，技术引进国也许并没有相应的规范。独占被许可方维护利益的最好方法是，在签订专利许可合同之时就得到专利权人的明确授权。即使技术的引进国与输出国对于侵权问题都进行了法律上的规范，也会存在立法上的差别。如发生专利侵权时，独占被许可方是否有权直接提起诉讼方面的法律规范，日本专利法第100条规定登记的独占实施权人有权禁止他人专利侵权，这说明在日本，独占被许可方具有法定的诉讼主体资格。但依照美国专利法的规定，独占被许可方有权强制要求许可方作为共同原告参加他们的诉讼，独占被许可方拥有事实上诉讼权，但不能以自己的名义单独起诉。本国法律规范带给当事人不同的法律意识，当事人应当在缔结合同时，协调彼此的行为，以免发生纠纷。

五、改进技术成果归属与实施条款

1. 技术成果归属的约定

国际技术转让合同中，应约定被许可方改进后技术的权利归属，即如果为技术秘密，技术秘密所有权人为许可方还是被许可方；如果改进后的技术申请专利权，专利申请权的权利归属决定了专利权利人。如果双方未对此作出规定，技术改进成果一般属于改进的一方。

2. 改进技术的实施

除权利归属外，双方当事人还要约定对于改进后技术的实施权。改进技术的实施，主要指被许可方改进技术后的实施，涉及双方当事人直接经济利益与技术优势地位的保持，对此作出合理的约定，有利于技术的良好合作。

（1）被许可方改进后，技术的实施可能发生以下几种情形：

1）在原有技术基础上改进，所有权归对方当事人，改进人无权实施；

2）改进人实施，但对方当事人无权实施；

3）改进人实施，对方当事人可以实施，但要满足一定条件，支付相应费用；

4）改进人实施，对方当事人可以免费实施。

（2）改进后技术的对外许可实施

改进方是否可以将改进后的技术许可他人实施的问题，可以发生以下几种情形：

1）改进人可以自由对外许可他人实施；

2）改进人在得到对方当事人同意的情形下，可以对外许可实施；

双方当事人应对彼此的实施权加以明确约定，确定改进后技术具体实施权。

六、国际技术转让合同法律适用条款

在一般合同中签订法律适用条款，可以由双方当事人自由约定选择适用的法律，在当事人没有作出明确约定时，可以依据国际私法原则，如最密切联系地原则等加以确定。

知识产权许可合同具有特殊性，知识产权的无形性改变了以往国际私法确定有形物连接点的方式，由于其地域性的特征，各国很难真正将其他国家的知识产权法律制度在本国得以适用。对于这一特点，国际技术转让合同当事人应当有所把握，技术引进国当事人应尽量确定本国法的适用，适用最密切联系等国际私法原则。

第二节　国际技术转让合同的类型

依据转让权利为知识产权的所有权还是使用权，国际技术转让合同可以分为国际许可合同与国际技术转让合同，国际许可合同中转让方仅转让知识产权的使用权，此处国际技术转让合同则特指所有权转让的技术合同；依据知识产权的不同类别，可以分为国际专利技术转让合同、国际技术秘密转让合同、国际计算机软件转让合同等；依据控制知识产权主体的不同，可分为公有部门技术的国际转让与私有技术的国际转让。以下就不同类别的合同加以详细论述。

一、依是否转让技术所有权为标准划分

1. 国际许可合同

国际许可合同又被称为国际许可证合同,是转让方跨越国境将技术的使用权许可给受让方在一定时期、一定地域内使用,并收取技术使用费的技术转让合同,是国际技术转让合同中最为重要、最为典型的一类合同。这种合同的突出特点是转让方仍然持有技术的所有权,仅在合同中让渡技术的使用权。许多学者将其喻为有形物的出租合同,两者有一定的相似性,都是在一定时期内让渡客体的使用权,而保留客体的最终处分权,并通过使用权的让渡获得客体带来的收益。但与有形物之出租合同相比,鉴于客体之无形性与地域性特征,国际许可合同法律关系更为复杂。

在国际贸易实践中,国际许可合同可以依据转让方所受限制的程度不同,可以区分三种不同的合同。

(1) 独占许可合同

独占许可合同指技术的转让方许可技术的受让方在一定的期限和地域内,享有对技术独占的使用权,转让方在合同规定的地域和期限内不得再向第三方授予该项技术的使用权,同时转让方自己也不得使用该项技术制造和销售产品的许可合同。依独占许可协议,受让方取得的权利最大,转让方不仅不得再将此项技术的使用权授予第三人,自己也不能在一定期限内使用这项技术。需要注意的是,不能将独占许可合同等同于转让方转让技术的所有权,因为首先,受让方对转让方所转让的技术只是在一定的时间内和一定地域内才享有独占的权利,在合同规定的地域和时间之外,转让方依然可以将技术转让给第三人,转让方自己也仍然可以使用该项技术;受让方尽管对所受让的技术享有独占的权利,但并不拥有对技术的处分权,换言之,技术的受让方不能将技术擅自再转让给第三方使用,技术的再转让须经技术转让方同意;如果转让方认为必要,仍然拥有解除合同,取消受让方使用此项技术权利。尽管如此,与其他类型相比,独占许可合同是受让方取得约定权利最大的一类合同,关于技术转让的法律规范往往给予独占许可合同的受让方更为特殊的规范,如有的国家直接给予受让方依据独占许可合同取得准物权的法律地位,规定转让方不得随意解除合同,有的国家给予了受让方独立提起诉讼以排斥侵权行为的权利。在独占许可合同下，受让方基本上取得与转让方类似的权能。

（2）排他许可合同

排他许可合同指技术转让方在一定的地域和期限内将技术的使用权转让给受让方，转让方不得再将技术许可给任何第三人使用，但自己保留使用技术制造和销售产品的权利。排他许可合同近似独占许可合同，受让方拥有一定程度的独占权，但转让方仍然保留使用技术的权利，受让方不能实现完全的独占。

（3）普通许可合同

普通许可合同指技术的转让方在一定的地域和期限内将技术的使用权转让给受让方，但同时转让方仍可以将技术再转让给其他任何受让方，同时保留自己使用技术，生产和销售产品权利的合同。因而，从某种意义上讲，普通许可合同更近似于不侵犯知识产权的一种豁免，受让方通过普通许可合同取得免于被诉侵权的保障。原因在于，受让方取得技术许可的目的在于借助法律赋予知识产权之合法垄断地位获得垄断利润，而受让方并不能通过普通许可合同取得任何垄断优势，首先转让方自己保留在该地域使用技术的权利，其次，转让方保留在该地域随时向任何第三方授予技术使用权之权利。相对于同领域的竞争者而言，受让方不会因为知识产权取得任何比较优势，因此，普通许可合同更加近似转让方所允诺的未侵权免诉约定。

国际技术贸易的当事人可以约定互为不同技术的转让方与受让方，授予彼此技术的使用权许可，这种合同被称为交叉许可合同。此外，国际许可合同还可依转让方是否许可受让方将技术再转让给第三人，分为可转让许可合同与不可转让许可合同。所谓可转让许可合同指国际技术贸易的转让方允许技术的受让方将技术再次转让给第三方使用的许可合同，又称为分许可或从属许可合同；不可转让的许可合同则指国际技术贸易的转让方不允许受让方将技术再转让给第三方使用的许可合同。

2. 国际技术转让合同

国际技术转让合同有广义与狭义之分。广义的国际技术转让合同泛指国际贸易领域所有类型的技术转让合同，既包括转移技术使用权的合同，也包括转让技术所有权的合同。而狭义的国际技术转让合同仅指转让技术所有权的合同。在实践中，应在合同中对其含义加以明确界定，尤其是在狭义含义之下，应当明确约定双方当事人所转让权利为技术之所有权。这是因为人们常常在广义的语境下接受国际技术转让合同的概念，在20世纪80年代初，这一学科引入我国之时，"国际技术转让法"一词就已确定，用来翻译"International Law of Technology Transfers"。后有学者对"转让"一词的准确性加以质疑，认为"转移"一词更为准确，原因就在于"转让"往往指所有权之转让，而"transfer"研究的更多是使用权转移的情形。这种质疑有一定的道理，但人们已经由最初对于语言的接受，在汉语境下转化为对词语新内涵的界定与认可。认为国际技术转让包括各种类型的技术转让行为，仅在狭义的语境下，才特指技术所有权的转让，而且往往要求在合同中予以明确。

二、依知识产权的不同类型为标准划分

1. 国际专利技术转让合同

国际专利技术转让合同是跨越国境的双方当事人以专利技术为标的缔结的技术转让合同，合同内容与合同的履行涉及专利权的权利内容与行使。由于专利权不仅带给受让方先进的技术，还有合法的垄断地位，专利技术的交易额正在逐年增加。

国际专利技术转让合同具有以下特点：首先，国际技术转让合同为跨越国境的专利技术转让，当事人营业地位于不同国家境内。其次，国际技术转让的客体应是转让方所持有的合法有效之专利权。与其他类型知识产权相比，专利权具有更强的独占性与垄断性。最后，转让方应当在合同中对于专利权的有效性加以保证，为国际技术交易法则中的保证条款。该保证条款包含三层含义：所转让的专利权不仅要在转让方国家有效，更应当保证在受让方国家为合法有效专利；转让方不仅要在受让境内已经取得专利授权，还应当保证专利权在转让之时依然有效；转让方不仅要保证专利权有效，还应当保证有权转让该项专利权。鉴于专利权的地域性，国际专利技术转让合同的履行地在受让方国家境内，转让方若在另一国境内许可专利权，必须首先在该国境内获得技术的专利授权。保证专利权在该国合法有效是合同生效的前提条件，此外，转让方应当保证专利权之上并未因为设质等原因，而使转让权受限。只有这样，才能保证技术得到该国法律的保护而不会被随意模仿，保证合同顺利履行并使受让方依此获取垄断利润。可以说，正是国际技术交易的繁荣，促进了知识产权制度的全球化进程，推进了各国知识产权制度趋于一致，进而推动了国际技术转让法学的发展。

2. 国际技术秘密转让合同

国际技术秘密转让合同指技术秘密的所有人跨越国界将技术秘密有偿地让与另一方使用的合同。技术秘密又被称为专有技术，即"know-how"，属于商业秘密中的一部分，除技术秘密外，商业秘密还包括经营秘密，而这一部分不属于技术交易的范畴。TRIPS将商业秘密称为"未经披露的信息"，包括一切未经披露的、能够为权利人带来商业价值的，并采取了合理措施加以保密的信息，技术秘密属于其中的内容。

技术秘密与专利权区别较大，技术秘密所有人通过采取保密措施拥有技术的所有权，而不必经过国家知识产权主管部门的授权；技术秘密不具有地域性；技术秘密不具有公开性；技术秘密不具有期限性。这些特点决定了此类合同具有不同于专利技术转让合同的特性，在技术秘密转让中应着重制定保密条款。各国法律一般均规定，受让方应承担保密义务与竞业禁止义务，保证不将该技术秘密泄露给任何第三方，否则，应承担相应责任。

3. 国际计算机软件转让合同

国际计算机软件转让合同指计算机软件所有权人将所拥有的计算机软件技术许可给位于另一国家的受让方使用，并由受让方支付报酬的合同。

计算机软件转让合同是近年来上升速度较快的一种国际技术转让合同，传统名称又被称为计算机软件著作权转让合同。计算机软件通常以著作权的方式加以保护，但其自身的特性决定了其不同于普通的文字作品，往往具有较强的技术性，因而，一些技术性较强的计算机软件已经取得了专利权的保护。由于其知识产权性质的特殊性，并未将其归为专利技术转让合同类别之中，而是单独作为一种类型加以分析。国际计算机软件转让合同有以下特征：首先，合同的客体是计算机软件。其次，客体具有不同的知识产权保护模式。在以著作权方式加以保护的情形下，转让方不需要取得受让方境内有关机构的明示授权，而以专利权为保护模式的情形下，则需要在受让方境内首先取得专利授权。最后，计算机软件转让合同具有直接性。其他类型的国际技术转让合同往往是受让方取得产品效益的在前阶段，在技术转化为产品销售之后，受让方才能判断技术的商业价值。而计算机软件转让合同往往直接与一个成熟的系统相关，受让方正是基于对系统商业价值的判断，才缔结计算机软件转让合同，以直接利用该软件所控制的操作系统。

除以上的分类以外，此标准下的分类还包括国际商标转让合同、国际著作权转让合同,以及国际植物新品种转让合同等。尽管这些分类通常伴随技术转让合同出现,但均不属于典型的技术转让合同,因而,在本书中不再加以详细论述。

三、依知识产权不同控制主体为标准划分

1. 私有主体控制下的国际技术转让合同

私有主体控制下的国际技术转让合同是指客体的所有者身份为私人、私有企业等私有主体的技术转让合同。私有主体控制下的国际技术转让合同是最常见的技术转让合同,私有主体往往为自身商业利益的最大化而选择是否缔结技术转让合同,受外界因素影响小,权利纠纷也较少。

2. 公共机构控制下的国际技术转让合同

公共机构控制下的国际技术转让合同是指客体的所有者身份为国家公有机构的技术转让合同。为了促进技术的创新与运用,国家往往资助一些公共机构从事技术的研究与开发。依据我国2008年施行之《公共机构节能条例》第2条的规定,所谓公共机构是指全部或者部分使用财政性资金的国家机关、事业单位和团体组织。有些国家将其解释为可以行使公权的机构。公共机构是与私有主体相对应的概念,其所控制的知识产权在行使方面具有相对的复杂性。由于一项技术的研发往往是不同公共机构配合的结果,使用的一般为国家财政性资金,在确定知识产权所有者方面有一定的复杂性。如国家资助大学或科研机构完成的技术,在国家、大学或科研机构,以及实际发明人之间往往产生权利上的纠纷,如果处理不妥,就会对技术转让实施造成一定的阻碍,因而,公共机构控制下的国际技术转让合同应当在合同中明确技术的产权归属等相关法律问题。

第三节 国际专利技术转让合同

一、专利权概述

专利权的内容是指专利权人依法可以享有专有权的具体表现,也是国际技术转让合同的主要内容,被许可方依据合同取得原本由专利权人垄断的专有权,是国际技术转让交易追求的直接目的之一。在国际技术转让合同中,当事人双方应对所转让或许可的权利予以明确约定,因而,在学习国际技术转让法律规范时,应当首先了解专利具体权利内容的法律界定。由于不同专利权类型属性不同,法律所赋予权利人的专有权也不同。

1. 专利权的基本特征

TRIPS 的序言明确指出知识产权为私权，专利权作为知识产权的一种，显然应当首先承认专利权的私权属性。专利权本身的基本特征在世界范围内基本达成一致，在国际公约中也给予了肯定，对这些基本特征的掌握和理解，是进行国际专利技术转让的基础，专利权的特征在某种程度上决定了国际专利技术转让的法律特征。专利权的基本特征主要有：

（1）专有性

专利权是一种排他的权利，专利权人一旦被授予专利权，便将其他人排除在外，国家只保护最先提出申请并获得专利的专利权人。专利权为无形财产权，在专有性的保护方面，法律作出了与一般有形物不同的规定：首先，专利权的取得要通过申请，在符合条件的情形下，由国家主管机关授予所得。可见，专利权专有性的获得需要国家行政机关的参与与许可，而有形物所有权的取得则不需要。其次，由于专利技术的可无限次复制性，法律明确规定在专利权授予后，专利权人对专利技术享有独占的使用权，任何未经专利权人许可的第三人不得擅自使用专利技术，否则，即为侵犯专利权。法律对未经权利人擅自使用专利技术的一系列行为作了详细的描述。与著作权、商标权相比，专利权的专有性具有更强的垄断性：著作权保护原创作品的文字，但并不把这种专有保护延及作品的思想，同样的构思，只要表述形式不同，一样可以取得著作权，且不侵犯原作品著作权。专利权则不同，其保护的是技术的方案与构思，即使表述不同，只要技术特征相同，即为侵权。商标权是一种识别性的知识产权，保护商标权的主要目的是为了避免类似商标造成消费者的混淆，只要消费者不会造成混淆，商标权的排他性并不十分明显。如同一商标，如为非驰名商标，可以注册在不同类别产品之上。专利权则不同，这种专有权排斥依法与其类似的技术为其他竞争者使用。

综上所述，专利权持有人拥有比其他类别知识产权更为排他的专有权，这就决定了专利权具有更强的垄断性，可以为专利权拥有人带来更强的市场垄断优势地位。因此，专利技术引进国对外国专利技术转让方进行规范，防止其利用垄断权阻碍市场竞争，抑制本国产业的经济发展就尤为重要。

（2）地域性

专利权的地域性是指专利权只能在依法产生该专利权的地域范围内有效，在该地域范围内，其专有性得到承认，对专利权人享有的专有权给予保护。

尽管经过一些国际组织的努力，专利的申请已可以通过向国际组织的专门机构进行申请代替到每一个国家单独进行申请，只要履行了必要的手续，就等同于亲自到申请人拟使专利受到保护的国家申请一样，但这并不等于专利权的地域性已经消失。因为：首先这种专利申请的成功和被他国授予专利权只是在加入了同一条约的成员国之间才可以实现，非成员国仍要重新申请；其次，在这种条件下，无论各国的国内立法还是国际公约均承认专利权具有独立性，即申请在一国被授予专利权，并不代表在其他成员国也会被授予专利权。同样，在一国专利的被撤销或驳回，也不意味着在他国会被撤销或驳回，地域性仍是专利权的基本特征。因而，至目前为止，不存在所谓的国际专利，只有某国的国内专利。

专利权的地域性特征决定了进行国际专利技术转让的前提条件，即转让方已在技术引进国申请并取得技术的专利授权。也正是由于专利权的地域性，才会由于专利技术的国际许可与货物的国际流动，而产生专利产品的平行进口纠纷。

(3) 期限性

专利权具有期限性，各国都对本国的专利权可享有的期限作出了规定，这一期限的长短各国有权自己决定，但参加了有关公约的成员要遵守公约的最低要求规定，如依据 WTO 的 TRIPS，发明专利的最低保护期限为 20 年。专利技术在保护期限届满后，便成为公有技术，任何人均可未经许可，不必支付任何费用地自由使用该技术。

专利权的期限性特征引起了国际专利技术转让合同中，对于某些限制性商业条款效力的争议，如在国际专利技术转让合同中，规定专利技术转让合同期限超过专利权有效期限，或者将专利技术与秘密技术捆绑，使得专利技术在专利权有效期限届满后，转让方仍然能够事实享有对该技术的垄断。这些条款的制定与效力都是国际专利技术转让法需要加以研究的内容。

2. 专利权的基本类型

在我国，专利主要包括发明专利、实用新型专利和外观设计专利，这三种专利是我国《专利法》明确规定的三种保护对象。(1) 发明专利是指对产品、方法或者其改进所提出的新的技术方案，发明的特征是在利用并符合自然规律的基础上作出的，并能够制造和实施的具体的创新技术方案。(2) 实用新型专利是指对产品的形状、构造或其结合提出的适于实用的新的技术方案。实用新型保护的是经工业方法制造的产品，是能够获得实用新型专利的产品限于具有立体结构且能够移动的固体产品。（3）外观设计专利指对产品的形状、图案或其组合以及色彩与形状、图案的结合所作出的富有美感并适于工业上应用的新设计，外观设计专利的获得必须以具体的产品为载体。专利权的类型对于国际专利技术转让过程中，当事人对于专利技术使用费的计算，以及在国际专利技术直接投资中，对于专利技术的折价入股评估，有着重要的意义。

二、国际专利技术转让合同中的权利内容

专利权的内容是国际技术转让合同的主要内容，是专利权人依法可以享有专有权的具体表现，被许可方依据合同取得原本由专利权人垄断的专有权，是国际技术转让交易追求的直接目的之一。在国际技术转让合同中，当事人双方应对所转让或许可的权利予以明确约定，因而，在学习国际技术转让法律规范时，应当首先了解专利具体权利内容的法律界定。由于不同专利权类型属性不同，法律所赋予权利人的专有权也不同。

1. 从法律条文看专利权内容

我国专利法的规定。我国《专利法》第11条规定："发明和实用新型专利权被授予后，除本法另有规定的以外，任何单位或者个人未经专利权人许可，都不得实施其专利，即不得为生产经营目的制造、使用、许诺销售、销售、进口其专利产品，或者使用其专利方法以及使用、许诺销售、销售、进口依照该专利方法直接获得的产品。外观设计专利权被授予后，任何单位或者个人未经专利权人许可，都不得实施其专利，即不得为生产经营目的制造、许诺销售、销售、进口其外观设计专利产品。"

美国专利法的规定。美国专利法第271条"对专利权的侵害"（a）款规定：除本编另有规定外，任何人在美国境内，在专利期限内，未经许可而制造、使用、许诺销售或销售取得专利权的发明时，即为侵害专利权。❶

日本专利法的规定。日本专利法第101条规定：下述行为，视为侵害专利权或专利实施权的行为：（1）关于专利系产品的发明时，仅依靠生产的产品为业，为了生产、转让、借让而进行展示或进口的行为。（2）关于专利系

---

❶ 参见：U. S. Patent Act ［EB/OL］. ［2001 - 05 - 25］. http：//www.bitlaw.com/patent/index.html.

方法之发明，仅以此为业，为了生产、转让、借让进行展示或进口的行为。❶

德国专利法的规定。德国专利法第 9 条第 2 款第 1 项规定：对于专利产品，仅专利权人有权制造、许诺销售、销售、使用或为这些目的进口或占有，第三人未经专利权人同意，不得实施这些行为。❷

英国专利法的规定。英国专利法第 60 条规定：如有人在专利有效期间未经专利权人同意，在联合王国对于一项发明有下列任何行为之一的，都是侵犯专利权的行为。就包括当发明是一项产品时，制造、销售、许诺销售、使用或进口该项产品的行为。

TRIPS。TRIPS 第 28 条规定：专利应赋予其所有人下列专有权：(a) 如果该专利所保护的是产品，则有权制止第三方未经许可的下列行为：制造、使用、许诺销售、销售，或为上述目的而进口该产品；(b) 如果该专利保护的是方法，则有权制止第三方未经许可使用该方法的行为以及下列行为：使用、许诺销售、销售或为上述目的进口至少是依照该方法而直接获得的产品。

通过上述所列国家专利法条文的对比，可以看出各国关于专利权的内容的规定基本相同，只是在措辞上有些细小的差别，都规定了 5 种具体的专利权利，即制造权、使用权、许诺销售权、销售权、进口权。我国《专利法》第 11 条规定的特点是与 TRIPS 第 28 条规定几乎保持一致，依产品专利与方法专利的不同分别对 5 项权利进行了规定。

2. 制造权

专利权利群中的制造权是指专利权人独占实施利用专利方法或专利技术制造产品的权利，未经专利权人许可，任何人不得为经营的目的，使用专利方法或专利技术制造产品。

(1) 制造权的期限

对于当在专利权期限临近届满之前制造，在期限届满之后销售专利产品的行为，是否侵犯专利权人制造权的问题，回答是肯定的。在 WTO 受理的欧共体诉加拿大对药品专利保护违反 TRIPS 案（WT/DS114）中，加拿大专利法第 55.2 第 (a) 款中规定，任何人仅为开发和提交加拿大及各省法律要求的信息而制造、使用和销售专利发明不构成侵权；(b) 款规定，任何人为在

---

❶ 引自 [EB/OL]. [2001-05-27]. http://wenku.baidu.com/view/cb10cdd5360cba1aa811da67.html.

❷ 引自：范长军. 德国专利法研究 [M]. 北京：科学出版社，2010：93.

专利到期日后的销售而制造、储藏根据第（a）款制造专利发明，不构成侵权。根据加拿大专利法的规定，为在专利到期日后的销售而制造的某种专利产品并不侵权，而欧共体则依据 TRIPS 提出了质疑，认为此条款的规定违反 TRIPS，侵犯了专利权人的制造权。WTO 专家组最终裁决，加拿大专利法第 55.2 第（b）款的规定违反 TRIPS 关于制造权的规定，并对此作出了解释，专利权人的制造使其在整个专利保护期内可以从源头上阻挡竞争产品，并且可以禁止使用而不管其来源如何。TRIPS 以及各成员依据协定制定的本国专利法律制度给予专利权制造权的本意是，让专利权人从市场上获得更多的利益，包括在专利权到期后的实际垄断利益。由此，可以明确制造权的排他权是贯穿专利权有效期限的始终的。

（2）注意制造权转让与加工承揽的区别

专利权人可以单独就制造权进行转让，许可受让方使用专利技术制造产品，单独就专利制造权进行转让时，应当注意其与普通产品的加工承揽相区别。在加工承揽合同中，承揽方利用自己已知的技术为加工方制造产品。加工方的主要义务是支付加工承揽费用，在有约定时，还需负责提供加工原料，但普通产品的加工承揽不涉及专利技术的转让。专利制造权的转让不仅涉及对专利产品的加工承揽，还包含专利技术的许可，是普通加工承揽合同与专利许可合同的结合。

3. 使（利）用权

使（利）用权是专利权人利用专利产品或者依据专利方法直接获得的产品的权利。使（利）用权包含的范围较为广泛，它既包括对于专利产品的直接利用，也包括将专利产品以出借、出租等方式进行的利用，只要这种适用方式是以营利为目的。使（利）用权同样可以单独进行转让，被许可方在通过国际技术转让合同取得使（利）用权后，便拥有合法使用专利产品的权利，可以通过出租等使用方式获取利益。

需要注意的是，不要将此处对专利产品的使（利）用权与相对于专利技术所有权的"使用权"相混淆。相对于所有权而言的"使用权"，是指被许可方仅使用取得专利技术的权利，而不能取得技术的所有权，所指对象是专利技术本身，而非专利产品。取得专利技术的使用权，不仅取得专利产品的使用权，还可能获得专利产品的制造权、许诺销售权与销售权等权利。而对于专利产品的使（利）用权仅仅是取得其中一项权利。因此，在专利权内容中,将这一权利规定为"利用权"更为准确,而不易造成法律运用中的混淆。

4. 许诺销售权

许诺销售权是专利权人有明确表示愿意出售其专利产品的权利,任何人未经权利人许可,都不得向第三方许诺销售专利产品。许诺销售权在许多国家的专利法,以及国际条约中均作出了明确的规定,但相对于其他权利而言,许诺销售权是一项较新的权利。我国在2000年修订的《专利法》中已经加入了对发明与实用新型专利的许诺销售权内容,在2008年《专利法》的第三次修正案中,增加了对外观设计专利权人的许诺销售权保护。

许诺销售权使专利权人对于销售侵权行为的制止权提前至对专利产品发出要约邀请的阶段,及早制止专利侵权行为,只有通过专利实施许可合同取得许诺销售权时,才可以要约邀请的方式,对外承诺销售专利产品。

5. 销售权

销售权是权利人出售专利产品或依据专利方法直接获得的产品获取利润的权利,是5项权利中最为重要的权利,其余4项是加强对权利人销售权法律保护的表现,尤其许诺销售权,是对销售权保护的提前,以最终保护销售权行使为目标。销售权同样是国际技术转让合同中的重要内容,由于技术转让合同的国际性,双方当事人要在合同中明确约定实施销售权的确切时间与地域范围。只有在合同约定的时间与地域范围内,被许可方才能实施销售权。

6. 进口权

进口权是指专利权人有权禁止任何未经其许可使用专利技术制造的产品进口至其本国境内,任何人未经专利权人许可,不得将使用专利技术制造的产品进口至权利人所在国境内。许多国家提供了知识产权的海关行政保护,进一步完善了权利人进口权的行使,有些国家甚至运用法令扩大了权利人进口权的行使范围,将禁止侵权产品进口演变为国家行政管理的一部分。如根据1930年美国关税法第337条,专利权人有权依法禁止他人在美国生产其受保护的专利产品和在海外仿制其专利产品后销往美国。如果已对侵权情况有所了解,而且难于识别货物的来源,美国国际贸易委员会有权不管进口方的身份对所有类似产品一律予以排除。

第四节　国际技术秘密与计算机软件转让合同

一、国际技术秘密转让合同

（一）技术秘密的特征

技术秘密是指不为公众所知悉，能为权利人带来经济利益，具有实用性并经权利人采取保密措施的技术信息，其具有以下特征。

1. 具有秘密性

技术秘密通过所有人对技术的自行保密来实现对技术的独占权，其获得法律保护的前提是具有保密性。各国对技术的秘密性也作了比较详细的规定，如美国法认为保密性应从两个方面进行认定，一方面是技术秘密所有人有主观的保密意愿，法院以所有人是否采取了保密措施来判断技术所有人的保密意愿；另一方面是技术秘密客观的秘密性，即客观上未为公众所知，处于秘密状态。

2. 具有实用性

技术秘密成为国际技术贸易标的的重要原因是该技术具有实用性，能够为所有人带来商业价值。技术秘密不具有专利权，但范围较专利技术更为广泛，其中包含了大量具备申请专利条件的技术，只是技术所有人选择了不同于专利的方式，来实现对技术的独占。

3. 具有商业价值

技术秘密因其商业价值的存在而得到法律的保护。仅是秘密这一条件是不够的，称为法律保护的技术秘密，还应当具有商业价值。因而，各国通常用反不正当竞争法对进行侵犯技术秘密的行为加以调整，如德国的防止不正当竞争法，日本、韩国也将其纳入不正当竞争法的轨道予以保护，WIPO 在 1996 年起草的《反不正当竞争示范法》中，将侵犯商业秘密作为不正当竞争行为之一。

技术秘密与专有技术在含义上有相当一部分是重合的，专有技术是由 know-how 一词翻译而来，探究 know-how 的真实含义，我们可以从使用 know-how 这一词的英语国家学者对其的论述中进行分析。根据美国圣的亚哥大学教授 RALPH H. FOLSOM 的观点，know-how 是一种具有商业价值的知识，它可能是一个商业秘密，也可能不是一个商业秘密，尽管它时常是具有技术性和科学性的,但其在性质上也可以是非常简单和普通的。❶ 英国 EVERSHED 法官的解释也具有一定的代表性,专有技术还应有这样一种含义,即其属于个人的积累,可能因人而异,其与雇主可向他人传授的技术容易分离,但与个人的技巧不容易分离,这种技巧不是商业秘密,雇员的离开也不会因为带走 know-how 而侵犯雇主的利益,因此,从这个意义上来说,专有技术并不完全包含在技术秘密范围之内,它还包含不属于技术秘密的范畴。这样我们就不难理解在有些英汉法律词典中,将"know-how"翻译为"(专利上的)技术秘密,专门知识"的原因了。再者,技术秘密同商业秘密也不同,技术秘密的大部分内容是国际技术贸易的重要标的,商业秘密中,只有技术秘密这一部分属于国际技术贸易的标的,而经营秘密所包括的价格表、目录、决定折扣、回扣的规则或其他让步条件、特殊顾客的名单、财务记录等内容则很难成为国际技术转让的标的。

尽管在 TRIPS 中,技术秘密与专利技术共同为知识产权保护的内容,但两者差别很大。尤其在国际技术转让合同中,因技术秘密不具有地域性特征,技术秘密的权利特征与专利权截然不同。就技术秘密本身而言,与专利技术相比,更类似一般的物权。技术秘密由于没有申请专利权的保护,因此不具有地域性和时间性的特点,与普通物权的法律特征近似,只要所有人保持技术的秘密状态,就可始终拥有技术的所有权,不会由于法定期限的原因丧失对技术的专有权,权利的原始取得无须依赖国家主管机关的批准。权利取得无须依赖国家主管机构的授权,没有地域性的限制,在国际技术转让合同中对于技术的应用主要依靠当事人双方的具体约定。正是缺少类似专利权利保护的明确法律保护,技术秘密转让合同的内容对于合同的顺利履行尤为重要,双方当事人应当尽可能详尽地约定所转让的权利义务内容。

(二) 技术秘密转让合同中的保密内容

保持技术的保密状态是双方当事人的共同责任,尤其应当保证受让方在使用技术期间技术仍然处于秘密状态。基于技术秘密的特殊性,当技术秘密在受让方处被侵权时,转让方无法直接行使相应的诉权,只有直接利害关系人才具备诉讼的资格,转让方必须在合同中对于受让方的保密措施加以详细

---

❶ RALPH H. FOLSOM. International Business Transactions [M]. Fifth Edition. Published by West Publishing Co, 1996: 225.

约定。由于技术秘密多由企业内部人员泄露，可以要求受让方在雇佣关系发生之前，与雇员签订合同，并在合同中明确规定雇员在受雇期间获得的专有技术不得泄露给他人，甚至规定雇员在离职后，也不得泄露这些专有技术，如果雇员违反了合同义务，雇主将以违约行为对雇员起诉，寻求合同法上的救济。为了防止雇员到同行业的公司工作，还可以约定受让方雇主与雇员签订竞业禁止协议（Noncompete Agreement or Covenant not to compete），约定雇员在任职期间或在离开该企业后一定期限内，不得到生产同类产品且与原企业有竞争关系的其他企业任职，或从事与本企业业务范围相同的行业。但需要注意的是，在国外的一些司法实践中对竞业禁止协议合法性有不同的做法，竞业禁止协议中由于雇主利用经济优势直接限制了劳动者的平等就业权、自由择业权甚至危及谋生权，而且被认为与贸易自由的公共政策也是相抵触的。如美国各州普遍认为限制竞争协议基本上是一种不合理的贸易约束，各州的法律规定分为三类：第一类规定除了法律禁止的以外，协议本身合法，这样的州是少数；第二类规定除了合法的例外以外，协议基本上不合法，这样的州是多数；第三类对合法例外的协议进行了更严格的限制，这类也是少数。因而，在缔结国际技术秘密转让合同中，转让方应当注意到不同国家对于此类协议的态度，以免合同条款与法律相抵触而失效。

二、国际计算机软件转让合同

计算机软件的著作权所有人可以将软件的著作权跨越国境许可给受让方使用，也是国际技术贸易的重要标的之一。自从1946年诞生了世界上第一台电子计算机以来，计算机开始逐步将人类带入了信息社会，把人们从烦琐的手工劳动中解脱出来，1949年英国剑桥大学设计出了第一个软件管理程序，美国也开始了计算机软件的开发。随后，计算机软件逐渐与硬件相分离，出现了专门从事计算机软件编制的公司，计算机软件产业成为一种具有高附加值的产业发展起来，并成为一些国家中的重要产业部门。

（一）计算机软件的法律保护

WIPO在《关于保护计算机软件国内法示范条款》中，认为计算机程序是指一个具有某种功能的指令序列，该指令序列经某种机器可读介质而被输入某一信息处理功能的机器后，可使其发出命令、执行或完成某一特定功能以及得到某种结果。美国新著作权法第191条对计算机程序所下的定义为：指为了获得某一结果，直接或间接用于计算机的语句或指令的组合。广义的计算机软件是指能够使计算机做信息处理,并能取得一定效果的指令、说明文件的总称,它包括,源程序和目标程序、说明文件的应用程序及数据库等,但法律保护的一般计算机软件主要指计算机程序和文档。计算机程序指"为了得到某种结果而可以由计算机等具有信息处理能力的装置执行的代码化指令程序,或者可被自动转换成代码化指令序列的符号化指令序列或符号化语句序列",主要包括源程序(Source programs)和目标程序(Object programs),源程序指用人类可读的高级语言构成的程序,只有转换成计算机可读的以 0 和 1 两种代码表示的指令后,计算机才能执行。目标程序是指将源程序通过编译器编译后,计算机可直接执行的二进制代码序列,同一程序的源文本和目标文本应视为同一作品。

1. 著作权法保护

菲律宾在 1972 年首先将计算机软件纳入版权法加以保护,1980 年,美国国会通过了版权法修正案,这一法案将计算机软件的保护推向了一个崭新的阶段,此后,加拿大、澳大利亚、法国、德国、英国、日本相继采用著作权法对计算机软件进行保护。计算机软件在国际公约中也同样被当做文字作品进行保护,如《伯尔尼公约》《世界版权公约》、TRIPS 等,其中 TRIPS 第 10 条明确规定,无论以源代码或目标代码表达的计算机程序,均应作为《伯尔尼公约》1971 年文本所指的文字作品予以保护。

将计算机作品作为文字作品而给予著作权法保护,首先是因为计算机程序是一种编辑的作品,其性质与文字或图形作品类似,计算机程序和文档均具有作品性,尤其是文档,属于文字作品更是显而易见的,其表现形式就是程序设计说明书、流程图等文字作品;再者,计算机软件被侵犯的形式也与文字作品类似,都是通过非法复制的方式进行。我国在 1990 年通过的《著作权法》中就已经将计算机软件作为了著作权法保护的对象,现行《著作权法》仍然坚持了这一观点。此外,我国还制定了专门的《计算机软件保护条例》(以下简称《条例》)并已于 2002 年 1 月 1 日起施行。《条例》加强了对计算机软件所有者的保护。《条例》将软件著作权进一步细化为发表权、署名权、修改权、复制权、发行权、出租权、信息网络传播权、翻译权以及应当由软件著作权人享有的其他权利,明确了软件著作权的外延。《条例》对计算机软件著作权的保护期限也进行了延长,由原来给予的 25 年保护期,修改为自然人的软件著作权,保护期为自然人终生及其死亡后 50 年,截止于自然人死亡后第 50 年的 12 月 31 日；软件是合作开发的，截止于最后死亡的自然人死亡后第 50 年的 12 月 31 日，法人或者其他组织的软件著作权，保护期为 50 年。

2. 专利权保护

近些年来，欧美国家对将计算机软件程序保护模式的态度，采取了较为灵活的态度。美国专利和商标局曾经就计算机软件保护问题规定：仅仅是数学计算公式、计算方法及抽象的理论概念等计算机程序，不能申请专利权，而对工艺方法、材料配方、计算机操作程序等可以实际应用的计算机软件可以申请专利权。欧盟的软件指令（The Software Directive）将计算机软件作为知识产权加以保护，欧洲专利局的审查标准也认为，如果计算机软件权利要求的主题对现有的技术作出了"技术贡献"，就可以成为专利法保护的客体。与其他形式的著作权作品相比，计算机软件有着自己的特点，首先，计算机软件一般用于某种特定目的，如控制计算机，控制一定的工业生产过程，而一般的文学作品则是为了阅读欣赏；其次，著作权法一般只保护作品的形式，不保护作品的内容，而计算机软件往往要求保护具体程序内容，计算机软件的价值在于软件编制者的总体设计思想，而不在于表达形式，因为软件的表现形式十分有限；最后，计算机软件的最终阅读者是机器，对计算机软件的阅读，表现为软件在计算机上的运行，而文学作品的最终阅读者是自然人。以专利权的方式对技术性较强的计算机软件加以保护，可以扩大保护范围，减少侵权行为，对权利人实现更为有利的保护。当然，对于传统的专利保护模式也提出了新的挑战，如关于专利授权实质条件的界定等，但这种保护模式的采纳已毋庸置疑。欧盟将计算机软件作为知识产权保护的范围，扩大了一个企业计算机产品各种功能间的联系与相互影响，而这种情形则会阻碍不同企业间计算机产品的兼容性❶，因而，计算机软件的许可也会受到反垄断法的规范。

（二）计算机软件技术的转让

各国均鼓励和支持计算机软件著作权的转让，我国《计算机软件保护条例》中规定，许可他人专有行使软件著作权的，当事人应当订立书面合同。

---

❶ DANIEL F. SPULBER. Competition Policy and the Incentive to Innovate: the Dynamic Effects of Microsoft v. Commission. 25 Yale J. on Reg. 2008：267.

没有订立书面合同或者合同中未明确约定为专有许可的，被许可行使的权利应当视为非专有权利，转让软件著作权的，当事人应当订立书面合同。订立许可他人专有行使软件著作权的许可合同，或者订立转让软件著作权合同，可以向国务院著作权行政管理部门认定的软件登记机构登记。同时规定中国公民、法人或者其他组织向外国人许可或者转让软件著作权的，应当遵守《中华人民共和国技术进出口管理条例》的有关规定。这就从立法上明确了计算机软件为国际技术贸易的标的，这在其他形式的文件中也有所体现，如《国家税务总局关于计算机软件转让收入认定为技术转让收入问题的批复》中指出，对营业税征税范围内的计算机软件著作权转让业务收入，暂比照关于技术转让业务收入免征营业税规定办理。其他各国也均在立法中对计算机软件著作权的转让给予保护。

第五节　国家资助研发技术的转让合同

一、国家资助研发技术的特征

由国家出资进行某项技术研发的传统古已有之，只是由于现代技术繁荣的商业化程度才导致对国家出资研发技术的重新进行法律审视。技术的创新极大地促进了社会的进步，为了保证技术的前期投入，承担技术研发失败带来的风险，政府往往设立专门基金吸纳人才从事技术的研发，这也是现代国家技术创新的重要途径。

与普通技术相比，国家出资研发的技术具有以下特征。首先，国家出资研发的技术往往属于关乎国家利益的重要领域，如能源、生物、环境、航空、医药、军事等等，如美国政府对大型飞机产业技术的资助，德国政府对于纳米生物技术的资助，我国启动的"高技术研究发展计划"（863计划）等都是政府资助技术研发的范例。其次，政府资助研发技术的权属具有复杂性。政府资助研发技术的权属会涉及三方主体，即国家政府、被资助者与发明人，在近年许多国家政府剥离对技术权属的控制之后，被资助者与发明人间的复杂权属关系仍然需要法律的澄清。最后，商业化是政府资助研发技术面临的主要问题。尽管在政府资助的技术之中，许多技术具有军事色彩，不适于商业转化，但仍然存在大量需要转化的高技术与军民两用技术等亟需商业化，以收回国家的前期投资。但由于复杂的技术权属关系，这部分技术的商业化运作受到影响，商业化程度不高，许多国家政府纷纷推出相关激励政策,促进技术的转化,如政府放弃权属支配等,但商业化仍然是其面临的主要问题。

二、国家资助研发技术的权属关系

国家资助研发技术面临的主要问题是技术的商业化,而解决技术商业化问题的核心是明确政府资助技术的权属关系。国家往往会选择具有科研能力的主体进行资助,资助的主体一般包括高校、科研机构与企业,技术转化涉及的权属关系也主要包括这三方主体。

1. 国家政府

国家资助研发技术的权属最初受"投资者即所有者"原则的调整,技术的所有权理所应当属于国家所有,包括技术申请获得的专利权均由国家拥有与行使。随着技术商业化程度的不断深入,政府资助研发技术的转化率远远落后于私人所有技术的商业化程度,许多技术处于沉睡状态,这种情形的出现与技术权属的确定有着重要的关系。为了激活这部分技术,使其转化为生产力,政府逐渐意识到转换权属的必要性。美国1980年颁布拜杜法案,联邦政府不再坚持保留对所研发技术的所有权,大学享有所申请专利的所有权。❶在拜杜法案颁布后,提高了大学申请专利的积极性,获得专利的数量极大增长,大学的研究效率也大大地提高。从1980年到2004年,美国大学取得专利权的数量增加了16倍。❷我国于2008年施行的修订后的《科学技术进步法》明确规定了政府对财政性基金设立项目产生专利权的权益。根据该法第20条规定,利用财政性资金设立的科学技术基金项目或者科学技术计划项目所形成的发明专利权,除涉及国家安全、国家利益和重大社会公共利益的外,授权项目承担者依法取得,即国家政府明确放弃了专利技术的所有权。

2. 被资助者

发达国家与发展中国家资助研发主体的侧重有所区别,发展中国家一般侧重对国家设立的高等院校与科研机构进行资助,而发达国家则同样重视对于企业的资助。按照美国拜杜法案,被资助者可以取得吸收政府基金研发技术的专利权,大学里的研究人员要签署一份协议,将专利权的所有权转让给

---

❶ JAMES D. CLEMENTS. Improving Bayh-Dole: a Case for Inventor Ownership of Ferderally-Sponsored Research Patents [J]. The Intellectual Property Law Review, 49 IDEA 469 (2009).

❷ SIGRID STERCKX. Patenting and Licensing of University Research: Promoting Innovation or Undermining Academic Values? [J]. Sci Eng Ethics, 2011: 47.

学校，其后，大学建立专门的办公室向外许可技术使之工业化。这种转让为大学带来商业上的收益，所转让的费用首先用来弥补技术许可所花费的成本，然后，会在技术发明人、发明人所在的部门以及大学之间进行分配。❶

3. 发明人

政府资助的对象一般是科研机构或企业，技术的发明往往由实际发明人完成，发明人一般是被资助者的雇员。无论发明人是否是技术的所有权人，都有权获得所在单位的报酬与奖励，有权从技术转化收益中分取利益。依据我国《专利法》第16条规定，被授予专利权的单位应当对职务发明创造的发明人或者设计人给予奖励；发明创造专利实施后，根据其推广应用的范围和取得的经济效益，对发明人或者设计人给予合理的报酬。

三、国家资助研发技术的转让与实施

（一）政府保留的权利

尽管政府不再对申请专利的技术主张所有权，政府对于专利技术还是拥有一些实质的权利，主要包括：

1. 保留特殊技术的专利所有权

政府不主张利用财政性资金设立的科学技术基金项目或者科学技术计划项目产生技术的专利权，依法规定该专利权属于项目承担着，即高校所有。但同时规定将一些特殊的技术刨除在外，主要包括涉及国家安全、国家利益和重大社会公共利益的技术，政府保留对这些特殊技术主张专利所有权的权利。

2. 无偿实施及许可他人实施权

需要说明的是，政府并非对所有利用财政性资金设立的科学技术基金项目或者科学技术计划项目产生的专利技术拥有无偿实施权。一般只有在以下两种情形下拥有无偿实施权：一种情形是为了国家安全、国家利益和重大社会公共利益的需要，可以对专利技术进行无偿实施，也可以许可他人有偿实施或者无偿实施。另一种情形是作为项目承担者的高校，在合理期限内没有实施的，国家可以无偿实施，也可以许可他人有偿实施或者无偿实施。

（二）被资助者与发明人间的权利分配与技术转让

在政府主动退出权属之争后，政府资助技术的权属关系最主要的矛盾集

---

❶ JOHN H BARTON. New Trend in Technology Transfer：Implications for National and International Policy [R]. Published by International Center for Trade and Sustainable Development（ICTSD），2007：14.

中在资助者与实际发明人之间。从目前各国立法看，可以分为两种模式，一种是发明人权利模式，另一种模式为被资助者权利模式。

1. 发明人权利模式

发明人权利模式以美国和日本为代表，在这种模式下，法律倾向于将技术的所有权赋予实际发明人，除非被资助者与发明人另有约定，技术所有权属于创新发明人；如日本专利法规定，雇员在工作中完成的技术成果权利属于雇员所有。雇员可以选择自己拥有专利权，许可第三方实施，本单位只享有免费非独占实施的权利，当然，雇员也可以将技术转让给单位所有，但单位要支付相应的对价。美国法典中也规定，只有发明人才能申请专利权，从某种意义上排除了单位进行专利申请的可能。在这种模式下，技术的转让要签订两份转让合同，一份是发明人将技术转让给被资助者，另一份技术转让合同才是大学将技术转让给企业。

2. 被资助者权利模式

在被资助者权利模式下，法律倾向于将技术的所有权赋予项目的被资助者，而非属于其雇员的发明人。以我国为例，我国专利法对于职务发明的态度是倾向于技术成果的知识产权权利归属于发明人所在单位。专利法明确规定，职务发明创造申请专利的权利属于该单位；申请被批准后，该单位为专利权人。即只要本单位雇员为完成本单位任务或利用了本单位的物质技术条件所完成的技术成果，专利权就属于单位所有。依据《科学技术进步法》第20条的规定，项目承担者依法取得专利所有权，是法定的专利权人。第20条所指的项目承担者，是指与项目下达部门签订科研任务书的合同一方，可以是机构，也可以是个人，目前我国各类科技计划和基金项目主要由机构承担，因此上述知识产权相应地由承担机构享有。❶ 对于发明人应当由被资助者给予奖励与报酬，《专利法实施细则》规定了"约定优先的原则"，即被资助者可以与科研发明人约定授权后的奖励与报酬的数额。如果没有事先与发明人进行约定，就要按照《专利法实施细则》中的法定标准给予奖励和报酬，即自专利权公告之日起3个月内发给发明人或者设计人奖金，一项发明专利的奖金最低不少于3000元；一项实用新型专利或者外观设计专利的奖金最低不少于1000元。在专利权有效期限内，实施发明创造专利后，发明人有

---

❶ 科技部政体司. 详解：修订后科技进步法新在何处 [N]. 法制日报, 2008 - 07 - 01.

权每年从实施该项发明或者实用新型专利的营业利润中提取不低于2%或者从实施该项外观设计专利的营业利润中提取不低于0.2%的报酬,也可以参照这一比例,取得一次性报酬。如高校许可其他单位或者个人实施此专利的,发明人可以从收取的使用费中提取不低于10%的数额作为报酬。无论哪一种模式,技术所有权人有权依据法律实施或许可他人实施专利技术,并取得转化收益。作为专利权人,可以禁止任何单位或者个人未经专利权人许可实施其专利,任何单位或者个人实施其所拥有的专利,应当与权利人订立实施许可合同,并支付专利使用费。

(三) The Leland Stanford Junior University 诉 Roche Molecular Systems 案

各国在技术商业化权属分配方面始终存在着尚需细化的问题。以美国拜杜法案为例,被资助者可以取得吸收政府基金研发技术的专利权,在实践中负责技术商业化操作的也主要是被资助者,但被资助者取得专利权的前提条件是要与大学里的研究人员签署一份协议,由发明人声明将专利权的所有权转让给学校。这种规定便产生这样一个问题,如果发明人没有与被资助者签署协议,发明人可以享有专利权吗?我们从法律制度的设计上似乎可以作出这样的推定,而事实上,法律却并没有明确规定,技术的所有权属于发明人,只是要求发明人作出转让专利权给大学的声明。这个问题,在2011年美国判决的斯坦福大学一案中再次凸显出来。

2011年6月,美国联邦最高法院对 The Leland Stanford Junior University(以下统称"斯坦福大学")诉 Roche Molecular Systems(以下统称"罗氏分子系统公司")一案作出最终判决,对拜杜法案中发明人与被资助者权属关系问题作了进一步的明确。在该案中,斯坦福大学起诉罗氏分子系统公司,认为其 HIV 测试装备侵犯大学所拥有的专利权。而罗氏分子系统公司答辩称 Holodniy 已经与其签署协议,双方已经成为专利共有人,斯坦福大学缺少起诉其侵犯专利权的依据,这里提到的 Holodniy 便为发明人。斯坦福大学反驳称,依据拜杜法案大学享有优先权,Holodniy 无权向外转让专利权。尽管地区法院支持了斯坦福大学,上诉法院却持反对意见,认为 Holodniy 已经成功地转让了其权利。对于联邦政府资助的发明,拜杜法案并未自动地取消发明人的权利,也并非自动地将专利权授予资助合同的一方当事人,1790年美国专利法已经明确专利权属于发明人。❶ 2011年6月,美国联邦最高法院再次

---

❶ Supreme Court of the United States' Syllabus of Board of Trustees of the Leland Stanford Junior University v. Roche Molecular Systems, Inc.

认定拜杜法案并非自动将专利权授予了被资助的承包者，发明人的权利优先于大学的权利，斯坦福大学无权提起侵权诉讼。美国这一案件明确了拜杜法案没有彻底解决的问题，在发明人与被资助者之间，发明人拥有优先的权利，只有其与被资助者签订明确的权利转让合同后，专利权才得以转让，主体间权益的明确将会促进政府资助技术的商业化程度。

第四章
国际许可贸易法

第一节 国际许可贸易法概述

一、国际许可贸易法的含义与特征

国际许可贸易指知识产权所有人或持有人跨越国境将依法所拥有或持有的技术有偿地许可给被许可方使用，并收取技术使用费的一种国际技术转让方式。许可（Licensing）与一般的货物买卖不同，是指在不转让财产所有权的条件下让渡财产中的权利❶，典型特征是只让渡专利权的使用权。因而，许可贸易的双方当事人被称为"许可方"（Licensor）与"被许可方"（Licensee），或"转让方"与"受让方"。

在法学领域，除国际许可贸易法外，"许可"一词通常出现在行政法领域，尽管国际许可贸易与行政许可的共同之处是两者都是根据自然人、法人或者其他组织提出申请后进行授予的许可，都是准予申请人从事某种特定活动的行为。但应正确认识两种许可的区别，国际许可贸易为典型的国际民商事交易，一般不具有行政属性。国际许可贸易中的许可与行政许可的区别是：

（1）颁发许可的主体不同

颁发行政许可的主体是国家的行政管理性机构，代表国家行使许可的权力，行政机构是国家权力的象征。授权国际技术贸易许可的主体则是民商事法律关系中私法意义上的主体，可以是拥有知识产权的自然人、法人或其他组织。

---

❶ JAY DRATLER, JR.. 知识产权许可（上）[M]. 王春燕，等译. 北京：清华大学出版社，2003：1.

(2) 许可的性质不同

对于行政机关而言，行政许可是一项重要的行政权力，具有行政管理的性质，是行政机关管理性的行政行为，行政机关确认民事关系的行为，就不属于行政许可。而国际许可贸易中许可知识产权的行使则属于私权的行使，知识产权是权利人所拥有的为国家法律所保护的普通财产权。

(3) 对申请许可人的要求不同

行政许可是行政机关根据当事人的申请授予的许可，但当事人若要得到该许可，必须满足法定的条件。只有申请人满足法定条件，才能依法从事特定的活动，因而是否授予许可，不取决于行政机关的意志，而是依法定条件，法定程序获得。而知识产权许可由于属于私法性质的许可，不需要申请人满足任何法定的条件，其在与权利人进行商业谈判，经权利人同意后，才可以得到知识产权许可。

(4) 授予许可的目的不同

行政机关授予行政许可的目的是为了维护国家利益，使有限的国家资源为更具有条件的个体来开发利用，提高经济效率，保证国家稳定的经济秩序。而知识产权许可的目的是为了满足知识产权权利人个人的利益最大化，使其前期投入得到经济上的回报，从而具有技术创新的积极性。

二、国际许可贸易的法律特征

1. 许可方具有垄断优势

知识产权人对许可标的拥有合法垄断权，排斥任何第三人未经其许可，以营利为目的实施技术。在国际许可贸易市场，由于知识产权的独占属性，许可方对标的拥有垄断优势，被许可方若想获得技术的实施权，只能与许可方进行协商。依据贸易市场上供求曲线规律，当供大于求时，为了与买方达成交易，卖方必然压低价格，此时为买方市场；而当供小于求时，卖方可以适当提高价格，此时为卖方市场，买方市场与卖方市场总是相互更迭出现的。而由于许可方对技术拥有合法的垄断权，国际许可贸易市场始终为卖方市场，几乎不受供求曲线规则的影响。

2. 合同最密切联系地为被许可方所在国

国际许可交易跨越国境转移的客体是知识产权，知识产权的独占性是推动国际许可贸易的重要动力。国际许可合同的履行，技术产品的制造、使用及销售都发生在被许可方所在国，并要在该国取得合法权利，国际许可合同的最密切联系地为被许可方所在国。

(1) 被许可方所在地为许可标的权利登记保护地

知识产权地域性决定了任何一个国家都不会对他国的知识产权当然地给予本国法律的保护，一国政府有权依照本国知识产权法决定是否给予一项技术以专利权保护，在他国有效的知识产权未必在本国有效。许可方若要在不同的法域实施技术，就必须在不同法域申请获得合法授权，这是进行国际许可贸易的前提。

(2) 被许可方所在地为合同履行地

许可方与被许可方签订国际许可合同后，被许可方依据合同获得实施技术的权利当然要在其本国境内实施，被许可方的制造、使用、销售专利产品的权利主要在其所在国境内实现，因此，被许可方所在地也是国际许可合同双方的权利义务履行地。此外，许可方交付技术资料，对被许可方进行的技术人员培训、指导等合同义务也需要在被许可方所在国境内进行。

3. 政府参与管理程度高

在国际许可过程中，由于技术对于一国竞争力的重要影响，技术输出国政府会严格管理对本国政治、经济等方面有重要影响技术的出口。而技术引进国也会十分在意本国在技术引进后，技术的先进适用程度、国内市场份额的分配与专利权人滥用权利对公共利益的破坏等。相对其他类型的国际贸易，国家政府对于国际技术转让的干预程度更强，相应的技术进出口管理法规也更加细致严密。这种管理程度具体体现在对技术进出口合同的登记、许可技术本身的审查要求等方面。此外，对于国际许可合同中的具体条款，一些国家也会以法律的形式作出要求，典型如对限制性商业条款的规范，而其他贸易合同中的具体条款，则完全由合同双方当事人自由确定，除非该条款违背社会公共利益。

第二节 国际专利许可的几种具体形态

一、共有专利许可

(一) 共有专利权

两个或两个以上对同一项发明共同构思，并作出创造性贡献的共同发明人所拥有的发明为共同发明。在共同发明获得专利权后，共同发明人对发明专利权为共同所有关系，其申请专利权和获得专利权，归共同发明人或者共同设计人共同所有。这一原则不仅为我国专利法所遵循，也为世界各国专利法所普遍采用。

共同发明可以通过合同取得，也可以因为法律规定获得。因合同取得共同发明往往是发明人在开发技术的科研合同中对发明的共有进行约定，双方可以约定由某一方去申请发明专利，获得专利权后，由所有共同发明人共同行使专利权。依法律规定取得的共同共有，是指共同共有人并未在开发技术时对发明的所有权进行约定，而是事后依据法律的确定成为共同共有人。大多数的共同发明是通过共同发明人的共同约定取得的，法律在对共同发明进行规范时，也首先尊重当事人之间关于共同发明的约定。依约定或法定被确定为共同专利权后，共同发明人共同行使专利法所赋予专利权人的专有权，包括向第三方许可该项专利。共同发明人行使专利权时，一般要遵循两项基本原则：一是约定优先原则。共同发明人可以就专利权许可问题进行约定，此种约定内容生效后，效力优于法律对共同专利权行使方面的规定。二是共同效力原则。共同发明人依法行使对共同专利的专有权利，对全体共同发明人发生效力，该行为可以是由全体发明人共同行使的，也可以是由发明人之一行使。在共同发明人对专利权的行使没有约定时，要依照法律的规定行使权利，对专利权的处分行为要经过全体共有人的同意才能生效，如将专利权授予独占许可等。

（二）各国关于共有专利权许可实施的不同法意

从目前立法看，各国对于共有专利许可实施的法律规定存在着差异，因而，在进行跨越国界的专利许可贸易时，尤其应当熟悉和理解各国对共有专利许可实施的不同规定，以下就不同立法之内容与法理内涵加以阐述。

1. 美国共有专利许可的判例

依照美国专利法第 262 条规定，除有相反的约定外，专利权的每一个共同所有人都可以制造、使用或出售其取得专利权的发明，不必取得其他所有人的同意，而且无需向其他所有人说明。根据这条规定，任何共有人都可以在未取得其他共有人同意的情况下，按照自己的意思自由利用该专利技术，条件是在非独占的基础之上。这一做法已经在 Schering Crop. v. Roussel-UCLAF S. A. 案中得到确认。共有人可以与第三方签订许可协议，而不必得到其他共有人的同意，也不必向其他共有人负告知义务。

2. 日本共有专利许可立法

在日本，对于共有专利，法律注重维护共有专利权人的利益。依据日本专利法的规定，如果专利技术的实施需要以确保安全性等为目的的许可等处分，而这种处分需要相当长的期间，可能超出专利权有限期间的，以 5 年为限，专利权人可以申请延长专利权存续期间。但这种延长专利存续期间的申请，在共有专利的情形下，必须取得其他共有专利权人的同意。

对于共有专利权的许可，日本专利法更加明确地规定：

（1）专利权共有时，未经其他共有人同意，各共有人不得转让自己的份额，或者将其份额作为标的设定质权；

（2）专利权共有时，除在契约中已作特别规定的外，各共有人未经其他共有人同意，不得实施其专利发明；

（3）专利权共有时，各共有人未经其他共有人同意，不能就其专利权设定独占实施权，或者对他人许可普通实施权；

可见，依照日本法律的规定，如果专利为共有专利，未经共有人同意，其他共有人不仅不能与第三方签订独占协议，也不能签订普通许可协议。如果许可方忽视了法律的规定或无视与其他共同发明人的约定，将技术转让给被许可方，而被许可方在使用该技术时，被其他共同发明人起诉侵权，应由许可方承担赔偿责任。

3. 法国共有专利许可立法

共有专利的任何共有人都可以单独实施所共有的发明专利，但要对其他没有对外发放许可的专利共有人给予补偿，补偿的具体数额由共有人进行协商。共有人可不依其他共有人意志单独发放的许可只能是非独占实施许可。对外发放独占实施许可必须取得全体共有人的同意。共有人对外许可后，应当将具体的许可计划方案通知给其他共有人，具体方案要包括确切的专利许可价格。在其他共有人得到通知之日起 3 个月内，其他共有人只要购买该对外许可的份额，就可以反对此许可，从而阻止对外许可的发生。

4. 我国共有专利的许可规范

我国《专利法》第三次修正后，规定专利权共有人可以单独实施或者以普通许可的方式许可他人实施该共有专利。共有人许可他人实施该专利的，所取得的许可使用费应当在共有人之间分配。不经其他共有人同意许可专利权仅限于普通许可，不能延伸到独占许可，否则会在被许可方之间造成混乱。

综上，对于共同发明，在未取得其他共有人同意的情形下，其他共有人可否将专利技术向第三人许可的问题，各国立法有所差异，这种差异涉及权利人是否有权对外许可，并会直接影响国际专利许可合同的效力。日本专利法第73条规定，"专利权共有时，除在契约中已做特别规定外，各共有人未经其他共有人同意，不能实施其专利发明；专利权共有时，未经其他共有人同意，各共有人不能就其专利权设定独占实施权，或者对他人许可普通实施权"❶。可见，依照日本法律的规定，如果专利为共有专利，未经共有人同意，其他共有人不仅不能与第三方签订独占协议，也不能签订普通许可协议。不允许某一个或几个共有专利的权利人在未取得其他共有人同意的情况下许可实施专利权，主要基于对专利权利共有法律理念的考虑，由于专利权的不可分性，专利共有被归入民法共有制度中的共同共有，民法中的共同共有是指两个或两个以上的民事主体基于某种共同关系而对某项财产不分份额地共同享有权利和承担义务。共同共有的法律特征是以一定的共同关系的存在为前提，共同共有的财产不分份额，各共同共有人对整个共有财产平等地享有权利和承担义务。对共同共有财产的处分，一般须经全体共有人的同意。部分共同共有人擅自处分财产的行为无效，共同共有的共有人在行使所有权人的权利时须受共同共有所成立的目的的约束。而与日本规定大相径庭的是美国专利法的规定，依照美国专利法第262条规定，任何共有人都可以在未取得其他共有人同意的情况下，按照自己的意思自由利用并以普通许可的方式许可该专利技术，而不必得到其他共有人的同意，对其他共有人亦不负告知义务。我国专利法修正后与美国专利法类似，共有专利权人可与他人订立专利普通实施许可合同，而不必征得其他共有人的同意，但要求发放普通许可的共有人要将许可费在共有人之间分配。在这一点上，与美国专利法规定不同，而与法国知识产权法的规定相近。与对共有专利适用共同共有财产规范的理论相比，美国对共有专利可以不必得到其他共有人的同意而向第三方许可实施，也没有关于专利许可费用分配的规定相对受到较多质疑。最典型的是"最大获益原则"（race for the bottom）理论的提出，这一原则本是英美财产法上的一条重要原则，指在对一项财产的权属界定不清时，就会导致该财产的所有共有人都尽可能从共有财产中获取最大利益，从而使该财产的市场价值下降。共有专利的共有人可以在不经其他共有人同意的情况下，向第三人发放许可，且没有关于许可费用分配之规定，会使共有人之间产生

---

❶ 日本专利法［M］. 杜颖，易继明，译. 北京：法律出版社，2001：35.

获取最大利益的竞争，而此种竞争的结果将是降低专利发明本身的价值，而使第三方在竞争中获益。这种情形导致的直接后果是，由于专利发明的价值下降，使发明人对开发技术后能够得到的回报失去信心，破坏了对专利进行保护的本质目的。

由于各国对共有专利许可的立法态度不同，作为专利权共有人之一的许可方将专利许可给被许可方后，如果两国规定差别较大，需要在订立合同时明确，否则专利权实施后，被许可方使用该专利技术生产、销售产品流入到不同制度的国家时，就有可能产生对其他共同发明人的侵权。因而，在这种情况下，许可方须负有告知义务。

二、专利强制许可

（一）专利强制许可的国际性

专利强制许可是指一国政府授权公司、政府机关或其他实体在不必取得专利权人同意的情况下，实施专利技术生产受保护产品，或使用受专利保护的方法[1]。专利强制许可的颁发只与一国政府有关，但当一国政府所允诺实施的专利技术所有权人营业地、住所地在该国国外时，或为外国人实际控制的法人时，就构成具有国际性的专利强制许可（International patent compulsory license）。由于专利的真正授权使用者并非该外国专利权人，因而，将此种专利许可定义为具有国际性的专利强制许可。

影响较大的国际性强制许可莫过于禽流感爆发时的"达菲"案。"达菲"是瑞士罗氏公司生产的"磷酸奥司他韦胶囊"的注册商标（Tamiflu®），吉里德科学公司（Gilead Sciences, Inc.）和弗·哈夫曼－拉罗切有限公司（F. Hoffmann-La Roche A.-G., Switz.），即罗氏公司已经在中国分别申请了"达菲"产品的化合物专利、制备方法专利，其中的核心专利已经被中国专利局授权。研究人员发现"达菲"在动物实验中显示出抑制 H5N1 型禽流感的效力，因此"达菲"被认为能在特效药或疫苗问世前作为应急药物，在禽流感时期，作为被世界卫生组织推荐的禽流感预治药物。由于担心禽流感在人群中暴发，世界各国正在加紧储备"达菲"等抗流感药物，"达菲"药品的供应出现短缺迹象。而罗氏公司却以工艺耗时长等理由未给予各国药品生产厂

---

[1] JENNIFER MAY ROGERS. The TRIPS Council's Solution to the Paragraph 6 Problem: Toward Compulsory Licensing Viability for Developing Countries. 13 Minn. J. Global Trade 2004: 443.

商以专利许可,在这种情况下,各国政府纷纷开始考虑对"达菲"实施强制许可。各国关于强制许可方面的规范主要是为了维护国家利益及公共利益的需要,限制专利权人对其独占权的滥用。早在1868年,英国专利法就规定,对专利权滥用可以采取强制许可,《巴黎公约》中规定:"各缔约国有权采取立法措施授予强制许可"。我国《专利法》也规定,在国家出现紧急状态或非常情况时,或者为了国家利益的目的,专利局可以给予实施发明专利或实用新型专利的强制许可。

随着国际贸易的国际化与全球化趋势,专利强制许可的影响已经不再局限于一国之内。不仅涉及多国对同一项技术共同给予强制许可的情形,还涉及给予强制许可货物出口到其他国家的问题;不仅涉及出口国给予强制许可的条件,还涉及进口国强制许可的条件;不仅要符合国内立法,还要有国际法的依据。归根结底,强制许可已经超出一国的影响,但各国仍然以本国利益为根本制定强制许可方面的立法。

(二) 各国关于专利强制许可的规范

1. 符合法定期间的规范

存在强制许可制度国家的专利法都为专利权人设定了实施专利技术的法定期间。

法国专利法第 L.613-11T 条规定:"专利颁发3年期满或申请4年期满后,专利人或其权利继受人在其专利被申请适用强制许可证时无正当理由,且有下列事情,任何公法或私法的人可依以下各条获得强制许可证:(1)只要欧洲经济共同体成员国或欧洲经济空间协定成员国领土上,尚未开始使用或未做真实有效的使用准备;(2)未以足够数量销售专利产品以满足法国市场需要的"。

日本专利法在"通常实施权不实施时的设定与裁定"款中规定:"专利发明的实施连续3年以上在日本国内进行时,凡拟将专利发明付诸实施的人,可向专利权人或专用实施权人要求就通常实施的许诺进行协商。但从有关专利发明的专利申请之日起未经过4年的不在此限"。

2. 关于"实施"要求的规范

"实施"是指对专利发明标的的制造或作工业性的使用要求,如果专利标的是产品,那么专利产品的制造就是实施;如果专利标的是制造方法,那么应用这种方法就是实施,并不要求实施生产出专利产品。专利权人未实施或充分实施专利，这也是要求颁发强制许可的重要条件之一。何谓未实施或充分实施专利，从上文引用的条文中已经看出各国的规定有着较大的差别。

依照法国法，在三种情形下，专利权人未满足"实施"要求，主要为：一是没有实施，即欧洲经济共同体成员国或欧洲经济空间协定成员国领土上，尚未开始使用或未做真实有效的使用准备，这一款也说明，专利权人尽管没有进行真实的实施，但如果进行了真实的实施准备，也可以被认为具备了已经实施的条件；二是没有充分的实施，即权利人所销售的专利产品数量不能满足法国的市场所需，这两种情况下，第三者都可以请求颁发强制许可；三是实施后中止，即虽然已经开始实施或开始进行实施的真实准备，但这种行为已经被停止达3年以上。依据日本专利法的规定，如果专利权人在法定的期间内仅仅是在国内实施，仍然不满足"实施"的要求，第三者可以要求专利厅长官裁定实施其专利权。美国没有强制许可制度，但从美国的判例中，也可以发现在审理反垄断案件时，如果法院认定存在垄断，则允许实现强制许可。在"美国诉3D与DTM公司案"中，美国反托拉斯署就是为了寻求阻止3D系统公司在快速发展的典型科技领域取得垄断地位❶，2001年8月美国哥伦比亚地区法院对"美国诉3D与DTM公司案"中作出判决，要求3D公司将178个美国、加拿大、墨西哥专利许可给在美国市场上的竞争者。

（三）我国关于专利强制许可的规范

在强制许可的规范方面，我国《专利法》在2000年修改后，基本与TRIPS中的规范保持了衔接。《专利法》第三次修改在TRIPS基础上，结合中国实际，利用国际条约为成员留出的立法空间作出了较大的调整。根据我国目前《专利法》中的规定，关于专利强制许可的规范主要有以下几方面。

1. 授权强制许可的情形

依据《专利法》的规定，有下列情形之一的，国务院专利行政部门根据具备实施条件的单位或者个人的申请，可以给予实施发明专利或者实用新型专利的强制许可：

（1）专利权人自专利权被授予之日起满3年，且自提出专利申请之日起满4年，无正当理由未实施或者未充分实施其专利的。但因专利权人在法定

---

❶ Chapter Ⅲ: Compulsory Licensing as Remedy to Anticompetitive Practices [EB/OL]. [访问日期不详]. http://www.cptech.org/ip/health/cl/us-at.html.

期间未实施专利,申请强制许可的,应证明其以合理的条件请求专利权人许可其实施专利,但未能在合理的时间内获得许可。

(2) 专利权人行使专利权的行为被依法认定为垄断行为,为消除或者减少该行为对竞争产生的不利影响的。专利权人行使专利权,利用专利技术垄断市场的行为被认为是专利权滥用行为。这一点在我国《专利法》中给予了体现,规定专利权人行使专利权的行为被依法认定为垄断行为,为消除或者减少该行为对竞争产生的不利影响,可以给予实施该专利的强制许可。这一规定明确了专利权人行使专利权的行为会产生垄断,并对竞争产生不利影响,国家应对此加以干预,允许实施强制许可,对专利权人利用专利技术垄断市场的行为进行限制。

(3) 在国家出现紧急状态或者非常情况时,或者为了公共利益的目的,国务院专利行政部门需要给予实施发明专利或者实用新型专利的强制许可的。

(4) 一项取得专利权的发明或者实用新型比前已经取得专利权的发明或者实用新型具有显著经济意义的重大技术进步,其实施又有赖于前一发明或者实用新型的实施的,国务院专利行政部门根据后一专利权人的申请,可以给予实施前一发明或者实用新型的强制许可。

2. 实施强制许可的要求

(1) 许可生产的产品供应国内市场

除被依法认定为垄断行为给予的强制许可外,强制许可的实施应当主要为了供应国内市场。

(2) 取得实施强制许可的当事人不享有独占的实施权,并且无权允许他人实施。

(3) 取得实施强制许可的当事人应当付给专利权人合理的使用费,其数额由双方协商;双方不能达成协议的,由国务院专利行政部门裁决。

我国《专利法》对强制许可作出了兼顾专利权人的利益和维护公共利益的平衡的规定并不违背WTO规则。依据《专利法》第50条规定,为了公共健康目的,对取得专利权的药品,国务院专利行政部门可以给予制造并将其出口到符合中华人民共和国参加的有关国际条约规定的国家或者地区的强制许可。我国专利法进一步明确了流行病的出现、蔓延导致公共健康危机的,构成了现行专利法中所述"国家紧急状态",预防流行病的出现、控制流行病的蔓延或者治疗流行病病人属于现行专利法中所述"为了公共利益目的"。

治疗流行病的药品在中国被授予专利权,缺乏该药品制造能力或制造能力不足的发展中国家或最不发达国家希望从中国进口该药品的,可以给予制造该药品并出口到该国家的强制许可,这就在相当程度上保证了在发生公共危机时,抑制专利权人独占权,使公众能够获得及时、必需的产品和服务。2005年,中国政府面临着处理禽流感危机的严峻考验,12月世界制药巨头之一罗氏制药公司宣布,中国上海医药集团已经获得生产达菲的专利许可。上海医药集团因而成为全球首家获得生产达菲专利许可的制药商。有专家估计,要生产全球五分之一人口需要的药物,罗氏需要十年时间。达菲只有在患者出现症状后3天之内使用才有效,延迟治疗会使效果大大降低。如果罗氏坚持原来的商业安排,人类可能付出难以承担的代价。联合国秘书长安南呼吁,不能因为知识产权问题或者经济利益影响药物供应。2005年11月,我国国家知识产权局公布了《涉及公共健康问题的专利实施强制许可办法》(自2006年1月起施行),建立公共健康与专利保护之间取得平衡的法律机制。

三、专利默示许可规范

专利默示许可指尽管没有专利权人明示授权,从法律上被视为被许可方存在授权的一种许可,是对专利权权利人的一种限制。在国外的一些判例中发现专利默示许可的适用,由于默示许可的灵活性,许多国家以此规范来灵活调整国际技术贸易中出现的一些法律问题。

(一)专利默示许可规范的产生与适用现状

专利默示许可的规范产生并发展于普通法系,英美国家早在19世纪中的案例中已出现关于适用专利默示许可的判决。在美国,作为默示许可起源的判例是1910年的德弗瑞斯特电话公司诉美国案[1]。在该案中,美国法院认为:并非只有正式的授权许可才能达到许可的目的,如专利权人使用的语言或所为的行为,使他人可以由此推断权利人同意其使用、制造或销售,并且其也确实进行了这样的行为,则仍然可以构成一种许可方式,并在侵权诉讼中作为抗辩。如果权利人这样表态:"如果继续使用我的技术进行侵权行为,我就不会再去阻止你,但我将对你提出侵权诉讼"情况就会相反。英美法系

---

[1] JAY DRATLER, JR.. 知识产权许可(下)[M]. 王春燕,等译. 北京:清华大学出版社,2003:183.

的默示许可规范被认为是一种为恢复公平的衡平法律规范,因而在确定专利默示许可时会适用法定禁止反言原则。

尽管专利默示许可法律规范在普通法系已经有较长时间的发展,但至今为止,如何确定某一行为属于默示许可范围还没有明确的判断标准。在美国,专利默示许可的规范属于州法律规范的范畴,属于对许可行为的进一步解释。以默示许可作为最终判决的案例也并不多见,对于默示许可的解释也掌握在法院手中,正是由于默示许可的不明确性,法院在实践中解释成立默示许可的依据也有很大的差别。

专利权为无形财产权,在国家的经济发展中占据重要地位,专利权的重大变更需要进行登记公示,包括专利权利要求的变更、专利权主体的变更,当然也包括专利权许可的变更登记。进行专利的国际许可,许可合同必须以书面形式进行。专利法对专利许可的此种要求,似乎已经明确排除了所谓的专利"默示"许可。但这并不能否认,在不对抗第三方的情形下,尽管专利许可双方未签订书面的许可合同,双方一致同意的许可专利的效力的发生。合同是双方当事人之间的法律,只要合同内容合法,在当事人意思表示真实的情况下,一方当事人对专利的使用并不违反专利法。在专利许可的类型中承认默示许可与在民法中承认默示授权,在买卖法中承认默示担保具有同样的必要性与重要意义。对默示许可的承认是与民法的最基本原则即诚实信用原则、平等互利原则相一致的,专利许可当事人之间的关系如因许可人的行为足以判断出双方存在许可关系时,对这种许可不加以肯定是对许可贸易的发展不利的。一般而言,专利的默示许可可依据法律的规定形成,也可以依据许可方对专利权的懈怠行使而形成。

(二) 默示许可的类型

依照不同的标准,默示许可有着不同的类型。依照使用人所使用的专利权保护的对象不同,默示许可可以分为对使用专利产品的默示许可,如经专利权人第一次合法授权后出售的专利产品再进行流转时,专利权人无权加以控制,即专利权穷竭,这时,默示许可涉及的仅仅是已经使用专利技术制造出来的专利产品。对使用专利技术制造专利产品的默示许可,如为教学科研目的而使用专利技术的行为。法定的默示许可是指依据法律的直接或间接规定而产生,法律规定专利许可尽管没有权利人的明确授权,但使用人对专利的使用并侵犯专利权人权利的情况,即可以视为专利权人已经对该使用进行了默示的许可,如因为权利穷竭产生的默示许可。依权利人行为产生的默示许可是指虽然没有明确的法律依据,使用人也未与专利权人签订明确的书面授权许可合同,但专利权人的行为足可以证明其许可使用人使用,如因权利人懈怠行使追究侵权责任的不作为产生,即专利权人明知有使用专利权的情况,在相当的一段期间内却疏于行使自己的权利,这时,使用人会被认为得到了专利权人的默示许可。

1. 权利穷竭产生的默示许可

在论及法定的默示许可时,以权利穷竭产生的默示许可最为典型。权利穷竭又被称为权利用尽,指权利人或权利人授权的被许可方同意而销售出的专利产品,专利权人无权行使其专利之独占权,也无权控制专利产品的自由使用或转售行为。

目前,许多国家均对专利产品的权利穷竭问题进行了规范,如美国联邦最高法院在其判决中指出:当专利权人或者其被许可人销售一种设备或者装置时,如果其价值仅仅在于使用,专利权人就已经获得了对这种使用的回报,该产品从此不再受到专利独占权的控制。换句话说,专利权人或者其被许可人通过销售专利产品,已经获得了他能够从使用该设备或者装置所获取的专利提成费或者报酬,此后如何使用该专利产品就是购买者的自由,专利权人不能对该专利产品的使用施加进一步的限制。❶我国《专利法》也从"专利产品或者依照专利方法直接获得的产品,由专利权人或者经其许可的单位、个人售出后,使用、许诺销售、销售、进口该产品"不侵犯专利权人的专利权的角度,对权利穷竭原则进行了规定。

权利穷竭原则制定的主要目的是维护产品的自由流通,避免受到专利权人的过多干预,美国的首次出售穷尽理论主要是从维护社会公众的合法权益,寻求在公众和专利权人的利益之间实现一种合理平衡而提出的。❷这一原则产生的另一后果就是在专利权人或其授权的被许可方第一次将专利产品售出后,其他随后获得专利产品的人即得到了该专利产品的默示许可,这种默示许可是基于法律的规定产生的。

---

❶❷ 尹新天. 专利权的保护 [M]. 2版. 北京:知识产权出版社,2006:69.

2. 基于专利权人积极行为产生的默示许可

在美国,作为默示许可起源的判例是德弗瑞斯特电话公司诉美国案(DE FOREST RADIO TELEPHONE & TELEGRAPH CO. v. UNITED STATES)❶。1910年,德弗瑞斯特电话公司起诉美国政府未经专利权人同意非法使用未获得许可的真空管技术进行无线通讯,要求美国政府支付该项专利技术的使用费。德弗瑞斯特公司的两项专利曾以书面文件的形式让与西方电子公司,随后西方电子公司又将协议下的权利义务,转让给美国电报电话公司,在协议中,美国电报电话公司获得了包括许可在内的诸多权利,同时,德弗瑞斯特公司和西方电子公司保留对任何侵权行为提起诉讼的权利。战时,美国政府与美国电报电话公司沟通,由于战争需要,政府需求相当数量的通用电器公司及其他公司生产的无线电电讯设备。美国电报电话公司随即致函军方的官员,美国电报电话公司不会对该种设备的生产进行任何干涉,并且同意放弃与生产该设备相关的其所拥有的任何专利权的侵权主张。美国政府接受了这一信件,并允许通用电器公司及其他公司生产所需的无线电电讯设备,并将设备供给政府。为了帮助美国政府获得这种设备,美国电报电话公司还向生产设备的公司提供了技术图纸及其他技术帮助。基于此,美国法院认为:并非只有正式的授权许可才能达到许可的目的,如专利权人使用的语言或所为的行为,使他人可以由此推断权利人同意其使用、制造或销售,并且其也确实进行了这样的行为,则仍然可以构成一种许可方式,并在侵权诉讼中作为抗辩。如果权利人这样表态"如果继续使用我的技术进行侵权行为,我就不会再去阻止你,但我将对你提出侵权诉讼",情况就会相反。由这一案例可以看出,构成此种默示许可应具备以下条件:

(1) 专利权人通过其语言或行为使他人认为其许可使用;

(2) 使用人基于信赖确实实施了使用行为。

可见,这种情况下产生的默示许可首先要根据当事人,尤其是专利权人的一定积极行为来进行判断,同时书面协议或者其他文件也具有相当的说服力,美国法院在对此类情况判决为默示许可时,通常还会考虑使用专利技术人的合理期待以及对公平与公正的考虑等。

---

❶ JAY DRATLER, JR.. 知识产权许可(下)[M]. 王春燕,等译. 北京:清华大学出版社,2003:183.

3. 专利懈怠产生的默示许可

专利懈怠产生的默示许可主要指由于专利权人懈怠行使其专利权，专利权人的不作为产生的默示许可，使用人可以此作为不侵权的抗辩，并推定产生的专利默示许可，最早出现于美国的相关判例之中。专利权人的懈怠主要表现为明知存在使用其所有的专利技术的行为，却并不积极地去加以阻止，对该行为提起侵权之诉，而是等闲视之，漠不关心，从这时起，就已经产生了对抗其专利独占权的侵权抗辩。正如有美国学者所指出的"你……若在权利上睡觉时，抗辩就产生了"。❶ 专利懈怠默示许可正是在这种情形下产生的，构成此种默示许可需要满足一定的条件。

（1）专利权人明知侵权行为的存在

专利懈怠产生的默示许可是建立在专利权人对其未授权使用的他方使用其专利技术的行为是明知的，如果专利权人并不知道未经授权的使用行为的存在，无论该种行为经过了多长期间，都不发生由于懈怠而产生的默示许可，换句话说，如果专利权人不知道该使用行为的存在，也就不能称其为"懈怠"，迟延的起算于专利权人知道或者应当知道其权利受到侵害之日起算。

（2）权利懈怠行使已超过法定的诉讼时效

法定的诉讼时效是指法律规定的专利权人应提起专利侵权行为的有效期间，各国所规定的时效期间不完全一致。能够称其为"懈怠"一定是超过了法律所给予的合理期间，即法定的诉讼时效期间，在针对"懈怠"行使对专利技术的使用追究侵权行为的时效问题上会产生这样的问题，即时效超过是否产生专利权的无效？回答应是否定的，因为专利权人对专利拥有专有权，他可以选择是否行使其专有权的具体权利内容，当然也包括是否选择去追究侵权人的无权使用行为，如果其积极追究侵权人非法使用，则是在行使其专有权。相反，如果他选择不去起诉侵权人，也同样是专利权人专有权的内容，即专利权人可以在起诉侵权人或给予侵权人免费的许可之间进行自由的选择，这同样是其专有权权利内容的体现。在专利权人提出专利侵权诉讼后，一般情况下，使用人即应停止使用专利权人的专利技术。但事实是专利权人

---

❶ JAY DRATLER, JR.. 知识产权许可（下）[M]. 王春燕，等译. 北京：清华大学出版社，2003：236.

拖后行使专利侵权诉讼权利的期间越长，对使用人的损害越大，对专利权人反而越有利，因为他可以得到更多的侵权损害赔偿额。为了制止专利权人的恶意拖期诉讼，许多国家都对专利权人的此种行为进行了规范。因而，法律也完全可以作出这样的推定，如果专利权对其明知的侵权行为在一段期间内不予追究，其潜在的想法是要给予侵权人一个默示的免费许可，这种默示许可会因为专利权人对该使用行为的诉讼行为而终止。法律作出这样的推定当然并非仅仅是为了保护侵权人的既得利益，更大程度上为了保护经济秩序的稳定，作出此种规范后，就可以避免专利权人明知侵权行为存在而不追究，恶意地获取不当收益，损害被许可方所在国的经济秩序。

第三节 专利许可需注意的几种法律形态

一、在先使用权

（一）在先使用权与"索洛信封"

在先使用权是指在专利权人专利申请日之前已经开始使用该技术的情况下，可以在符合法律规定的条件下，在专利申请日之后继续就该技术进行实施行为的权利。在技术获得专利授权后，享有在先使用权的第三人可以继续使用该技术，而不应被视为侵犯专利权。

"索洛信封"源于法国，是给予在先使用权人使用专利技术权利保护的一种典型方式，这说明对在先使用权人权利的重视早已有之。在先使用权的获得必须由在先使用人提供在先使用该项技术的客观证据，即在先使用的技术必须出示必要的证据，一些国家对此方面进行了较细致的规定和引导，如日本特许厅最近公布的《先使用权制度指南》，举例说明了主张先使用权的必要的证据及证据的保全方法。而对在先发明技术的证明给予法律保护的做法最为突出的莫过于法国的"索洛信封"，根据法国1914年保护在先发明的法规，索洛先生设计发明了一种双层信封，后被称为叫"索洛信封"，用以证明发明的先前的日期。这是一种特殊的双层信封。将需要法律确定先发明日期的文件以一式二份制作，寄给国家工业产权局进行登记，要专业机器注明号码，后将其中一份原封不动地寄还给发信人。文件的副本归档保存，就可以作为一旦有专利权人申请专利时，享有在先使用的权利。这种做法使意欲通过秘密方式使用所发明的技术的发明人在该技术被申请人公布后，仍然可以获得该技术的在先使用权，仍然可以在原有的范围内继续使用该项技术。我国目前对在先发明技术的在先使用权的规定相对比较笼统,对于在先发明人需要提供的证明也没有明确的规范规定,使许多在先使用技术的发明人权利无法得到保护。索洛信封只能表明发明人对知识的占有,以凭此证明其拥有在先使用的权利,而不给申请人提供任何财产权上的权利,并不能使他免于承受技术被泄露的后果。❶

我国不存在类似"索洛信封"的保护在先发明人利益的做法,依照我国的专利法,在先使用权的获得仅证明其在先发明是不够的,还要具备并提供已经开始实施该发明创造或者为实施该发明创造做好了必要准备的证明,并且,这种在先实施行为和准备行为必须是在我国境内进行才有效的实施或准备行为。我国《专利法》第69条规定,下列情况不视为侵犯专利权:"在专利申请日前已经制造相同产品、使用相同方法或者已经作好制造、使用的必要准备,并且仅在原有范围内继续制造、使用的",即是对在先使用权的规定。

(二) 在先使用权的实施范围

在先使用权制度在各国的专利立法中予以承认,各国立法规范差别较大的是,在先使用权人可以在怎样的范围内实施专利技术。这一问题同样是专利权人在境外进行专利许可时需要了解的问题,它决定了在同一市场之上竞争者的具体行为。

认定实施范围应至少从以下三个方面加以考虑:一是空间范围,主要指在先使用权人只能在专利权有效的地域范围内对同一专利主张在先使用权,与专利权一样具有地域性,超出这一范围,在先使用权也不会被其他国家当然承认。尽管在另一国家专利权人就同一项技术享有同样的专利权,但这并不等于在先使用权人在该国仍然享有在先使用权,其制造的产品出口至该国时,专利权人即可以提起侵权之诉。二是技术范围,在先使用权的技术范围应与专利申请时的专利技术的"发明的范围"一致,并不得超过在先使用时的范围。当专利技术进行了改进时,享有在先使用权的技术不应及于该改进后的技术范围。三是生产范围,在专利权被授权后,在先使用权人可以继续使用专利技术,但范围是否限于原有的生产规模、原有的生产数量范围?

从各国立法来看,对在先使用权人对技术的实施范围进行的规范不尽相

---

❶ 王维藩,黄红英.法国发明专利法[M].北京:中国对外翻译出版公司,1985:113.

同。法国、德国专利法对在先使用人的实施范围均未作出限制,法国专利法的规定是,"先前占有者可扩大其实施的规模,也可中断实施,然后再恢复实施。"❶日本专利法第79条关于"首先使用的通常实施权"规定,"因不知有关专利申请的发明内容而自己发明,或因不知有关专利申请的发明内容而从发明人处得知后成为已有,在专利申请之时,日本国内从事实施该发明的事业或准备从事该发明的事业者,在其实施或准备实施发明及事业目的的范围内,对于有关该专利申请的专利权拥有通常实施权。"可见,日本对在先使用人的限定是"事业目的的范围",这种限制不能认为是对生产规模的限制。日本有关著作指出:"只要是在其事业目的的范围之内,实施规模不一定非要同申请时的规模一样,可以随意扩大"。

依我国《专利法》第69条,在专利申请日前已经制造相同产品、使用相同方法或者已经做好制造、使用的必要准备,并且仅在原有范围内继续制造、使用的,可以继续使用该项技术。最高人民法院在2003年的《关于审理专利侵权纠纷案件若干问题的规定(会议讨论稿)》中对"原有范围"作出了扩大解释,认为是指在先使用权人为自身发展的需要在专利申请日以前已经实施技术或者外观设计的产业领域内自己继续实施。这就对原来的一些判决中解释作了较大的变更,作出了更为宽泛的解释,只要在原来的产业领域内,就属于"原有范围",扩大生产规模也是允许的。

(三)在先使用权与专利许可

1. 不需专利权人许可的实施权

在先使用权是在专利权人专利申请日之前已经开始使用该技术的情况下,可以在符合法律规定的条件下,继续实施该技术的权利。在先使用权人可以不经专利权人许可而自由使用其已经在先使用的技术,是对专利权效力的一种限制。

2. 无权许可他人实施

尽管在先使用人拥有在先使用权,但如果其可以毫无限制地享有与专利权人同样的权利,就会使专利法的实施出现困难,因而法律施加一定的限制是必要的,以保护专利权人的独占权利。如前所述,在先使用权人可以实施技术,利用技术制造、销售专利产品,但这种权利只能及于其本人,而无法

---

❶ 王维藩,黄红英. 法国发明专利法[M]. 北京:中国对外翻译出版公司,1985:115.

通过其授权许可第三人，即其无权授权第三人使用该技术。在先使用的权利仅能作为其自身避免被诉侵权的手段，实施的权利仅属于其个人。在先使用权人可以转让其在先使用技术的权利，但由于该项权利的属人性质，其条件是只能与同此权利有关的企业一起转让，此项权利可转让给在先使用人的继承人或转让给他所属企业的购买者。

二、专利质权

（一）专利权的担保方式——权利质权

质权是债权人占有债务人提供的担保财产，当债务人不履行债务时，可以占有物的价值优先受偿的一种担保物权。质权与抵押权最大的区别在于债权人的质权在出质人交付的财产之上设定，债权人占有质权的标的物，转移标的物的作用在于公示及留置。

任何具有价值的财产及财产权益之上均可以设定担保，专利权作为一种特殊的财产权也不例外。目前，以专利权的财产权设定担保被归入权利质权，权利质权是指以所有权、用益物权以外的可让与财产权利等非实体物为标的的质权。与其他权利一样，专利权可以设定质权，为权利质押的一种。

1. 专利质权的特征

（1）标的为可让与的财产权

出质人可以专利权设定质权，但并不意味着专利权中的任何权利均可设立为质权，专利权质权为权利质权的一种，同样也适用权利质权所成立的条件，只有可转让的财产权才能够设定质权。专利权不同于一般物权和债权，既包括财产权，也包括人身权，而专利权中的人身权，如专利权中的署名权等，具有不可转让性，不能成为专利权质押的标的。即使专利权权利人所享有的权利为财产权，如果其不具有可转让性，也同样不能设定质权，如发明人为专利权人时的获得奖励权等。专利权设质应为专利权中财产权的设质，即因取得专利权而产生的具有经济内容的权利，如独占权和由此派生的许可权、转让权、标记权等。

（2）订立书面合同并进行登记

根据我国《担保法》第79条之规定："以依法可以转让的商标专用权、专利权、著作权中的财产权出质的，出质人与质权人应当订立书面合同，并向其管理部门办理出质登记。"专利权为无形财产权，不能以转移占有的方式公示权利，专利质权也不同于以票据等证券债权设定质权，票据具有无因、要式等特点，权利附着于票据之上，出质人可以通过转移代表债权符号的票据进行出质，因而，必须以登记的方式来公示权利。

（二）专利质权与专利许可

在国际专利许可贸易中，许可方与被许可方的营业地在不同的国家，应当了解所许可的专利权是否存在出质的情况，并了解不同国家立法对于此种情形的具体规定。美国统一商法典（UCC）关于担保法的规定主要集中在第9编的内容中，当然并不局限于第9编的规定。1972年，美国统一州法全国委员会与美国法学会对统一商法典的第9编进行了修正，对各种担保形式进行了较为系统的规定。其中将对专利权的担保列入一般无形财产担保的范围之内。除我国确认的专利权外，在UCC中还包括商誉及特别许可权等。这种担保只有经过一定的法律措施以后，才能对第三人产生法律效力，在美国为占有和登记两种。UCC认为大部分担保物均可以通过占有实现，只有不能通过占有加以完善的，才使用登记这种方式，对于专利权来说，债权人无法占有，因此，登记是唯一的方式。法典对专利权设定担保期间，权利人能否许可第三人使用并未从法律的角度加以限制，完全取决于设定担保的双方当事人的意愿，如果债权人不认为专利权的许可会损害他的债权利益，专利权的权利人就仍然有权许可其所拥有的权利。

我国关于专利权质权与许可的规定主要体现在《担保法》、《最高人民法院关于适用〈中华人民共和国担保法〉若干问题的解释》（2000年12月8日公布）和2010年施行的《专利权质押登记办法》（该办法取代了1996年《专利权质押合同登记管理暂行办法》）。依据我国目前立法，专利权在出质后，不能够再对外许可使用，除非质权人同意此种做法。《担保法》第80条规定，知识产权依法出质后，"出质人不得转让或者许可他人使用，但经出质人与质权人协商同意的可以转让或许可他人使用。出质人所得的转让费、许可费应当向质权人提前清偿所担保的债权或者向与质权人约定的第三人提存。"这就说明，专利权人只有在质权人同意的情况下，才能够将专利权许可他人使用，且许可的费用要向质权人提前清偿债务，或者向出质双方约定的第三人进行提存。如果专利权人未经质权人同意，擅自将出质后的专利权向外许可，其效力为法律所否定。法律依据体现在前述2000年司法解释的第105条规定："以依法可以转让的商标专用权、专利权、著作权中的财产权出质的，出质人未经质权人同意而转让或者许可他人使用已出质权利的，应当认定为无效。因此给质权人或者第三人造成损失的，由出质人承担民事责任。"可见，未经质权人同意的专利许可合同不仅被法律认定为无效，专利权人还要承担由此给质权人或第三人造成的损失。

  我国《担保法》关于专利权人在专利权之上设定质押后，未经与质权人协商同意不得许可给第三方的规定，主要是为了保持与担保物权质押法律规范的一致性。在担保物上设定质权后，出质人应当交付出质物，使出质物处于质权人监控之下，在债务人，即出质人，偿还债务之前，出质人无权对出质物加以处分，如债务人到期无法偿还债务，质权人可以就质权标的的价值优先受偿。以专利权之财产权作为出质物，若要符合质押法律的规范，就要对专利权人的处分行为进行限制，限制专利权出质后再许可给任何第三方使用。但这种限制也许是与专利法及担保法的立法本意相冲突的。专利法意在通过给予专利权人一定范围的专有权，使专利权人的发明能够在实践中得以应用，并进而推动社会的发展。因此，专利权人在取得专利授权后，不仅有实施独占专利技术的权利，还有依据专利法实施专利技术的义务。否则，国家将允许任何第三人就该项专利技术申请强制许可。专利权质押后，质权人对专利权不得再许可的限制，在很大程度上限制了专利技术的实施，担保法规范是为了维护质权人的合同利益，但却忽略了专利法对于社会公共利益的维护。此外，担保制度的设计，基本目的是为了担保主合同债权的实现，无论抵押权还是质押权设定，都是为了最终在主债务无法偿还时，债权可以通过在担保物上换价实现。不转移占有的抵押物通常为保值功能较好，不会因为使用而使本身价值急剧下降，对于会因使用而贬值的动产，则通过转移占有的方式控制对动产的利用而使其保值。而专利权之上的财产权价值在此方面则具有与有形物不同的特点：首先，有形物的价值主要依靠社会平均劳动时间来加以确定，而专利技术则不同，专利技术的价值主要源于在生产实践中所获得的收益，如果在实践中无法获得社会经济收益，则即使付出再多的劳动，仍然不具有价值，可以由上推出，有形物的成本与其价值之间成正比关系，而专利技术则未必；其次，两者价值产生的法律基础也不同，有形物的价值基于对其所拥有的所有权而产生，而专利技术的价值则是基于专利权人对专利技术在一定范围、一定期限内所享有的专有垄断权而产生。当法律保护的期间届满后，专利技术对于专利权人而言，不再具有任何有效的法律价值；再者，专利技术与有形物的价值变动规律也不同，有形物的价值会由于占有人对有形物的使用和损耗而降低物本身的价值,而专利技术具有技术本身的生命周期,在技术生命周期的初始及成熟阶段,占有人对专利技术的使用并不会降低技术本身的价值,反而会由于对技术产品的开发与实践应用占领市场而提高专利技术本身的价值,只有在市场完全被开发出来,新技术取而代之后,才会使技术的价值下降。由以上的分析,我们可以看出,质权人对专利权人许可第三方使用技术的限制,并不会有效地实现担保的目的。专利权价值的实现主要通过对专利技术的实施与利用来实现,专利权人获取价值的主要手段之一就是专利权的实施许可。

2010年施行的《专利权质押登记办法》对此问题作出了比较详细的规范,也是我国目前规范专利权质押的主要法律依据。在这一规范中,首先明确了当事人以专利权出质的,出质人与质权人应当订立书面质押合同,同时也明确了该合同的形式,可以是单独订立的质押合同,也可以是主合同中的担保条款。《专利权质押登记办法》第16条规定,专利权质押期间,出质人未提交质权人同意转让或者许可实施该专利权的证明材料的,国家知识产权局不予办理专利权转让登记手续或者专利实施合同备案手续。出质人转让或者许可他人实施出质的专利权的,出质人所得的转让费、许可费应当向质权人提前清偿债务或者提存。从以上规范可以看出,其与担保法规范相比,具有相对的灵活性,为专利权的许可提供了相对较大的空间。

第五章
国际技术转让中的限制性商业行为

第一节 限制性商业行为

一、限制性商业行为的含义与产生

(一)限制性商业行为的含义

1980年联合国制定的《一套多边协议的控制限制性商业惯例的公平原则和规则》中,将限制性商业行为定义为:指企业通过滥用或谋取市场力量的支配地位,限制进入市场或以其他方式不适当地限制竞争,对国际贸易,特别是发展中国家的国际贸易及其经济发展造成或可能造成不利影响;或通过企业之间的正式或非正式,书面或非书面的协议或其他安排造成了同样影响的一切行动或行为。限制性商业行为的具体表现形式是限制性商业条款(Restrictive Business Practices or Clauses),在国际技术转让中又称为限制性贸易惯例。简言之,限制性商业条款一般指一国专利权许可方对被许可方施加的,违背公平交易原则的不合理限制条款。

(二)限制性商业条款的产生原因

与其他类型贸易合同相比,在国际技术转让合同中出现限制性商业条款是比较突出的现象,转让方的限制性商业行为表现最为突出,其原因有以下几方面。

1. *转让方拥有垄断权*

技术的转让方一般为知识产权所有人,对知识产权拥有合法独占的权利,法律保护权利所有人对知识产权的专有权,任何人未经权利人许可,不得使用该项技术。这种独占权排除了技术受让方对所需技术进行选择的可能,选择余地较少,一般只能就转让方所拥有的技术进行协商,接受转让方提出的限制性条件。

专利技术市场始终是一种卖方市场，与有形货物买卖不同，货物的买方在卖方提出的条件不合理时，可以转而寻求其他的替代货物，可以遵循市场经济的供求规律，即在供大于求时，货物价格下跌，出现买方市场，在供小于求时，价格上升，出现卖方市场。在专利权许可贸易市场，由于许可方拥有对贸易标的的垄断权，使其有机会在双方的协议中加入不合理的限制性商业条款。

2. 潜在的市场再分配风险

在国际货物贸易中，买卖双方在货物所有权交付后，彼此之间不再有任何关系。而国际技术贸易转移的是技术的使用权，技术的转让方还要负责对技术的培训，直到技术为受让方所掌握。在受让方掌握技术后，也就成为转让方潜在的竞争对手，与其生产同样的产品，甚至有可能对技术进行改进，在产品质量、市场信誉上超过技术的转让方。若要维持自己的技术优势和市场优势，转让方就要在技术转让合同中，对受让方进行限制，即出现限制性商业行为。

（三）确定限制性商业行为的标准

对于限制性商业条款的确定标准，发达国家与发展中国家有着不同的观点，发达国家认为凡对市场竞争造成影响，妨碍自由竞争的行为就是限制性商业行为。发展中国家则采取发展的标准，认为凡显然不利于受让方国家经济、技术发展的行为，就是限制性商业行为，发展中国家在本国相关立法中，对某一条款是否为限制性条款加以列举，但往往缺乏对条款的具体分析。这一标准很难在实践中加以判断，一项私法领域的国际技术转让合同，除非是涉及重要领域的关键技术，很难判断该条款对一国的经济发展会造成怎样的影响。

目前，随着给予专利法律规范的国际协调性增强，各国对于限制性商业条款的规范也在向一致性的趋势发展，这就是结合转让方的市场垄断地位，以该行为是否对市场竞争造成垄断来判断限制性商业行为是否存在，是否能够得到相关法律的豁免。

二、限制性商业条款的具体表现

在国际技术转让中，限制性商业条款频繁出现，如何确定并规范限制性行为是各国都在寻求解决的问题，同样也是争议较大的问题。目前，对于限制性商业条款的表现不仅体现在国际条约之中，在各国国内立法中也可以寻到。

1. TRIPS 中限制性商业条款的表现

TRIPS 在第二部分中对限制性商业条款的表现作了禁止性的规定，但由于各国对限制性商业条款的观点不一致，TRIPS 采取了未穷尽的列举方法，只列了各国相对公认的三条：

（1）独占性的返授条件（exclusive grantback conditions）

即要求技术的被许可方取得技术后对技术作出的改进，必须无条件地返授给技术的许可方或许可方指定的其他企业。

（2）禁止对有关知识产权的有效性提出异议的条件（conditions preventing challenges to validity）

即技术的被许可方对其所拟欲取得的专利技术或其他相关知识产权的有效性，不得提出任何异议。

（3）强迫性的一揽子许可证（coercive package licensing）

指技术的许可方在许可协议中，强迫被许可方接受捆绑在一起的所有技术，并以此作为收取报酬的依据，而不论具体技术的费用与有效性等。

协定规定，如果某成员有理由认为，作为另一成员之国民或居民的知识产权所有人正在从事违反前一成员的本节内容有关的法律和法规的行为，同时前一成员又希望确保遵守其立法，该另一成员应当在前一成员要求时与之协商。但这并不妨碍任何一方成员依法采取任何行动，也不妨碍任何一方有作出终局性决定的充分自由。在符合其域内法律、并就请求协商的成员必须保密达成令双方满意的协议的前提下，被要求协商的成员对协商应该给予充分的和富有同情的考虑，提供充分的协商机会，并在提供与所协商事宜相关的、可公开获得的非保密信息方面以及在提供该成员能得到的其他信息方面予以配合。

2. 《国际技术转让行动守则（草案）》中限制性商业条款的表现

在守则的制定过程中，发达国家与发展中国家的代表对何种条款属于限制性商业条款的分歧很大，双方最终也没能够形成完全一致的意见，守则并未产生效力，但仍然可以为我们今天分析限制性商业条款提供借鉴的作用。

（1）单方面的返授条款。即片面地要求受让方取得技术后，对技术的改进，无偿、非互惠地转让或返授给许可方或许可方指定的其他任何企业。

(2) 对效力不表示异议条款。即规定受让方对被转让专利或其他保护性发明的有效性，不表示异议的条款。

(3) 独家经营条款。限制受让方取得与许可方所转让的类似技术、竞争性技术的条款，或限制许可方就有关产品签订销售协议、代理协议、制造协议，而且，这种限制并非为确保许可方取得合法利益所必需、为确保所转让技术机密性所必需。

(4) 限制研究条款。限制受让方从事技术研究和发展，包括受让方按当地情况吸收和更改受让技术，限制受让方实行与新产品、新工艺、新设备有关的研究发展计划。

(5) 对使用人员的限制条款。即不合理要求受让方使用许可方指定的人员，限制使用受让方国家人员，但在开始阶段为了保证转让技术的质量和开始使用技术时的效率而需要的除外。

(6) 限制修改技术的条款。即禁止受让方按当地的实际情况对技术进行更改或技术革新，即使这种更改是受让方自行负责；迫使受让方在设计上或规格上接受不愿意或不必要的更改，但这些更改影响许可方的质量保证或性能保证责任的除外。

(7) 包销或独家代理的限制条款。即要求受让方把产品的包销权或产品的独家代理权授予许可方或许可方指定的代理人，而不得授予其他人。

(8) 共享专利或互授许可协议及其他安排条款。要求受让方与其订立共享专利或互授许可协议，对技术转让的地区、数量、价格、顾客、市场进行限制，支配某一工业部门或市场，因而不正当地限制新技术的发展。

(9) 附带条件安排的条款。即强制受让方接受其不愿意要的额外技术、货物、设备或服务的条件，限制受让方获得技术、货物来源的条件等，以此来限制受让方取得其所需的技术。

(10) 限制宣传条款。限制受让方对其产品或服务进行广告宣传，或要求须事先征得其同意，但涉及许可方声誉、产品责任或保护消费者的除外。

(11) 工业产权期满后义务条款。即要求受让方在工业产权已经期满、失效或被撤销后，仍支付使用费或承担其他义务。

(12) 合同期限过长的合同条款。与受让方签订期限较长的许可，使受让方往往在专利技术失效后，还要承担支付技术使用费的义务。

(13) 限制使用协议期满后技术条款。即限制受让方在协议期满后使用该技术。

3. 我国立法中限制性商业行为的表现

我国在2001年10月通过《技术进出口管理条例》，2002年1月1日起施行。依该条例，属于限制性商业行为的有：

（1）要求受让方接受并非技术进口必不可少的附带条件，包括购买非必需的技术、原材料、产品、设备或服务；

（2）要求受让人为专利权有效期届满或专利权被宣布无效的技术支付使用费或承担相关义务；

（3）限制受让人改进让与人提供的技术或限制受让人使用所改进的技术；

（4）限制受让人从其他来源获得与让与人提供的技术类似的技术或与其相竞争的技术；

（5）不合理地限制受让人购买原材料、零部件、产品或设备的来源及渠道；

（6）不合理地限制受让人产品的生产数量、品种或销售价格；

（7）不合理地限制受让人利用进口的技术生产产品的出口渠道。

自2005年1月1日起施行的《最高人民法院关于审理技术合同纠纷案件适用法律若干问题的解释》，对非法垄断技术，妨碍技术进步作出了进一步的解释，其第10条规定：技术合同内容有下列情形的，属于合同法第329条所称"非法垄断技术、妨碍技术进步"：（1）限制另一方在合同标的技术基础上进行新的研究开发，或者双方交换改进技术的条件不对等，包括要求一方将其自行改进的技术无偿提供给对方、非互惠性转让给对方、无偿独占或者共享该改进技术的知识产权；（2）限制另一方从其他来源获得与技术提供方类似技术或者与其竞争的技术；（3）阻碍另一方根据市场的需求，按照合理的方式充分实施合同标的技术，包括明显不合理地限制技术接受方实施合同标的技术生产产品或者提供服务的数量、品种、价格、销售渠道和出口市场；（4）要求技术接受方接受并非实施技术必不可少的附带条件，包括购买非必需的技术、服务、原材料、设备或者产品等和接收非必需的人才等；（5）不合理地限制技术接受方自由选择从不同来源购买原材料、零部件或者设备等；（6）禁止技术接受方对合同标的技术的知识产权的有效性提出异议或者对提出异议附加条件。

第二节 对限制性商业行为的规范

一、限制性商业行为与自由竞争

限制性商业条款所限制的商业行为，主要是限制了企业间的自由、平等竞争，转让方限制的目的很明确，就是为了避免受让方成为自身的竞争对手。因而，限制性商业行为的主要危害并非在于限制了某一个受让方当事人的行为，受让方完全可以基于意思自治选择是否接受该类条款，此类条款的真正危害在于可能破坏一国市场的自由竞争秩序。

由于转让方拥有知识产权的独占权，使其易于形成垄断或者支配地位，对于限制性商业行为进行管理的规范主要以反垄断法规范为主。此外，立法还会关注知识产权权利人是否存在滥用（misuse）权利，在技术转让合同中签订限制性商业条款的行为。对于限制性商业条款的规范不仅体现为反垄断法，其他法律规范仍然在探索之中，如专利权滥用方面立法、反不正当竞争法等，但就目前立法现状，各国主要以反垄断法对限制性商业条款加以规范。美国近 30 年来，欧盟则更近时期，垄断法发挥了重要作用，这也意味着经济理论在实际中发挥着怎样的作用，这些经济理论甚至被法庭用来作为得出令人满意判决的基础。[1]

二、美国立法对限制性商业行为的规范

1. 反垄断法与一般性原则

美国主要依据反垄断法来限制国际技术贸易中的限制性商业行为，对限制性商业行为的立法规范经历了由严格到宽松的过程。

1890 年的《谢尔曼法》（Sherman Act）、1914 年的《克莱顿法》（Clayton Act）及《联邦贸易委员会法》（Federal Trade Commission Act）共同构成美国反垄断法的体系。此外，美国作为判例法国家，法院的有关判例也是反托拉斯法的重要组成部分。限制性商业行为是限制他人的商业活动以削弱或消除自己所面临或可能面临的竞争的行为，涉及知识产权人不正当行使权利的问题。美国联邦最高法院在 20 世纪初就发展出"专利权滥用"（Patent Misuse）原则，1988 年的《专利权滥用修正案》（Patent Misuse Reform Act）则同样将

---

[1] DARYL LIM. Innovation and Access: Legal Stratigies at the Intellectual PropertyRights and Competition Law Interface. Legal Strategies, 2009: 429.

专利权滥用与竞争联系到一起。依据此法案，专利权人不得提出订立专利许可合同或购买专利产品的条件是订立有关另一项专利权的许可合同，或购买另外的单独产品，除非是专利权人在相应的市场上对后一专利或后一产品拥有市场支配力。在涉及享有专利的产品搭售案件中，法院必须决定该项产品是否有足够的市场力量，以迫使被授权人接受被搭售产品，而不会仅因搭售产品为专利产品，就直接推定其已经具有市场力量。❶

美国法院在判例中所确立的反托拉斯规范一般比较笼统，法院在审理案件中所确立的带有一般性的原则和规则更具有特别的意义。❷ 在判断某种行为是否触犯反托拉斯法时，法院在审判实践中形成了两项重要的原则：一是"合理原则"（rule of reasonableness），即判断某行为是否构成反托拉斯法，需要对行为的具体情况进行分析，某种贸易做法虽然含有一些限制竞争自由的成分，但如果没有超出商业上认为合理的限度，就不会导致削弱或消除美国市场上的竞争，就不认为是违反托拉斯法的行为；另一是"本身违法通则"（rule of per se illegal），某些限制性的贸易做法，其本身即具有明显的反竞争性质，一旦发现这种做法，即可判定其为非法，无需考虑其是否合理。❸

2. 1995《知识产权许可反托拉斯指南》

对美国反托拉斯法有重要影响的还包括美国司法部与联邦贸易委员会共同发布的反托拉斯指南，1995年4月，美国司法部和联邦贸易委员会共同发布《知识产权许可反托拉斯指南》（The Federal Antitrust Guidelines for the Licensing of Intellectual Property）（以下简称"指南"）。此外同年还发布了《国际经营中反托拉斯执行指南》，1999年发布了《竞争者之间协同行为的反垄断指南》等。需要指出的是美国司法部与联邦贸易委员会发布的反垄断指南不具有法律效力，对法院也同样不具有约束力，但指南中的思想表明了美国政府在反垄断领域中的政策，有着重要的指导意义。

《知识产权许可反托拉斯指南》就知识产权许可行为可能引起的反托拉斯法问题，系统地说明了在执法中将采取的基本态度、分析方法和法律适用原则，也提出了对各种许可证协议进行分析的方法，集中反映了美国反托拉

---

❶ 转引自陈家骏. 公平交易法中行使专利权之不正当行为 [J]. 法令月刊，1994-45（1）.

❷ 王先林. 知识产权与反垄断法 [M]. 北京：法律出版社，2001：104.

❸ 王玉清，赵承璧. 国际技术贸易 [M]. 北京：对外经济贸易大学出版社，2005：288-289.

斯法在这一领域的最新发展动向，对一度困扰司法界的一些问题提出较新的看法。指南中规定，如果一项许可合同有可能对现有的或者潜在的商品或者服务的价格、质量、数量、多样性产生不利影响，就存在是否违反反托拉斯的问题，会受到美国反托拉斯部门的关注。对大多数涉及知识产权的许可合同中的限制条款应当采用"合理规则"进行分析、评估。但是，在某些情况下，法院认为某一限制的性质和必然结果是明显的反竞争的，就直接适用"本身违反规则"，而无须再进一步详细查明这种限制可能对竞争的影响。

该指南涉及范围比较广泛，对在技术创新领域的各种技术转让及许可协议形式均有所涉及，除专利权外，对商标权、版权、技术秘密及掩膜作品的协议在指南中都进行了规定。首先分析了知识产权法和反托拉斯法的关系。认为反托拉斯法与知识产权法并不冲突，两者是相互补充的关系，知识产权许可贸易有利于促进竞争，它们有着共同的目的，就是促进创新、增进消费者福利，承认知识产权许可行为使企业的各种生产要素结合起来，是有利于竞争的。被认为是指南的有一定积极意义的创新性规范是关于"安全地带"（safety zone）的诠释，对如何界定知识产权权利人是否滥用专有权并对竞争造成阻碍的问题提出了其适用的方法与前提。适用安全地带的前提是存在争议的限制性条款不能被认定为本身违法的，即不能是明显阻碍竞争的，才可以适用"安全地带"进一步检验。检验一项许可协议是否处于安全地带有两种递进的方法：

一是如果相关的产品和市场可以确定，那么许可贸易所占的份额不能超过整个市场的20%，在符合这一条件的情况下，包含限制的许可协议就处于安全地带；

二是如果相关的产品或服务市场无法确定，则无法判断该协议是否阻碍竞争，就要启用第二种检验方法，即通过检查相关技术或创新市场上竞争者的数目，除许可协议中包含的技术外，在相关的创新市场上还存在四项或四项以上可以替代该许可协议中的技术的独立技术，或四个或四个以上拥有相应资产及特征的独立控制实体在积极从事可作为许可协议所许可技术的近似技术的研究与开发，这样包含限制的许可协议也会处于安全地带。

值得注意的是在该指南中确定的"安全地带"并非是一成不变的，而是一项动态的指标，由于许可协议往往具有实施过程较复杂、时间较长的特点，因此，执行机构在具体案件的执行过程中，会随着许可协议在时间上的变化,而对许可协议是否处于安全地带进行重新评价,而不应停留在这其中的某一个阶段。

3. 2007《反托拉斯执法与知识产权:促进创新和竞争》

2007年4月,美国司法部和联邦贸易委员会联合发布《反托拉斯执法与知识产权:促进创新和竞争》(Antitrust Enforcement and Intellectual Property Rights: Promoting Innovation and Competition)。该份报告是对1995年指南的进一步发展,目的是为了更好地解决知识产权保护与反托拉斯执法之间的利益平衡问题。

报告共分为六章,第一章对知识产权许可行为本身进行了分析,即单方拒绝许可是否属于权利滥用的问题;第二章对将专利加入行业标准是否对竞争造成影响的问题进行了分析;第三章对专利的交叉许可,尤其是专利联营行为,是否有利于竞争还是具有反竞争效果进行了分析;第四章对一些具体的限制性商业条款进行了分析,如返授性条款等;第五章对捆绑与搭售行为进行了专门分析;第六章对超过有效期限实施专利对竞争造成的影响进行分析。尽管报告以知识产权作为调整对象,但由于主要涉及创新,大多数内容与专利权的许可行为有关,包括行业标准中专利许可、专利联营等。美国发布的该份报告对于国际专利许可合同中的限制性条款,从积极效果与消极效果两个方面进行较为全面的分析,并在最后提出在美国司法实践中鼓励采取的态度。是我们了解美国对待国际专利许可合同中限制性商业条款未来立法态度的参考。

从报告本身态度分析,美国政府倾向于对所有有限制性商业条款质疑的条款采用"合理性原则"具体分析,这一观点在1995年指南的基础上有进一步发展。如果说1995年指南中,美国还试探着维护专利权人的绝对权利,站在了客观的角度解决权利人与被许可方利益平衡问题的话,2007年的报告则更为明确地打出了只要没有触及整体竞争利益,则专利权人利益至上的鲜明观点。

三、欧盟对限制性商业行为的规范

1.《罗马条约》

《罗马条约》(the Treaty of Rome)第85条、第86条和欧盟部长理事会4064/89号条例(《企业合并控制条例》,1989年12月制定,主要管制企业合并,凡是在欧共体范围内造成影响的合并都是条例的适用对象。2004年,欧盟对该条例进行了重大修改,制定了控制企业合并的第139/2004号条例,取代了1989年发布的4064号条例）所确定的规则共同构成了欧盟的反垄断法体系。因此，欧盟竞争法（EU Competition Law）并不是一部独立的法典，欧盟反垄断法已成为当今世界最有影响力的反垄断法之一。

《罗马条约》第85条与第86条确立了欧盟反垄断法的基本原则。第85条款是有关反卡特尔条例（Anti-cartel rule）的规定，旨在防止企业重组安排造成对市场竞争的扭曲效果，它禁止：(1) 承诺达成一致协议；(2) 作出与这承诺有关的决定，或采取一致行动，而这一行动会妨碍、限制和扭曲市场内部的竞争，影响欧盟成员国之间的贸易。第85条第1款规定了五种予以禁止的行为，是固定价格，限制或控制生产、市场、技术开发或投资，分割市场或供应来源，歧视性条款，搭售及夸大解释。在第85条款之下，并非所有的协议均是被禁止的。某些有助于产品的生产和分配，能够促进技术和经济进步的协议，如果使消费者拥有公平的利益份额，欧委会则会根据第85条第3款的规定，实行一些豁免。但第85条所禁止的任何协议的豁免权是有限期的，超出了这一期限，将要进行重新审查。第86条是关于反控制条例（Anti-dominance rule）的规定，旨在防止公司滥用其在市场的统治地位，来限制竞争和国内贸易。它禁止一个企业单独或多个企业联合在共同市场内部滥用市场的控制地位，以至于影响到共同体成员国之间的贸易。此处需要注意的是，支配地位本身并不违反《罗马条约》，只有在滥用这种支配地位并对成员之间的贸易造成影响的情况下才构成非法。和第85条不同的是，在补偿利益问题上，第86条并没有豁免权和要求事先通知的条款，控制地位滥用的条件就是拒绝提供令人信赖的承诺，以及采取掠夺式的定价。

2. 欧共体条约第81条第3款的特殊说明

欧共体法院20世纪60年代中的一些案例中，发现知识产权权利人对其专有权的行使已经开始出现越来越多的限制竞争行为，因而对在技术转让协议中出现的限制性商业条款开始转而适用较为严格的规定。这主要体现在欧共体委员会1984年发布，1988年生效的《专利许可协议集体适用欧共体条约第81条第3款的第2349/84号条例》与1988年通过，1989年生效的《技术秘密协议集体适用欧共体条约第81条第3款的第556/89号条例》。那么，欧共体条约第81条第3款的规定是什么呢？

欧共体条约第81条是关于纵向限制竞争的基本法规，它原则上禁止所有限制竞争性企业协议、企业集团的决议以及协调行为，如果这些协议、决议或者协调行为能够损害成员国之间的贸易,并且以妨碍、限制或者扭曲共同体市场的竞争行为为目的,或者能够实现这样的后果。第81条第1款规定禁止所有企业间在共同体市场以限制竞争为目的的协议或具有这样后果的协议,这样的协议会影响成员国之间的贸易。在共同体法院的适用实践中,任何分割共同体市场的协议都是违反欧共体条约第81条第1款的行为。可以在适用该款时得到某种豁免则是通过欧共体条约第81条第3款实现的,该款规定一项限制竞争协议如果同时能够满足下列条件,则可以得到豁免:

(1) 一项限制竞争的协议、决议或协调性行为可以改善商品的生产或销售或有利于推动技术或经济进步;

(2) 该限制竞争的协议、决议或协调性行为可以使消费者从中得到适当的好处;

(3) 为了实现上述的目的,这些限制竞争是不可避免的;

(4) 该限制没有达到在相关市场上排除竞争的程度。

许多专利技术及专有技术的许可协议因为包含了限制性竞争的条款,便都根据该款向欧共体委员会提出豁免申请。于是欧共体委员会先后通过了《专利许可协议集体适用欧共体条约第81条第3款的第2349/84号条例》与《技术秘密协议集体适用欧共体条约第81条第3款的第556/89号条例》,两个条例中都规定了所允许及禁止的限制竞争条款,可以适用豁免的协议的豁免程序,以及对已经得到豁免的限制竞争协议进行监督的规定等。1996年,欧共体委员会依照理事会的授权,将《专利许可协议集体适用欧共体条约第81条第3款的第2349/84号条例》与《技术秘密协议集体适用欧共体条约第81条第3款的第556/89号条例》两个条例进行了合并和修改,以推动欧共体企业间的技术转让,并发布了《技术转让协议集体适用欧共体条约第81条第3款的第240/96号条例》。该条例于1996年4月生效,条例的有效期为10年,它取代了2349/84号及556/89号两条例,改变了原来将专利技术与专有技术分开规范的方式,而将专利技术的许可、专有技术及其他技术的许可一并归入该条例进行规范,这样使欧共体委员会简化了对技术转让协议适用豁免的程序。

3.《关于对若干技术转让合同适用条约第81条第3款的第772/2004号条例》

2004年4月27日,欧洲委员会颁布了新的《关于对若干技术转让合同适用条约第 81 条第 3 款的第 772/2004 号条例》（COMMISSION REGULATION (EC) No 772/2004 of 27 April 2004 on the Application of Article 81（3）of the Treaty to Categories of Technology Transfer Agreements），该条例取代了 1996 年的第 240/96 号条例。第 772/2004 号条例共 11 条，第 1 条为定义条款，第 2 条为适用条例进行豁免的范围，第 3 条确立适用条例进行豁免的市场份额基准，第 4 条为绝对无效性限制，第 5 条规定被排除的限制，第 6 条为委员会撤销本条例适用的情况，第 7 条为不适用条例的情形，第 8 条规定市场份额基准的适用，第 9 条至第 11 条为条例效力期间等问题的技术性规定。

第 772/2004 号条例对于有关专利许可、专有技术许可以及计算机软件版权许可适用竞争政策进行了重新规定，与原有条例相比，新条例更侧重于以新的经济分析方法作为分析限制性行为构成的基础。依据 772/2004 号规则，在签订专利许可合同时，当事人自行判断其合同中的限制性条款是否能够得到豁免，合同签订后市场的变化及合同的履行也会使条款成为不能得到豁免的条款。在判断是否属于限制性商业条款时，应首先判断合同缔结者之间是否为竞争关系，如果缔结专利技术转让合同的双方当事人为竞争关系，规则的适用相对于非竞争之间的合同要更加严厉。如依据 772/2004 号条例，对低于某些市场份额的技术许可合同给予集体豁免，即如果具有竞争关系的合同各方的总的市场份额加起来不超过相关技术市场和产品市场比例的 20%，则他们之间订立的技术转让合同就会被给予豁免，反之，如果许可合同的双方当事人之间不具有竞争关系，则各方的总的市场份额加起来不超过相关技术市场和产品市场的比例为不超过 30%，得到豁免的机会就更大一些。

第 772/2004 号条例对于限制性商业条款对合同整体有效性的影响进行了区分。一类限制性条款会影响整个合同效力，这样的条款被称为绝对无效性限制条款，如果在专利许可合同中出现此类条款，则导致整个许可合同无效，绝对限制条款不能得到豁免。属于绝对限制的条款如价格限制、某些情况下的产量限制等。另一类条款是影响条款本身效力的限制性条款，这类条款又被称为被排除的限制性条款，该类限制性条款的出现只影响条款本身。即尽管此类限制性条款不会得到豁免，但只是针对于条款自身，未必及于包含限制性条款的许可合同整体。此类条款主要规定在 772/2004 号条例的第 5 条中，第 5 条规定：“如果技术转让合同中包括有下列义务，则本规则第 2 条有关豁免的规定将不适用：（1）直接或间接要求被许可方将其对技术的改进排他性许可给许可方或者许可方指定的第三方;(2)直接或间接要求被许可方将其对技术改进的权利全部或者部分转让给许可方或者许可方指定的第三方;(3)直接或间接要求被许可方不得对许可方在共同市场中拥有的知识产权的有效性提出质疑。"

四、发展中国家立法对限制性商业行为的规范

发展中国家对限制性商业行为的规范一般采取单行技术转让立法的形式,针对技术进口行为加以特别规定,主要采取列举的方式明确规定限制性商业条款不得出现在本国国民所缔结的国际技术转让合同之中,否则,法律将否定合同的效力。在20世纪80年代,许多发展中国家制定了类似的规范,如巴西、墨西哥、阿根廷、菲律宾等国家,我国也正是在1985年发布了《技术引进合同管理条例》。发展中国家的技术转让立法主要是限制在当事人签订的技术许可协议中出现所列举的限制性商业条款,否则,协议的有效性将遭受质疑。这种列举的缺点是可能"挂一漏万",还会把一些随着时间推移被证明可能不恰当的条款固定在法规中,造成执法时的困难。此种列举方式的优点是能把"禁区"范围划得比较清楚,以免在订立协议时误入禁区,使执法者感到更有可操作性。

正是由于这种立法缺陷的存在,加之知识产权全球化的发展,许多国家开始着手修订技术进出口的立法,墨西哥在2004年颁布创新法,制定新的措施引进先进技术,加强本国创新能力。我国在2001年颁布新的技术进出口管理条例之后,近期也在着手修订新的规范,同时,在《反垄断法》中对行使知识产权可能引起的垄断行为进行了首次规范。发展中国家对于限制性商业条款的规范开始进行转型,由单纯地限制逐步转向与对市场竞争的影响相联系,摸索以反垄断法加以规范的新途径,既未完全废止原有立法,也在不断尝试使用新的法律途径对限制性商业行为加以规范。

第三节 国际专利联营中的限制性商业行为

一、专利联营的含义与类型

1. 专利联营的含义

专利联营是指两个以上的专利权人相互订立的将各自所拥有的专利权或者专利许可权许可对方或者共同授予第三方的一种专利许可方式。专利联营又被译为"专利池",其典型特征是不同的专利权所有人将各自所有的专利集中起来进行经营。专利联营是专利交叉许可的一种复杂化表现形式，是一种多向交叉许可，参与专利联营中的各种专利技术具有互补的特性。

随着经济的发展，组成专利联营的动机也趋于复杂化。但不同专利集中并组合在一起源于对相互所持有专利的需要，这种需要在技术飞速发展的时代尤为明显。如在原有专利技术的基础之上出现了建立在原技术方案之上的新专利技术，其往往被称为"第二专利"，第二专利的实施必然涉及如何对待原有专利权人的独占权利，双方为了获得所发明技术带来的最大利益，并避免第一专利被颁发强制许可，往往会采取自动交叉许可的方式，相互许可使用彼此的专利。尽管专利权人所拥有的专利并非为彼此继受，在其中一方专利基础之上获得的专利，但由于生产某种产品会同时需要这两种专利技术，不同专利的权利人也会谋求彼此专利技术的交叉许可，获取利益。

2. 专利联营的类型

（1）依专利联营的开放程度划分

依照将专利集中的方式不同，其形成的特征也不同，在专利联营中，交叉许可是专利联营的基本特征之一，依其表现形式不同，专利联营可以分为封闭型专利联营与开放型专利联营。

封闭型专利联营是一种纯粹交叉许可型专利联营，在这种类型的专利联营方式中，专利交叉许可合同的当事人为各自拥有专利技术的权利人，基于对彼此技术的需要而结成专利联营。这种专利联营只在组成专利联营的企业内部进行交叉许可，并不对外开放，也不会制定对联营外第三方的专利许可条款。开放型专利联营又可以称为管理机构型专利联营，在这种模式下专利联营将不同的专利集中在一起，然后设立一个独立的实体对所集中的专利进行管理，设立关于专利群的共同许可条款，免去被许可方分别与不同专利权人进行谈判的麻烦，统一将专利许可给需要专利技术的第三方。这种专利联营模式的优势是可以节省社会成本，当一专利权人要将其技术在商业领域中实施时，不需要向所有相关的不同专利权人申请许可，并就许可费用分别进行谈判，这就会提高将专利技术在商业中实施的速度，与专利法最本质的目标是一致的，同时也必然省去当事人巨大的交易成本。

（2）依联营内部专利技术是否存在互补性划分

在专利联营中，技术所有人将领域内相关的专利技术集合在一起共同对外许可，这种情况下，依据专利技术之间彼此是否存在互补性，可以将专利联营划分为互补性专利联营与非互补性专利联营。互补性专利联营是指寻求相互许可的专利技术之间具有互补的关系，只有相互结合才能发挥最大的效能，制造更为完美的产品，互补性专利联营多出现在封闭型专利联营之中。非互补性专利联营则相反，专利技术的集合是为了对外许可的方便，节省单独谈判的费用，甚至有专门的机构将同一领域的专利技术分别与专利权利人谈判，将专利技术集中在一起共同经营。这种专利联营就会出现若干专利技术之间彼此关联不大，不具有互补性，多出现于开放型的专利联营之中。

(3) 依据专利联营是否存在涉外因素划分

依据专利联营是否存在涉外因素可将专利联营划分为国际专利联营与内国专利联营。当参与专利联营的专利技术所有人来自不同的国家，居所地或营业地位于不同国家境内时，专利联营属于国际性的专利联营。如果专利联营中无涉外因素则为内国专利联营。专利联营更多情形下是不同国家企业间跨国合作的结果，多属于国际性专利联营。其特点是：首先，不同技术要在同一国家内取得专利权。由于专利联营的国际化因素很强，专利技术的来源国家较多，存在一些技术在某几个国家境内为专利技术，而在其他国家则并未申请到专利权的情形。专利联营若在某一国境内进行技术的整合经营，所有参与联营的专利技术应当在同一国家全部拥有专利权。专利联营的对外许可必然与特定国家相关联，受让方应当明确其所获得的技术是否在该国境内全部拥有专利权，一些只在其他国家境内被授权的技术，不能在其本国境内同样以"专利"的形式对外许可收费。其次，可以提高技术的跨国利用。专利联营是国际市场竞争不断加强，企业之间需要彼此合作的结果。不同国家专利技术所有人通过合作，将各自的先进技术联合，增强了技术的跨国利用，加强了专利技术的国际合作，有利于整体技术水平的提高。专利技术的跨国利用，在相当程度上节省了技术转让当事人跨国取得技术实施许可的经济成本与时间成本。

二、国际专利联营的垄断威胁

专利联营并非是现代的产物，专利法律制度出现不久，就出现了不同专利权人为了实现技术上互补已经开始将专利技术合并经营的行为。关于专利联营的国际法规范是《国际技术转让行动守则（草案）》中的限制性商业条款规范部分，其中将专利权人的互授许可行为作为限制性商业惯例的一种表现形式。继《国际技术转让行动守则（草案）》之后，一些发展中国家也将此行为归入限制性商业惯例之中加以规范,而发达国家则与对待其他限制性商业条款的态度相同,以反垄断法规范专利联营问题。专利联营本身是企业在市场竞争中在技术方面加强合作的表现,是专利许可贸易类型的一种。但当不同的专利技术集合在一起时,尤其是来自不同国家的先进企业结合在一起时,不同专利权人所控制的企业结成某种意义的联盟,在专利实施地国便存在形成垄断的威胁。这种垄断地位使控制人可能在技术的许可中强加给被许可方限制性的商业条款,利用专利联营这种专利许可形式破坏市场经济秩序,许多国家考虑以反垄断法对此种行为加以规范。专利联营的优势在于可以将不同的专利技术集中起来发挥专利技术更大的价值,有利于促进市场竞争的优化,生产出更优质的产品来满足消费者与社会的需求。但同样,这种专利联营的出现,往往使优势企业联合起来,利用专利权本身的独占权与自身实力,实现价值的最大化、控制产品市场,构成对市场的垄断。专利联营模式也同样会由于共同设置专利许可的门槛,由于专利权人本身拥有专利独占使用权享有垄断优势地位,在这种模式下,强化了优势地位。在技术许可合同中规定限制性商业条款,如果专利联营构成垄断,这种对受让方的限制就会因为滥用市场支配地位触犯反垄断法,而受到反垄断法的规制。

鉴于国际专利联营模式会出现限制竞争行为的可能,在承认通过专利联营所带来的社会价值,鼓励专利联营进行的同时,国家应对在组建专利联营过程中,可能出现的滥用市场支配地位及限制竞争的行为予以规范,以维护市场竞争秩序。

三、国外反垄断法对专利联营的规制

专利联营的模式已经在我国的一些行业出现,我国的一些企业在实践中也遭遇了来自专利联营的集中压力,典型如我国 DVD 行业的 3C、6C 专利池。西方发达国家在近年出台了若干明确对专利联营法律态度的法律文件,如美国 1995 年的《知识产权反托拉斯法指南》,2007 年《反托拉斯执法与知识产权:促进创新和竞争》,欧盟 2004 年《关于对若干技术转让合同适用条约第 81 条第 3 款的第 772/2004 号条例》,日本 1999 年的《专利和技术秘密许可协议中的反垄断法指导方针》等。

(一)美国

1. 美国判例法

最早进行专利联营的案例是 1856 年关于缝纫机的一起专利联营案例,这

种缝纫机可以用线织物，在这些机器发明之前，人们只能用手工缝纫，发明这种设备最早的努力要归属于查里斯·弗瑞克，他出生于德国，但在英格兰工作，1755年在英国申请了该项专利，随后在其他国家也相继出现了许多关于改造缝纫机的专利，被告将不同的专利交叉许可得到更优良的设备。巧合的是，在整整一个世纪后，1956年的美国诉波斯保罗钢铁公司案（United Stated v. Birdsboro Steel Foundry &Mach. Co., Inc），也对同一类型的专利联营案进行了审理，并且认为将冷处理机床专利交叉许可完全是整套设备所必需，专利联营是必要的。从上述案例，我们可以看出美国对待专利联营的态度。美国的反托拉斯署也认为，专利联营可以为社会带来纯粹的收益，但最近的一些案例也显现出了美国对待专利联营开始持一种审慎的态度，这种审慎态度源于专利联营家族的势力越来越强大，针对专利联营所发生的反垄断调查也越来越频繁。自第一起专利联营案出现，美国已有近一个半世纪的历史，在这期间，关于专利联营的立法也有着起伏较大的变化。❶ 在1912年的Standard Sanitary Manufacturing Co. v. United States案中，美国联邦最高法院作出这样的判决：专利联营免受任何依据反托拉斯法进行的诉讼调查。这种态度在1945年的哈特弗德诉美国（Hartford-Empire Co. v. United States）一案中受到挑战，在该案中，几家较大的玻璃制品生产商所组建专利联营生产的玻璃制品占到了美国全国总额的94%，而且所有专利联营的成员均将价格维持在了一个不合理的高价位。❷ 1977年始美国反托拉斯机构制定了对私人商业许可行为反垄断调查的具体程序，在美国反垄断法中确立的基本原则依然适用于专利联营领域出现的限制竞争行为。

2. 1995年《知识产权许可反托拉斯指南》

1995年的《知识产权许可反托拉斯指南》（以下称"指南"）更加明确了对待专利联营的态度。指南认为，下列情形下，专利联营不违反竞争：

（1）所组合的技术具有互补性；

（2）降低了交易成本；

（3）去除障碍地位；

---

❶ See Steven C. Carlson, Note, Patent Pool and the Antitrust Dilemma, 16 YALE. ON REG. 1999: 359, 373.

❷ Hartford-Empire Co. v. United States, 323 U.S. 386, 436-37.

（4）避免高成本侵权诉讼；

（5）促进技术传播。

但在下列情形下，则专利联营违反竞争：

（1）被排他的公司不能在相关市场上进行有效竞争；

（2）在相关市场上，专利联营的成员集体占有了市场支配力，并且

（3）对参加成员的限制没有合理地发展和利用联营中的专利技术。

在美国随后的反垄断法实践与解释中，判断专利联营中所包含的专利之间的许可是否构成反竞争行为的标准侧重于判断组成专利联营的技术之间是否具有"互补性"的实质技术。当专利联营所集合的专利之间形成互补关系时，专利联营就被认为是有利于促进竞争的，这在指南的规定中已有所体现。指南中所指是否为被排他的公司，主要考虑是否允许其他人平等加入，这当然并不要求专利池联营对所有人都开放，只有在对相关市场拥有市场支配力的专利联营成员之间的排他性条款，在某些情况下可能才会损害竞争。所谓对参加成员的限制没有合理地发展和利用联营中的专利技术，指专利联营的要求是否限制了其成员开发可替代技术，阻碍技术创新，这样也会产生反竞争效果。

3. 2007年《反托拉斯执法与知识产权：促进创新和竞争》

在2007年美国公布的《反托拉斯执法与知识产权：促进创新和竞争》中，在第三章对专利的交叉许可，尤其是专利联营行为，是否有利于竞争还是具有反竞争效果进行了专门的分析。在美国的《反托拉斯执法与知识产权：促进创新和竞争》中，在一次对专利联营与竞争的关系进行分析，该文件中的基本态度是，专利联营原则上是有利于竞争的。采取此种态度的原因是美国认为专利联营可以减少交易费用，减少交易费用的直接结果就是社会购买产品的成本降低，可以增加社会福利。而且，专利联营还可以因为集中经营，而使专利技术所有人降低专利技术的总许可费用，也有利于社会效率的提高。从这一分析中，我们可以看出，美国对于专利联营所持的态度是积极的。当然，美国并不否认专利联营所带来反竞争的可能性，但美国坚持认为，不能由此认为专利联营本身具有，或一定会造成反竞争的效果，至于某一专利联营是否构成违反托拉斯法，要在个案基础上结合反竞争效果进行分析。

无论从美国的立法、判例实践，还是学者的论述中，都可以得出这样的

结论，以鼓励、支持专利联营为根本，只有在专利联营集体的确占据市场的极大部分份额，对竞争产生威胁时，才会适用反垄断法。

（二）日本

日本公平交易委员会1999年颁布的《专利和技术秘密许可协议中的反垄断法指导方针》（Guidelines for Patent and Know—how Licensing Agreements under the Antimonopoly Act）中对专利和技术秘密许可，包括交叉许可等多种许可方式进行了规定，主要目的也是为了保护日本的市场秩序，促进竞争。

在该指导方针中，首先承认专利权等知识产权在一定范围内享有的独占权是合法的，同时也规定了判断许可过程中的某项行为是否违反竞争的初步标准。公正交易委员会认为：专利许可协议由于包含了对地域或使用领域的限制，可能成为不合理贸易限制和私人垄断行为的一部分，或者可以用作达到反竞争的效果的手段。因此，不管是双方达成的交叉许可协议还是三方或多方当事人达成的专利联营协议，它们都存在被用来相互限制商业行为的倾向和可能。❶ 日本的这一反垄断法指导方针，在很大程度上借鉴了美国与欧盟的立法与理论，同样提出了特定产品技术市场的概念，并对限制竞争行为分列三类：一类为原则上属于不公正交易方法并违法的限制；二为在某些情况下属于不公正交易方法并违法的限制；三为原则上并不属于不公正交易方法的限制。这种规定类似于创始于美国的"类选法"，它是为了寻求简化原来冗长复杂的分析方法，目标是找到和鉴定一些限制措施。这三类分别为：一类是那些"极有可能死"的限制，这些被认为是本质违法；另一类是那些需要合理性规则详细分析才能决断的限制，第三类是那些推定是合法的限制。

（三）我国专利联营的规范

从思科案到DVD案，我国第一次直面专利联营问题，这些来自专利联营的权利行使使中国的企业受到打击，这一点是不容否认的，尤以DVD案为显著，甚至被称为中国的"专利池之痛"。1995年以来，以飞利浦、索尼、先锋3家跨国公司组成的"3C集团"和东芝、三菱、日立、松下、JVC、时代华纳6家跨国公司组成的"6C集团"为主，对我国DVD行业与企业联合发

---

❶ 国家知识产权局条法司.《专利法》及《专利法实施细则》第三次修改专题研究报告［M］. 北京：知识产权出版社，2006：1271.

布 DVD 规格标准，实施专利联营许可协议，强行推行"专利池"模式的"一揽子许可"，使我国的 DVD 企业不仅交出了巨额的专利使用费，而且丧失了原本占有世界 DVD 市场 80% 市场份额的优势地位，这种打击不能说不是沉重的。我国近年也加强了对于专利联营的规范力度。

1. 反垄断法

我国对专利联营的规范还主要体现在《反垄断法》第 55 条中，该条并未明确针对专利联营，但规定经营者滥用知识产权，排除、限制竞争的行为适用反垄断法，其范围应当包含专利联营。我国对于专利联营尚未有明确的法律规定，从专利联营的发展趋势来看，正确对待专利联营可能带来的垄断，合理规范其中的限制性商业行为对于我国市场经济的发展是重要的。专利联营中出现的限制性商业行为，可以借鉴其他国家较为成熟的立法，以对其是否应适用反垄断法加以规范。

适用反垄断法时，需要理解的一个重要概念是市场支配力。市场支配力是控制某一领域市场的能力，在西方国家的反垄断法中，一企业并不仅仅因为具有市场支配力就会遭受反垄断法的处罚，只有在其市场支配力足以影响自由竞争的时候，才会受到反垄断的调查。一项专利技术许可的市场支配力并不能通过许可的内容确定，因为一项专利技术有可能在几个不同的领域实施，判断其市场支配力时，应首先界定市场。而无论"特定市场"还是"市场支配力"都是比较抽象的概念，美国也是在 1995 年的《知识产权许可反托拉斯指南》中，才对这一问题给出了较为具体的规范，主要体现在对限制性措施所适用的"安全地带"这一概念中。依据指南的规定：如果存在争议的限制性条款满足下列条件之一，就会被认为本质上缺少控制市场的能力，一种是如果相关产品或服务市场可以确定，那么许可贸易金字塔（许可者和被许可者）所占有的份额不得超过整个市场的 20%。只要相关的产品和服务市场能被界定，只要他们的分析恰当地验证了许可证协议对于竞争的影响，就不需要采取更多的分析步骤。另一种情况是如果产品或服务市场无法确定，无法取得正确的市场份额的数据或者产品和劳务市场分析不足以提出许可协议反竞争的效果，那么第二个检验就需要进一步的分析。在这种情况下，关注的是相关技术市场或创新市场上竞争者的数目，只要有四项或四项以上的独立控制技术作为许可技术的代替，但许可协议中包括的除外；只要在相关创新市场上有四个或四个以上的独立控制单位，而此许可协议也就处于安全地带。❶ 这一判断方法在美国又被称为"数目五规则",依据安全地带的这一规定,如果在同一领域有五家竞争企业或一企业所占有的相应市场份额没有超过五分之一,就会被认为对市场不具有控制力,即没有威胁竞争秩序市场支配力。欧盟在《关于对若干技术转让合同适用条约第81条第3款的第772/2004号条例》中,对美国的做法进行了进一步的发展,增加了许可方与被许可方之间是否为竞争者的判断,对于非竞争者之间的技术许可合同中出现的限制性商业条款是否违反法律,放宽了市场份额的界定,放宽为占有市场30%的份额。我国为防止跨国企业利用独占权的联合增强垄断地位,危害自由竞争秩序,应当对国际专利联营的限制性商业行为给予规范,借鉴"市场支配力"等概念。但市场支配力这一概念并非是可以孤立存在的,它形成于美国反垄断法的整体法律体系与框架之中,与"创新市场"、"水平限制协议"、"垂直限制协议"等规定互为一体。我国目前《反垄断法》已经生效,对于知识产权可能产生的垄断问题也给予明确肯定的态度,尽管只有第55条进行了规范,已为专利联营的反垄断法规范提供了法律上的依据,但还需要更加明确的法律规范。

2. 专利法

我国《专利法》第1条即规定:"为了保护专利权人的合法权益,鼓励发明创造,推动发明创造的应用,提高创新能力,促进科学技术进步和经济社会发展,制定本法。"专利法立法的本质目的是保护专利权人的独占权,促进技术创新与技术实施,以推动社会的进步。因此,在专利法内容中,主要规范专利权的条件、专利的申请、专利申请的审查和批准、专利权的期限、终止和无效、专利权的保护及侵害专利权的行为与赔偿等内容。专利联营所带来的垄断问题由反垄断法规范更为合适,这不仅能够使对反垄断的规范与法规体系一致,而且与法律的立法目的与宗旨保持一致。尽管如此,专利法中仍然可以对专利权滥用造成的垄断行为加以调整,如我国在《专利法》第三次修订中,增加了对于专利权人行使专利权可能限制竞争行为的规范。规定专利权人行使专利权的行为被依法认定为垄断行为,为消除或者减少该行为对竞争产生的不利影响的,可以给予实施发明专利或者实用新型专利的强

---

❶ JAY DRATLER,JR.. 知识产权许可[M]. 王春燕,等译. 北京:清华大学出版社,2003:596-597.

制许可，这也是我国立法上的进步，可以成为对专利联营进行规范的法律依据。

美国自1856年专利联营案之后，对于专利联营的调整已经有近一个半世纪的立法经验，这其中，专利联营的立法过程经历了异议、完全合法到以反垄断法在一定程度上规范的改变，即使时至今日，在美国对专利联营所带给社会的价值与贡献也是持肯定的态度的❶，并认为，专利联营是工业发展到一定阶段的必然产物，任何一项设备或机器所含有的专利技术绝不仅仅只有一项或者完全由一人或一家公司所有，技术的迅速发展，使越来越多的专利技术所有人控制着同一项产品所必须包含的技术，那么，专利联营的出现也是必然的。专利联营使不同专利技术集合在一起，一方面节省了不同专利权人相互磋商的成本与费用，也使得技术能够以更快的速度投放市场，为社会创造效益，可以说，专利联营在某种程度上还对控制单独的专利权人享有独占权发挥作用。

因而，我国的立法必须对专利联营应当首先采取鼓励发展与认可的态度，然后，再在借鉴他国反垄断法管制经验的基础上对专利联营所带来的对市场的负面影响给予规范，不能片面强调对专利联营的管制，忽略了专利联营的社会价值，否则会对技术的进一步发展造成阻碍。

第四节　国际技术标准中的限制性商业行为

一、国际技术标准与专利

1. 国际技术标准与专利的结合

专利权具有独占排他性，从本质上说，与国际技术标准的普遍适用性是不相容的。国际技术标准强调技术方案可为国际市场上竞争者采纳的高水平通用技术方案。而专利技术是为法律所保护的，未经权利人许可，任何人不得使用的技术，两者从本质上讲是冲突的。随着经济的发展，市场竞争日益激烈，越来越多的专利技术被制定为标准，专利技术之标准化趋势已经不可回避。归根结底，专利技术与技术标准并非有着不可协调的冲突，两者的结合是市场经济发展的选择与必然结果，主要由以下原因所决定。

---

❶ ROBERT P. MERGES. Institutions for Intellectual Property Transactions: The Case of Patent Pool [R]. Aug. 1999 Revision.

(1) 追求目标一致

随着市场经济的发展，技术的标准化不仅要为消费者提供可靠的产品与服务，还应提供更为先进、竞争性更强的产品与服务，这就加强了标准化制度对更为先进技术的需求。当先进技术被制定为标准后，技术的持有人会因而在市场上获取更大的利润空间，会刺激技术持有人不断完善技术方案，满足标准的要求。这在一定程度上，激励了社会的技术创新与先进技术的研发。专利制度的目的显然与此吻合，即通过给予技术发明人私权的保证，激励技术的技术创新，标准化制度与专利制度设定目标的一致性，决定了专利技术标准化的必然发展趋势。

(2) 两者均可实现降低成本、优化资源功效

国家推行标准的目的之一就是为了优化经济结构，促进资源的优化配置，使不同产品之间形成良好的衔接。专利权的获得需要技术方案的公开，公开的目的同样是为了避免不必要的资源浪费、降低成本，专利权取得的实质性条件决定了专利技术的先进适用性，使专利技术的技术要素逐步成为标准追求的目标。

(3) 国家与企业利益最大化的必然选择

将国家标准与专利技术相结合，可以在对外贸易领域成功确立一国的技术壁垒，为本国的贸易政策服务，既可以保护本国相关的产品市场，又可以确保本国在该行业领域的技术优势，实现国家利益的最大化目标。企业将标准与专利技术相结合，既可以实现在行业领域的垄断优势地位，也可以实现商业利润的回报，专利标准化就成为国家与企业利益最大化的必然选择。

2. 专利技术标准化的趋势走向

专利技术标准化能够为一个国家、一个企业赢得竞争优势，专利技术标准化也同样是出于国家经济利益的考虑，技术标准作为人类社会的一种特定活动，已经从过去主要解决产品零部件的通用和互换问题，成为国家实行贸易保护的重要壁垒，提高国家竞争力的重要措施。国家制定出一系列货物进口的技术标准，这些标准以专利技术为基础进行编制，无法达到专利技术标准的进口产品，就会丧失出口机会和境外的市场份额，而一些重要货物的出口直接影响了一个国家的出口贸易能力，参与标准的制定，将专利转化为技术标准成为国家维护经济利益重要手段之一。

专利标准化决定了同行业领域未来的发展趋势，成功将所拥有的专利技

术制定标准的企业，就会便捷地占据市场竞争优势，提高国内企业的整体技术水平。此外，出于专利权的排他性，被制定为标准的专利技术还可以通过向所有使用专利技术的企业收取许可费获得商业利益。

二、国际技术标准壁垒

（一）技术标准壁垒

1. 技术标准壁垒

壁垒的基本含义是进入另一领域的障碍，贸易壁垒（Trade Barrier）是指一国对外国货物或服务进口所实行的各种限制措施，一般可分关税贸易壁垒和非关税贸易壁垒两种。技术壁垒是属于非关税壁垒，源于各国政府所采取的技术贸易措施。技术贸易措施是指出于保护人类、动植物生命和健康、保护消费者权益、保护环境、保护国家安全等合理目标而采取的必要的技术措施，其中技术标准是必要技术措施的表现形式之一。

随着进出口货物中技术含量的增加，为了保护本国市场，许多国家制定了很多严格的技术标准，排除达不到本国技术标准的货物进入本国境内，该国制定的此类技术标准就成为货物贸易的障碍，被称为技术标准壁垒。

2. 技术标准壁垒的国际法规范——TBT协议

随着市场竞争的激烈，一些发达国家制定的技术标准也越来越多，而且将技术标准应用到限制国际贸易当中，禁止不符合其技术标准的货物进口，技术标准成为技术性贸易壁垒。技术性标准要求的目的应是为维护国家安全、保障人类健康、保护生态环境、防止欺诈行为及保证产品质量，但当其被利用为限制国际贸易的一种手段时，就会造成不公平的现象，引发贸易争端。1970年，在美国的推动下，关贸总协定正式成立了一个制定技术标准和质量认证法规方面的工作组，起草《技术性贸易壁垒协议》。在东京回合中，就技术法规、标准与认证制度的制定与实施、确认合格以及处理争端的仲裁机构及其程序等内容达成了一致，1979年4月正式签署《技术性贸易壁垒协议》（Agreement on Technical Barriers to Trade），1980年1月1日正式生效，这是历史上第一个世界性的、全面规范技术标准的法律文件。TBT协议就是《技术性贸易壁垒协议》的简称，该协议的宗旨是规范各成员实施技术性贸易法规与措施的行为，指导成员制定、采用和实施合理的技术性贸易措施，鼓励成员采用国际标准和合格评定程序，保证包括包装、标记和标签在内的各项技术法规、标准和是否符合技术法规和标准的评定程序不会对国际贸易造成不必要的障碍，减少和消除贸易中的技术性贸易壁垒。乌拉圭回合达成的 TBT 协议，具有重要的意义，进一步强化了对违反协议的行为实行制约的机制，在消除贸易技术壁垒、促进国际贸易发展方面发挥了积极作用。

根据 TBT 协议，技术性贸易措施可分为技术法规、标准和合格评定程序三类，为了确保成员的技术法规不对贸易造成不必要障碍，协议要求成员有义务基于国际标准制定技术法规。如果成员制定与现行国际标准不符的强制性技术法规，应遵循一定的程序性规则，在通过该技术法规时，应公开发布通告并通知世贸组织秘书处，且在通过此法规之前，必须提供足够的说明。同时，TBT 协议也规定，不能阻止任何成员为了保护国家安全、防止欺诈行为、为了人的安全和健康、为了保护动植物的生命和健康、为了保护环境，在它们认为适当的程度，制定本国的技术法规或标准，但不能给国际贸易造成不必要的技术障碍。按照 TBT 协议的原则，当技术法规对贸易的限制超出了为达到预定正当目的所需的程度，或技术法规的制定非出于正当目的时，就构成了法律所禁止的技术性贸易壁垒，被视为滥用。该协议在防止利用技术法规、标准和认证制度作为贸易保护主义的工具方面起到了一定的积极作用，但协议的不足之处也是显而易见的。首先，一些规定缺乏可操作性，对标准化等问题仅作了原则性规定；其次，协议有许多例外规定，为各国制定技术性贸易壁垒留下很大的自由空间。

3. 国际技术标准壁垒中的专利许可

应对技术标准壁垒的法律对策，从不同角度可以有更专业性的论述，但当技术标准中含有专利技术时，企业或者作出新的技术创新，或者得到该国标准中专利技术权利人的专利许可，这也是国际技术标准壁垒促进专利技术跨国转移的一个重要表现。

由于国际技术标准壁垒中产生的专利许可是技术标准专利许可问题的一部分，与技术标准制定中使用专利技术产生的许可具有一致性，在技术标准中专利许可的政策同样适用于国际技术标准壁垒中的专利许可。

三、国际技术标准中的限制性商业行为

（一）许可涉及的问题：私权与公共利益的冲突

在专利制定为技术标准后，无论是制定为国际标准，还是成为国家标准，无论是推荐性标准还是强制性标准，都会面临这样一种冲突，即专利权

作为私权与标准作为公共准则影响到的公共利益之间的冲突，只是不同类别的标准，冲突程度有所强弱而已。

1. 冲突的体现

专利权作为私权，无论在各国国内专利立法，还是TRIPS等国际公约中，都可以找到相应的法律依据。专利权人作为私权的控制主体，依法享有对专利技术的独占实施权，以充分发挥专利权的最大化价值，未经权利人许可，任何人不得以生产经营为目的，实施其专利技术，这是专利权私有性的重要体现。

国际标准化组织制定的技术标准为推荐性自愿使用的标准，国家内部制定的标准则可以区分为强制性标准与推荐性标准。强制性标准的公共利益属性十分明显，它要求进入该领域的生产企业都要适用国家强制性标准，具有法律上的约束力，在许多国家以技术法规的形式确定该技术标准的强制性效力，违反法律规定不实施规定的技术标准，未充分实施技术标准等行为导致产品出现质量等问题时，要受到法律的处罚。推荐性标准为企业所自愿采用的标准，无法律强制性约束力。推荐性标准制定后，已经在该行业参与市场竞争的企业与拟进入该行业的新企业，只要其非专利技术持有人，都要面临是否采用专利技术生产产品的问题。诚然，这些企业可以不采用该行业推荐性标准，但其产品的生产将面临以下三个难题：

（1）行业标准往往代表先进适用的产品技术，不采用该行业标准将很快失去市场竞争力；

（2）行业标准的优势不仅影响专利技术产品本身，还将影响该产品的上下游产品部件的生产与销售，市场上该行业领域的上下游产品为符合技术标准会趋于实现统一的规格，如果不采用技术标准，本企业产品制造与销售都将受限；

（3）尽管在本国为推荐性标准，在国外却为进口货物所必须满足的技术标准（技术标准壁垒），企业若想保有或开拓境外市场，将货物成功出口至境外，就必须使用专利技术标准。

国际推荐性标准与国内推荐性标准所面临的问题是同样的，国际竞争力越强的企业满足国际技术标准的要求越高，企业如果不采取国际技术标准，所面临的难题与国内企业也是相同的，即丧失竞争力，无法与国际同类产品市场实现兼容，无法跨越国际技术标准壁垒。

2. 冲突解决的基本路径

这些难题使得在同行业竞争的其他企业（如果不选择退出市场）并无太多的选择，要么使用专利技术满足技术标准的要求，要么创新出本企业更为先进的技术，提升市场竞争力。这也同样使得在专利技术成为技术标准后，对于技术许可法律问题的研究变得迫切，尽管此种国际专利技术许可是一种被动型的许可，尽管获得国际专利许可也许是企业竞争过程中的一种过渡，专利技术标准的出现终究是促进了专利技术的国际转移。使用专利技术的必要性与专利权的排他性冲突已经摆在法律面前，解决此种冲突的唯一路径是限制专利权人的排他权。限制性专利权之排他权的目标是使意图需要获得专利技术使用权者只要支付了相应的对价，就可以实施专利技术，专利权人拒绝许可的权利要受到限制。

（二）国际技术标准中限制性商业行为的表现

在专利标准许可过程中的限制竞争的行为属于限制性商业行为中的一种，限制性商业条款一般表现为专利标准的许可方对被许可方施加的不合理限制，但确定哪些条款属于限制性条款，是否属于滥用专利权的行为，需要参考各国的具体法律规定。

1. 专利权人拒绝许可的行为

在标准的制定过程，由于专利技术的先进适用性被标准制定组织通过程序制定为标准，但随后也出现了专利技术所有权人利用其合法专有权拒绝许可的行为，有时会出现这样的情况，专利技术所有人在参与标准制定时故意不透露该技术已经得到专利授权的信息，主要目标是将技术指定成为标准技术。一旦技术成为标准，权利人利用自己拥有合法专利权，拒绝对外许可。

拒绝许可行为具有一定的特殊性，首先，专利权人依据专利法律制度拒绝许可是合法行为，但当专利与标准结合时，权利人的拒绝许可行为会损害其他标准使用企业的利益，也可能形成垄断对市场竞争造成威胁。考虑到此种情况的发生，多数标准制定机构都已经在政策上对标准制定涉及的专利问题作出了规定。以国际标准化组织的对涉及专利为制定标准的政策为例，如参与标准的当事方应当提请国际标准化组织注意专利技术的存在，如果技术标准提案在技术领域审查阶段被接受，那么提交人应当逐个向专利权权利人寻求同意许可的声明，即指权利人同意在非歧视与合理的情况下，同意对全球范围的愿意获得许可的另一方进行专利许可的磋商，否则，国际标准化组织将不继续考虑此提案,除非得到特别授权。❶ 但直到目前为止,尚未有对权利人强制要求必须对所有要求许可的当事方必须给予许可的规定。如果拒绝许可行为对竞争造成危害,则可能遭受反垄断法的规范。

2. 搭售

搭售是指专利权人在专利许可合同中,强迫被许可方只能购买其销售的产品,而这些产品又并非专利许可合同所必须,这时就已经对被搭售的产品形成了垄断。搭售的主要弊病是将市场支配力的重心从许可知识产权或受保护的产品和服务的市场转移到其他无关的市场,以及由此导致的不在许可知识产权范围的市场中的竞争。❷

3. 独占性返授条款

返授条款又被称为单方面返授条款,是指专利权人要求被许可人将其因使用专利权人许可的专利技术而取得的后续改进技术回馈给许可人,并无偿独占许可其使用的合同条款。改进后的技术应当归技术改进人所有,这是一般的原则,即使被改进的技术是建立在专利权人专利技术基础之上,也不能够成为专利权人对被改进的技术进行限制的借口。但由于专利权人害怕失去自己的商业利益,就有可能要求被许可方,即技术的改进方将技术进行回馈。当回馈不具有排他性时,返授条款有利于鼓励和促进新技术的推广和传播,后续改进技术本身也可以看做是原始技术投资的某种回报。

4. 限制对专利权有效性提出异议条款

该条款限制被许可方对专利权有效性提出任何异议,主要出现在以数个专利标准共同许可的情形。该种条款明显违反了竞争原则,使本不应具有市场垄断地位的一方,利用效力具有异议的专利获取了市场的垄断利益,而这种垄断利益的获得是以该国同领域市场上牺牲其他竞争者的利益为代价的,同样也是对社会收益的一种抵销,该种条款就应当被确定为限制性条款。

(三) 规范技术标准中限制性商业行为的特殊性

1. 限制权利人的专有权

国际技术标准中的限制性商业行为具有特殊性,就是其必然与技术标准

---

❶ ROBERT P. MERGES. Institutions for Intellectual Property Transactions: The Case of Patent Pool [R]. Aug. 1999 Revision.

❷ JAY DRATLER, JR.. 知识产权许可(下)[M]. 王春燕,等译. 北京:清华大学出版社,2003:639.

结合形成其他竞争者无可匹及的绝对垄断优势。与专利联营中出现的限制性商业行为不同，在国际技术标准中出现限制性商业行为，无须对企业的垄断性加以判断，成为技术标准本身已经具备天然的垄断优势，解决国际技术标准中限制性商业行为可能带来威胁的途径就必然具有一定的特殊性。这种解决途径的特殊性就在于不再依据具体情形维护专利权人的利益，而是明确限制权利人的权利。在对限制性商业行为的规范中，各国立法基本倾向于维护权利人的权利，但在技术标准中限制其权利的主要原因在于以下几点。

（1）权利与义务相对应原则

权利与义务作为法学的一对基本范畴，固然不可混淆，但又不可分割。没有无权利的义务，也没有无义务的的权利。权利主体往往同时也是义务主体，法律的精神是要求权利与义务的对应或对等。❶ 权利与义务在数量上是等值的。在具体法律关系中，权利义务互相包含，权利的范围就是义务的界限。❷ 权利与义务相对应原则隐含着一种基本的经济理念，价值利益的获取与付出是成正比的。

在专利权人将其专利制定为技术标准的一部分后，权利人对于技术的垄断权已经延伸至涉及此技术的行业垄断。美国联邦贸易委员会认为："确定标准的过程是一个取代竞争的过程"❸。在将专利权与技术标准连接后，专利权人在原有独占权的基础上，通过标准的"公共性"扩大了自己的垄断权，获得了更大的利益。依据权利与义务对等的原则，权利主体在其权利扩大的同时，其承担义务的范围也必然相应扩大，权利人在享有技术标准所带来利益的同时，也应当承担相应的社会义务，限制专利独占权，使其他竞争者能够更加容易地获得技术的实施权。

（2）社会经济整体发展优先于个体权利

个体权利不应成为整体经济发展的阻碍，标准制定组织并非在怂恿或倡导将专利技术制定为技术标准，而是由于在一定程度上，为了满足产品的安全、质量等要求，缺少可替代性的技术，或者专利技术在事实上已经主导了市场的技术标准。当然还有一种原因，就是出于国家技术、经济安全的需要

---

❶ 吕世伦，文正邦. 法哲学论［M］. 北京：中国人民大学出版社，2001：552.
❷ 张文显. 法理学［M］. 北京：法律出版社，2002：121.
❸ 王晓晔. "与技术标准相关的知识产权许可"中关于美国 N-data 案的评析［J］. 当代法学，2008（5）.

强行将符合要求的专利技术制定为技术标准。但无论哪一种原因，与技术标准产生的本质是相关的，即维护公共利益。

换言之，技术标准不仅影响着整个行业的公共利益，也在维护着公共利益，当专利技术为维护公共利益所必须时，专利权之上的个体权利必然要受到限制，个体权利不能成为社会经济发展的阻碍。专利权的独占许可权受限，国家应当保证其他竞争者获得标准中相应技术使用的权利。

2. 具体表现形式

限制专利权人独占实施权的表现可以解决专利技术标准中的冲突问题。在国际标准化组织、各国标准化组织的知识产权政策中均对这一限制有所体现，只是在权利限制的程度上存在很大的差别，承诺许可的具体实施与保障措施也不同。

（1）信息披露

标准化组织在制定技术标准过程中，是否要对所参加技术进行专利信息的核查有所不同，有的标准化组织会组织此项程序，而由于标准化组织的本身性质，加之专利技术的地域性特征，多数标准化组织没有设定专利信息的核查程序，而是将更多的精力投放在技术标准的制定过程中。也正是基于此，标准化组织一般要求了所参加技术标准的技术的专利信息披露义务，即要求参加技术标准制定的成员，对标准化组织拟制定为标准技术有关专利的信息主动加以披露。信息披露的对象是拟被制定为技术标准的专利技术。但一般而言，在标准化组织制定技术标准的实践中，只要求披露技术标准中的必要专利，对于非必要专利则不要求信息披露义务。必要专利是指实施技术标准所必不可少的核心专利，非必要专利则相反，实施技术标准可以选择采用，不影响技术标准本身的实施。专利技术信息披露的内容不仅包括参与标准制定的技术是否为专利技术这一信息本身，还包括有关能够证明其真实性的信息。

（2）权利的放弃与限制

一些标准化组织在确定将专利技术制定为技术标准后，一般会首先要求专利权人放弃专利权。由于技术本身会带给权利人更大的利益空间，许多专利权人会不惜放弃专利权，以保证技术可以被技术标准所吸纳。当然，也有许多情况下，专利权人并不放弃专利权本身，只要承诺可以对许可的权利适当加以限制。需要明确的是，由于标准化组织并没有法律上的强制执行权，无论是放弃专利权,还是对承诺给予专利技术的许可,主要取决于专利权人自身的判断与决定,其可以决定拒绝许可或者按照标准化组织所建议的法律形式进行许可。限制专利权权利的主要表现有:

1) 放弃收取使用费的权利

专利权人放弃收取使用费主要表现是同意免费许可,又被称为 RF (royalty-free) 许可,在此种许可承诺之下,专利权人并不放弃专利权,但对第三方专利技术的使用不再收取任何专利技术使用费,对他人的合理使用也不能提起侵权诉讼。与放弃专利权的差别是,在免费许可的情形下,专利权人还保有提出许可条件的权利,以及要求其他互惠性优惠的机会。

2) 签订统一的许可条款

在这种情形下,专利权人放弃了与不同技术使用人谈判的权利,而是适用统一的技术许可条款,这种许可方式又被称为合理非歧视许可,即 RAND (Reasonable & non-discriminatory) 许可。"合理"与"非歧视"均是针对专利权人与被许可方的专利许可条款的要求,要求专利权人与所有被许可方进行协商,签订非歧视与合理的许可条款,实施专利技术。

(3) 专利缺省许可义务

专利缺省许可义务是对专利信息披露义务的完善,也是解决在技术标准制定过程中出现技术所有人不披露专利信息,或技术标准制定后发现专利技术难题的一种方式。标准化制定组织并没有强制专利权人披露专利信息的义务,在实践中就会出现,专利权人在技术已经被成功制定为标准后才披露专利的情形。面对这种情形,标准组织通常或者重新提出承诺许可的要求,如果专利权人拒绝,该项技术标准只能被迫选用其他可替代性的技术,以避开此项专利技术的适用。如果无同类可替代技术,此项技术标准的提案就要被迫中止。无论出现以上哪一种情况,都会给技术标准的制定带来损失,专利权人的缺省许可义务相应而生。"缺省"的最初含义就是默认,是指在既定的条件下,当事人可以按照给出的方案进行选择,如果当事人没有进行特殊选择,就会自动默认当事人已经进行了其指定的选择。缺省义务许可是 AVS❶(Audio

---

❶ 此处的 AVS 是指 AVS 工作组(AVS 也可以指我国具备自主知识产权的第二代信源编码标准),具体指"数字音视频编解码技术标准工作组",工作组由我国原国家信息产业部科学技术司于 2002 年 6 月批准成立。工作组的任务是:面向我国的信息产业需求,联合国内企业和科研机构,制(修)订数字音视频的压缩、解压缩、处理和表示等共性技术标准。关于 AVS 的介绍来源于:[EB/OL].[2009 - 04 - 12]. http://www.avs.org.cn/.

Video Coding Standard Workgroup of China）专利政策上的一个创新，在国外的标准化组织的专利政策中都没有该项规定。其意义如下：

1）确定了会员的最低许可义务，即规定了会员最低必须对标准中含有的基本专利以 RAND 方式进行许可；

2）确定了会员提交提案中包含的专利技术的最低许可义务；

3）如果会员在"审阅期"结束时没有作出声明，将适用会员的缺省许可义务。由此规定可见，一旦会员不遵守披露义务，那么在审阅期结束后发现的新的专利，则适用缺省许可义务。也就是说缺省许可义务的引入减小了会员不履行披露义务的风险，即无论会员是否按照诚实信用原则规定，自觉履行披露义务，对进入标准的会员的专利，标准的实施者至少可以享受到 RAND 以上的许可方式。❶作为一项新的政策，缺省许可义务在保护被许可人的角度的确是有很好的作用，它通过在入会的时候就承诺最低的许可方式，一旦专利持有者不履行披露义务，AVS 工作组仍可以要求专利持有者按照缺省许可义务的承诺来对标准实施者进行专利许可，保证了标准的实施者都可以得到最低的专利许可。但是会员在入会的时候必须承诺缺省许可义务，否则无法成为会员，此规定也就是将披露义务作为一项强制性义务加以确认，是会员必须履行的，同时还要求缺省许可义务为 RAND 的会员披露未公开的专利申请，此举更体现了该专利政策的强制性。

（三）技术标准中的专利权强制许可

1. 技术标准中的拒绝许可行为

在标准的制定过程，由于专利技术的先进适用性被标准制定组织通过程序制定为标准，但随后也出现了专利技术所有权人利用其合法专有权拒绝许可的行为。有时会出现这样的情况，专利技术所有人在参与标准制定时故意不透露该技术已经得到专利授权的信息，主要目标是将技术指定成为标准技术。一旦技术成为标准，权利人利用自己拥有合法专利权，拒绝对外许可。

专利技术被指定为技术标准后，拒绝许可行为具有一定的特殊性，专利权人依据专利法律制度拒绝许可是合法行为，除非专利权人的拒绝许可行为阻碍了市场竞争，否则国家不会对权利人的单方拒绝许可行为进行规范。但

---

❶ 张平．美国国家标准制定中的专利政策［EB/OL］．［2009-07-03］．http：//www.fengxiaoqingip.com/ipluntan/lwxd-zl/20090301/3730.html.

当专利与技术标准结合时,专利权的利益与技术标准的公共性形成冲突,法律必须就其一进行选择性的保护。一旦专利技术被加入技术标准,权利人的拒绝许可行为会损害其他标准使用企业的利益,也可能形成垄断对市场竞争造成威胁。考虑到此种情况的发生,多数标准制定机构都已经在政策上对标准制定涉及的专利问题作出了规定。以国际标准化组织的对涉及专利为制定标准的政策为例,如参与标准的当事方应当提请国际标准化组织注意专利技术的存在,如果技术标准提案在技术领域审查阶段被接受,那么提交人应当逐个向专利权权利人寻求同意许可的声明,即指权利人同意在非歧视与合理的情况下,同意对全球范围的愿意获得许可的另一方进行专利许可的磋商,否则,国际标准化组织将不继续考虑此提案,除非得到特别授权。[1] 可见,为了防止权利人单方拒绝许可行为的发生,技术组织在将专利技术加入标准时,会首先要求得到权利人的合理非歧视许可承诺。

2. 强制性标准中的专利技术强制许可

如前所述,在标准化组织制定标准时,会首先要求得到专利权人同意许可的声明,否则标准化组织就会考虑其他替代技术,或将此项标准的制定暂时搁置。这种情形体现了对于专利权人利益的优先考虑,但这种处理方式是与标准的性质相关的,即采取此种方式处理与专利技术冲突的技术标准一般为推荐性技术标准,即标准无强制性效力。

强制性标准一般涉及国家在某一行业或某一领域具有重大利益的事项,这种技术标准必须能够提供国家的经济安全、消费者健康等的基本保证。除在效力上与推荐性标准不同外,与推荐性标准还有一项重要区别,即推荐性标准不是必须存在,企业可以选择适用,标准化制定组织也可以有选择地推出成熟领域的技术标准。而强制性标准不仅企业必须遵守,在一些重要领域还必须存在保证国际安全的技术标准。从法律的角度上,推荐性技术标准可以选择回避与专利权人独占权的冲突,而强制性标准则没有选择余地。当只有专利技术能够满足基本的技术要求时,专利技术必须被制定为技术标准,无论权利人同意与否。技术标准与专利权利益之间的冲突,也只能遵循公共利益优于私人利益保护的法理原则,专利权人要为技术标准的适用让步。如果专利权人拒绝许可,就会导致发放该项技术的强制许可。对纳入强制性国

---

[1] 张平.马骁.标准化与知识产权战略[M].北京:知识产权出版社,2002:55-56.

家标准中的专利实施强制许可，考虑到了使用标准的企业和消费者的利益，具有公共目的性或公益性。同时，由国家财政支付专利权人强制许可使用费，使专利权人得到了公平的补偿，具有补偿性。将专利纳入强制性国家标准是一种国家的单方强制行为，专利权人必须服从，具有强制性。[1]

对于技术标准的强制许可也许不仅仅适用于强制性技术标准，对于技术标准中专利技术的强制许可的判决在国外的判例中也有所体现。德国联邦最高法院关于 Spundfass 一案的判决和美国联邦贸易委员会关于 N-date 一案的决定都涉及专利的强制许可，内容丰富，意义深远。尽管两个案件的内容和结论不尽相同，但它们都体现了这样一个原则，即参与制定技术标准的专利权人负有更大的法律责任，即应当在公平合理的条件下向所有的企业开放它们的技术；另一方面，这两个案件也增大了参与技术标准制定的专利权人的法律风险，即在他们拒绝许可或不以公平条件许可的情况下，他们的知识产权极有可能被实施强制许可。[2] 因而，对于专利权的维护是建立在无损于公共利益维护的基础之上的，强制性标准中的专利技术不能单方拒绝许可。当然，无论是推荐性与强制性技术标准中的专利权人自愿许可，还是强制性技术标准中的专利强制许可，都会对专利权人的许可作出补偿，支付相应的专利使用费，专利权人被削弱的仅仅是拒绝许可的权利。

---

[1] 张平. 美国国家标准制定中的专利政策 [EB/OL]. [2009-06-11]. http://www.fengxiaoqingip.com/ipluntan/lwxd-zl/20090301/3730.html.

[2] 王晓晔. 与技术标准相关的知识产权强制许可 [J]. 当代法学, 2008 (5).

第六章
国际技术转让的使用费

一、技术使用费概述

（一）技术使用费的含义

世界知识产权组织在《技术贸易手册》中认为技术使用费是被许可方为取得技术使用权而所愿意支付的，许可方可以接受的使用费的货币表现。美国法院在 Zenith Radio Corp. v. Hazeltine Research, Inc. 案中把技术使用费定义为：被许可方为使用许可方的专利发明向许可方支付的补偿。这种技术使用费应是通过协议自愿支付的补偿，而不是因侵权或非法占有所产生的损害赔偿。我国对技术使用费没有一个特殊的定义，但在《关于进口货物特许权使用费估价办法》❶中对类似的词语进行了定义，即特许权使用费，在该办法中规定，特许权使用费是指进口货物的买方为获得使用专利、商标、专有技术、享有著作权的作品和其他权利的许可而支付的费用，包括：专利权使用费、商标权使用费、著作权使用费、专有技术使用费、分销或转售权费及其他类似费用。从以上定义可以总结出技术使用费的特点：

（1）以被许可方与许可方自愿达成为基础；

（2）技术使用费应是以金钱方式单独表现，而不能加入设备的价格；

（3）技术使用费只是获得技术使用权支付的费用，而不包括转让技术所有权应支付的价格。

（二）技术使用费的构成

在国际技术转让过程中，对技术价格的评估直接影响着双方当事人的利

---

❶ 海关总署令第102号，于2003年7月1日生效。

益，但技术不同于有形商品，技术的研制成本与其应得的技术价格往往不成正比关系。研制费用高的技术在转让时，不一定会得到较高的技术转让费，技术转让费的高低是以利用该技术所能带来的经济效益大小为转移的，利用该技术所产生的经济效益越大，其转让费也就越高，相反，所产生的经济效益越小，其转让费也就越低。但是专利技术能否获得较高的效益，在技术进行转让之前，是一个不确定的因素，对于双方当事人是一种风险。

1. 影响技术使用费构成的因素

（1）技术所处法律状态

首先，专利技术与正在申请的专利技术的使用费不同；其次，第一专利技术与第二专利技术的转让费不同，转让第一专利技术不涉及实施别人的专利，技术转让费的计算相对简单，而转让第二专利技术却需要考虑与第一专利技术所有人进行协商，支付实施第一专利技术的费用；再次，专利技术是否正在或发生过专利侵权诉讼，对该技术使用费也有着影响，经历过侵权或无效异议的专利技术更加可靠，技术使用费相对较高。

（2）技术的类型

技术类型包括专利技术与秘密技术等，其中专利技术有三种具体分类，发明专利和外观设计、实用新型专利获得专利权的要求标准不同，对发明专利权的要求较高，且比较严格，因此，发明专利的技术转让费一般要比外观设计和实用新型专利的转让费要高。

（3）国际技术转让合同的种类

技术转让合同包括独占、排他与普通三种类型。国际许可合同的类型不同，被许可方所获得的独占实施权也不同，合同技术使用费自然也不相同，被许可方得到的权利越大，支付的技术转让费就越高，得到的权利越小，支付的技术转让费就越低。

（4）技术所处的生命周期

技术所处的技术生命周期与专利的有效期限并不一致，技术生命周期要经过三个阶段，即发展阶段、成熟阶段和衰老阶段，技术的生命周期与市场对技术的需求程度相关。在国际技术转让中，对技术使用费影响较大的是技术的生命周期。一般情况下技术刚刚研制成功尚未进行大规模商业化生产，由于风险的存在，技术使用费存在不确定性，在技术的成熟阶段，其经济效益已为人们所认识，价值也随之提高，技术使用费趋于固定，费用提高；在该项技术逐渐被其他技术取代后，则进入衰亡阶段，人们开始商讨新技术的使用费问题。

2. 技术使用费的基本构成

一般来说，尽管受到多重影响，技术使用费的价格仍然主要由以下几部分构成：

（1）研究与开发费用

研究与开发费用又被称为沉入成本（Sunk Costs），是指技术的许可方从事该项技术研究所投入的全部人力、物力等费用，是技术研制的基础费用，这些费用可以由许可方根据自己的投入计算出金额。

（2）机会成本

机会成本是指技术的许可方因转让技术失去在被许可方国家的市场或让给被许可方部分销售市场而失去销售机会所致的利润损失。例如美国一公司每年可向中国销售1亿美元的程控交换机，转让技术后，向中国的出口将减少5000万美元，这样，许可方在转让专利技术时，就会要求对其损失的销售机会给予一定的补偿，对机会成本的估计取决于许可方对市场的预测。

（3）被许可方利用技术后的新增利润

技术转让给被许可方后，被许可方一定会因为利用技术而获益，技术转让的双方都会将被许可方的新增利润考虑在技术的转让费之中，这也是决定技术转让费的关键因素，这种新增利润会因为生产成本降低或节约产生，也会因为产品质量的提高，而使产品销售的市场扩大及销售价格的提高而产生，双方会将新增加的利润通过各种方法算入总的技术转让费当中。

二、技术使用费的支付

（一）LSLP 作价原则

LSLP 作价原则即 Licensor's Share on Licensee's Profit，是计算国际技术转让价格时通常采用的方法，也称为利润合成法，指技术许可使用费从被许可方使用该技术获得利润的一部分进行支付的一种计价原则。国际技术转让中通常以许可方占被许可方在该技术项目中所得利润的合理份额为计价标准的，技术许可方占技术受方利润的份额通常以一个固定的百分比表示，该百分比通称为提成率（royalty rate）。

被许可方的利润是指使用引进的新技术所带来的新增利润，技术的新增利润可以表现为：降低生产成本；提高产品质量或性能，提高销售价；扩大销售,增加销售收入。增加的利润可以根据引进技术后生产的产品产量、销售额和成本等预测数字将引进方的利润计算出来。LSLP原则就是平衡技术转让双方在交易中利益,最终使专利许可双方都能从所转让的技术中获益的一项原则。

(二)技术使用费的支付

根据国际上的通行做法,国际技术许可合同的技术转让费支付方式主要有三种。

1. 一次总付

一次总付(Lump-sum Payment)也被称为统包价格,指在国际技术许可合同中,技术的被许可方对技术转让费采取按一固定金额,付清给许可方的支付方式,一次总付可以一次付清,也可以分期支付。

一次总付的支付方式对于许可方来说,优点是可以一次获得比较稳定的收入,没有风险,缺憾是不能分享被许可方在使用该技术进行生产、销售产品后所带来的收益;对于技术的被许可方来说,则弊多利少,一次总付使被许可方在还没有利用技术生产、销售产品,获得收益之前,就预先支付出一笔可观的资金,经济负担加重;被许可方将转让费一次付给许可方后,技术的许可方不必承担由于市场变动带来的风险,风险全部落在被许可方身上,而且,技术的许可方不会再积极提供技术情报,不会提供有价值的技术改进。对技术被许可方的好处是,可以较快地摆脱对技术许可方的依赖。

2. 提成支付

提成支付(Running Royalty)是指合同中不规定转让费的具体金额或总价,而是规定一种计算方法,在合同有效期内,定期或按一定的比例向许可方支付费用的支付方式。提成支付方式的特点是双方当事人在签订技术转让合同时,只规定提成的比例和提成的基础,其余使用费从被许可方一定期限内的利润中,提取一定比例获取。

提成分为固定提成和滑动提成两种。固定提成可以分为固定提成率和固定提成费两种,固定提成率指按固定的提成比率支付提成费的方式,固定提成费指按单位产品支付固定的提成费,滑动提成指按产品产量或净销售额或利润的不断增加而逐步降低提成率支付提成的方式。按照LSLP原则,每单位产品的提成费,是被许可方获得利润的一部分,提成率的大小与产品的销售量直接相关,产品销售量大,提成率低,反之,则提成率高。

3. 入门费加提成费

入门费加提成费指将技术转让费支付分为两大部分，第一部分是合同约定在收到技术资料后，先交付一笔固定的金额，即入门费；第二部分是滑动价格，这部分费用是在项目投产后根据产品销售情况逐年支付提成，具体的支付方式与提成支付相同。技术许可方要求被许可方先支付一笔入门费的原因是：（1）尽快收回为技术交易所直接付出的费用；（2）补偿应被许可方要求提供的某些特殊或专门技术协助所垫付的费用，如为适应被许可方的特殊需要进行的专门设计，或修改原设计参数等花费的费用；（3）许可方在技术许可谈判过程中，为被许可方介绍情况时技术秘密泄露的损失费用，即"披露费"或"技术公开费"；（4）为被许可方提供技术援助所支付的费用；（5）在提成费没有保证的前提下，许可方借以保证技术许可交易的一定收益。

在技术许可双方当事人对于技术使用费约定不明确时，依据法律的规定进行支付。如《最高人民法院关于审理技术合同纠纷案件适用法律若干问题的解释》第14条规定：对技术合同的价款、报酬和使用费，当事人没有约定或者约定不明确的，人民法院可以按照以下原则处理：（1）对于技术开发合同和技术转让合同，根据有关技术成果的研究开发成本、先进性、实施转化和应用的程度，当事人享有的权益和承担的责任，以及技术成果的经济效益等合理确定；（2）对于技术咨询合同和技术服务合同，根据有关咨询服务工作的技术含量、质量和数量，以及已经产生和预期产生的经济效益等合理确定。技术合同价款、报酬、使用费中包含非技术性款项的，应当分项计算。

三、专利无效对合同技术使用费的影响

如果专利权在国际专利许可合同履行期间被宣告无效，直接受到影响的就是专利许可的被许可方利益，尤其是专利独占许可合同被许可方的利益。带给被许可方直接的问题是，在专利权被宣告无效后，专利技术的使用费应如何支付？

1. 专利权无效的特殊申请者

在专利权有效期间，任何人均可以申请宣告专利权无效，当然也包括专利许可合同的被许可方。按照我国专利法，被许可方也在有权申请专利权无效的范围之内。在美国法律的历史上，被许可方的申请权却经历了一段波折。依据美国禁止反悔原则，被许可方与专利权人签订许可合同后，不能就已经信任并同意支付许可费的专利权提出无效申请。后来，美国立法态度发生了转变，认为依据禁止反悔原则，法律维护了专利权人的利益，而如果不给予被许可方申请专利权无效的权利，则会损害公众的利益，当两者发生冲突时，法律应当优先考虑社会公共利益。从而，开始允许被许可方申请专利权无效。但被许可方在申请专利权无效后，存在其是否仍然需要支付技术使用费的问题，如果拒绝支付，则可能面临一种违约或侵犯专利权的境地。美国联邦最高法院在 2007 年 MedImmune v. Genentech 一案中确定，被许可方在对专利权的有效性提起诉讼期间，仍然可以取得作为被许可方的利益，这就使美国被许可方在保有许可利益的同时，更加容易地对专利权有效性提出挑战[1]。

2. 专利无效不溯及已支付的技术使用费

专利权被宣告无效，不溯及已支付的技术使用费，专利权被宣告无效后，被许可方不必再支付使用费，这在各国的司法实践中是一致的。如根据我国专利法的规定，宣告无效的专利权视为自始即不存在。自始即不存在，是指法律上认定该专利权从授权开始就没有法律约束力，而不是自被宣告无效后才失去法律效力。但专利法同时规定，宣告专利权无效的决定，对于已经履行的专利实施许可合同不具有追溯力。对因履行专利实施许可合同而支付的专利使用费，当事人不得请求返还，只能对专利宣告无效后的技术使用费主张权利。

被许可方在与许可方签订专利许可合同时，无论是许可方在专利权的真实性上，还是与被许可方的缔约意图上是完全真实的，并不存在欺骗行为，任何专利都可能被宣告无效，双方在缔结专利许可合同中，应预料到这种可能的风险，在风险发生时，不能单纯地由许可方一方来承担风险。英美法系从"对价"的角度，对无效宣告不及于专利技术使用费进行了解释，即被许可方在专利权被宣告无效前，已经享有了排除其他竞争者使用该专利技术为其带来的利益，这可以成为其支付技术使用费的对价。有着对价的合同受到法律的保护，专利权无效并不等同于专利许可合同的无效。专利权被宣告无效，不溯及已支付的技术使用费，同样符合专利制度的价值追求，专利权人

---

[1] ARNOLD B. SILVERMAN. U S Supreme Court Makes It Easier for Patent Licensee to Have Its Cake and Eat It Too, Materials Science and Engineering in our Community, 80. April (2007).

不必返还专利权无效宣告前的费用，鼓励了专利权人进行技术许可的积极性。从专利法本身追求的目的来看，是为刺激发明人公开技术而获得国家给予的独占性保护，并以此来鼓励技术的创新，发明人愿意将技术公开的重要原因则是可以通过将技术实施获得丰厚的回报，一旦面临这种无效宣告会致使所得的利益全部丧失的风险，就会使发明人对申请专利权望而却步。法律使专利权人已经取得的收益处于可能要求返还的不确定状态，不仅会打消专利权人向外许可技术的积极性，而且抑制技术创新的积极性。再者，专利权被宣告无效不溯及已支付的技术使用费，保护权利人的既得利益，也维护了市场交易的安全与秩序。如在 Hazeltine Corp. v. RCA Corp 案中，美国法院认为，专利的被许可人不能仅因为被许可的专利以后被宣告无效而要求返回已经支付的技术使用费。对于欺诈引诱达成的许可协议，美国第一巡回法院这样解释："若法律允许因为影响了专利效力的过错就可要求返回期间使用费的权利，专利持有人则会面临不断被要求吐出使用费的风险，并且他的债权人也会对使用费收入的信赖犹豫不决，欺诈例外这条拓宽之路会破坏使用费收入的安全性，并侵犯专利权权利的经济价值，使发明人尽量回避公开披露转而求助于商业秘密。我们认为，要求返回已付给使用费的被许可方，必须至少确定通常意义的欺诈结果是他被诈骗接受该许可协议，只有专利无效不够，证实在'技术上'欺诈了专利局或被许可人也不够，以及基于某一赔偿或过错理论之上的事实证明也不够。"❶

3. 专利无效异议期间使用费的支付

在专利被确定已经无效后，专利使用费的支付已经在法律上予以明确，但在专利无效异议提出到专利被宣告无效期间的使用费支付问题上，还存在着更大的立法空间。

在专利无效申请被提出后，被许可方的利益要受到一定的影响，从公平原则分析，在专利无效异议申请提起到专利权被宣告无效这一期间，要求被许可方仍然按照原有技术费用进行支付，有可能对被许可方造成不公，但并不是绝对的。正是由于这种损失是否存在、损失额的多少很难确定，被许可方会处在较为尴尬的境地，并要求法律对此期间的损失给予考虑。我国《专

---

❶ JAY DRATLER JR.. 知识产权许可（下）[M]. 王春燕，等译. 北京：清华大学出版社，2003：103-104.

利法》对此没有作出明确规定。依美国法院的判例,在异议未决期间的使用费应如何支付,要根据案件的具体情况来确定。考虑到被许可方如果在此期间继续向许可方支付使用费,而在专利无效宣告后要求赔偿的可能性较小,法院会同意被许可方在专利无效诉讼期间将专利许可使用费向法院提存,在通常情况下,做出这种选择的被许可方也向法院请求,在异议未决时禁止终止专利许可合同的禁令,被许可方之所以这样做就是为了在专利提出异议后仍然维持许可协议有效。若法院同意这些请求,就会指令作出一份提存安排协议,如果专利被维持有效,提存费用属于专利权人,但专利被宣告无效,也并不意味着所提存的费用就一定属于被许可方,而是由法院确定提存费用的分配比例,法院在作出此判决时,通常会考虑以下因素:

(1) 专利权可能被认定有效的一开始就明显存在的风险;

(2) 关于专利效力法律争议上的新颖性和困难之处;

(3) 对专利权的相关产业的认识;

(4) 相关产业的规模与结构;

(5) 是被许可方还是许可方统治相关产业;

(6) 许可协议是否属于独占许可,以及其他处于类似地位上的被许可方的人数;

(7) 被许可方在诉讼期间开发许可协议的商业成功;

(8) 在诉讼中两方当事人的行为,尤其关于拖延诉讼。

通过考虑这些因素,法院可以不是凭借抽象的政策思考来分配期间使用费,而是凭借所有赔偿下的根本原则——即任何一方都不能不当得利——去分配提存金。❶

四、技术使用费的征税

国际技术转让交易中技术转让费是技术许可方的跨国所得,也必然要成为纳税的对象,大多数国家均将"所得税"作为税收制度的主要税种,技术的许可方既对被许可方所在国有依所得来源地管辖权进行纳税的义务,也有作为所属国国民为居住国纳税的义务。

---

❶ JAY DRATLER JR.. 知识产权许可(下)[M]. 王春燕,等译. 北京:清华大学出版社,2003:116-117.

（一）国际立法对技术转让费征税的一般原则

1. 在收入来源地设立有营业机构

在收入来源地设立营业机构的，许可方的技术使用费可以并入营业机构的营业利润，统一征收企业所得税。

营业机构一般指技术的许可方在技术使用费来源地设立的常设机构或固定基地，根据常设机构原则，如果一企业通过设立在双重税收协定另一方缔约国的常设机构进行营业，常设机构所取得的利润，包括技术使用费，可以并入该机构的营业利润，统一由另一方征收企业所得税。对于技术使用费的来源地，各国协定中一般都明确规定应以转让费支付人的居住地和有关费用的实际负担人所在地为准，凡是支付技术使用费的被许可方是缔约国一方的居民的，即应认为该技术使用费发生在该缔约国。无论技术转让费的支付人是否是缔约国一方的居民，如果其在缔约国一方设有常设机构或固定基地，且其支付技术转让费的义务与该常设机构或固定基地有实际联系并由其负担利息或费用，则应认为技术使用费发生在该常设机构或固定基地所在的缔约国一方。❶

2. 在收入来源地没有设立营业机构

在收入来源地没有设立营业机构的技术许可方，则采取"从源控制"原则，一般由支付技术使用费的公司或企业向技术的许可方支付技术使用费时，代税收部门扣缴，许可方这种情况下所纳的税，一般也被称为"预提所得税"（Withholding Tax），世界上的大多数国家对技术使用费所采取的都是预提所得税的征收方式。

由于预提所得税的计征对象是在来源地未设立营业机构的外国投资者，一般很难按正常程序和方法计算应纳所得额，只能采取按技术使用费金额计征，但按金额计征，许可方的税收负担过重，所以在税率上有所降低，这样就相当于在金额中扣除了成本费用部分，使实际应纳税所得与一般企业扣除费用后的应纳税额保持平衡。

（二）避免技术使用费的双重征税

由于对技术转让费，许可方所属国可以依据属人管辖权征收所得税，被许可方所在国有权依据收入来源地对技术转让费行使属地管辖权，同一收益

---

❶ 陈安. 国际经济法概论 [M]. 北京：北京大学出版社，2001：493 – 494.

必然要被进行双重征税。对技术转让费的双重征税，就会迫使技术的许可方提高技术的报价，使被许可方的生产成本大幅度提高，技术许可方所属国和技术的被许可方所属国都不愿意因对技术转让费的双重征税限制国际技术贸易的发展。因此，为了消除由于双重征税给国际技术许可协议双方当事人带来的税务负担，各国政府均积极采取措施，主要通过签订国际税收协定的方式来避免对技术转让费的国际双重征税。我国已与日本、美国、法国、英国等20多个国家签订了避免双重征税协定。各双边协定所遵循的一般原则是，发生于缔约国一方而支付给缔约国另一方居民的特许权使用费，可以在该缔约国另一方征税。然而，这些特许权使用费也可以在其发生的缔约国，按照该缔约国法律规定征税。如在1998年8月12日国家税务总局《关于印发〈境外所得个人所得税征收管理暂行办法〉的通知》第14条中规定："纳税人在境外已缴纳的个人所得税税额，能提供境外税务机关填发的完税凭证原件的，准予按照税法及其实施条例的规定从应纳税额中抵扣。"

国际税收协定是有关国家之间签订的旨在协调彼此间税收权益分配关系和实现国际税务行政协助的书面协议，双重税收协定在避免国际双重征税方面发挥更大的作用。经济合作与发展组织下设的国际税务委员会于1977年正式通过了《关于对所得和财产避免双重征税的协定范本》及其注释，这一范本注重保护和反映了发达国家在处理国际税收分配问题上的利益。为了指导发展中国家与发达国家签订双重税收协定，联合国于1980年正式颁布了《关于发达国家与发展中国家间双重征税的协定范本》，即联合国范本。

第七章
国际投资中的专利技术转让

国际投资有多种形式，其中国际直接投资是最为典型的投资方式，国际直接投资指海外投资者以资本、设备、专利权等方式投资，拥有投资企业一定数量的股权，直接参与经营管理的投资方式，也是一种重要的国际技术合作方式。参与技术的投资行为往往对一国的影响更为深远，因为涉及技术转让的投资比其他贸易行为要求企业具有更高的生产能力，需要更大成本的投入。[1]

目前，绝大多数的国际直接投资中都伴随有技术转让行为，而专利技术转让是国际直接投资中技术转让的重要组成部分，国际直接投资中的专利权出资也是国际专利技术转让的另一种表现形式。在这种情形下，专利技术不是按照国际专利许可贸易中许可的方式进行技术转让，而主要是以专利权作价出资的方式进行专利技术的转让，此外，还包括以设备投入等方式进行的技术转让。专利权出资的方式可以使技术的转让方与受让方共同承担技术实施带来的风险，共同分享专利技术所带来的收益，是日趋重要的一种国际专利技术转让形式。

第一节 国际直接投资与专利技术转让概述

一、基本概念

（一）专利权出资

专利权出资是专利权人以专利权作为财产权，在公司设立或增加资本时

---

[1] CHANTAL THOMAS. Transfer of Technology in the contemporary International Order. 22 Fordham Int'l L. J. 1998：2096.

直接投资，将专利权折价入股并取得公司股权的行为。国际专利权直接投资主要表现为专利权所有人以专利权出资的方式，进行国际直接投资与专利技术转让的行为，专利权出资是最为基本的概念，国际专利权出资是指位于一国的专利权人在另一国境内申请专利权，并向在该国设立的公司以专利权作价出资的国际技术转让方式。

（二）专利权跨国出资与国际专利许可

国际专利权出资与国际专利许可都属于国际技术转让的表现形式之一，在进行专利技术的转让之前，都需要在技术引进国首先申请获得该国的专利权，都是通过专利权人之外技术引进国的自然人、法人或其他经济组织组织技术的实施。但两者也有着较大不同，主要有以下区别：

1. 技术转让的权利性质不同

国际专利许可转让的是专利技术的使用权，而国际专利出资既有可能转让专利技术的所有权，也有可能转让专利技术的使用权。尽管一些国家尚未在立法中明确，专利使用权可以作为出资的一种形式，但在许多国家范围内，这种出资形式已经在实践中得到认可。首先，以专利使用权出资符合市场经济的选择，专利权人可以选择以何种权利方式出资，可以规避一定程度的市场风险；其次，以专利使用权出资符合契约自由原则，双方当事人有权自愿决定以专利所有权出资，还是以使用权出资，法律不应加以强行限制性规定。因而，各国在专利法中，允许专利实施权的存在，公司法中也一般允许使用权的出资行为。

2. 收取收益的形式不同

国际专利许可是通过收取被许可方专利技术使用费的方式获得收益，而国际专利权出资则是以股东的身份，通过分得红利的方式获取收益。这两种收益方式的差别很大，以许可费方式获得收益，不受技术受让方企业运营风险的影响，可以保证技术使用费的获得。而在专利技术直接投资的情形下，技术出资人的收益要与企业的运营相关，如果企业没有营利，技术出资人也不能获得任何报酬，反之，也会因为企业的高利润，获得比专利技术许可费用更高的回报。

3. 技术转让的期限不同

国际专利许可合同转让专利技术使用权的期限是国际专利许可合同中双方当事人约定的有效期限，是固定的期限。而国际专利权出资中专利技术的转让权利期限是不确定的,专利权人在将技术出资后,除非依据法定情形,不得随意撤回出资,因而,技术转让期限是不固定的。

4. 参与受让方经营的程度不同

国际专利许可在合同签订后,专利权人一般负责技术的培训与指导,从被许可方的营利中收取提成,很少直接参与被许可方的经营活动。而在国际专利权出资中,专利权是技术受让方的股东,具有直接参与公司经营管理的权利。也正因为如此,在国际专利许可活动中,英美国家会视双方当事人收取技术使用费的方式,施加给被许可方特殊的义务。即当双方当事人以绝对的提成方式支付技术使用费时,专利权人的利益保障在相当大的程度上取决于被许可方经营的优劣,法律在这种情况下,施加被许可方尽最大努力进行生产经营的义务,而在国际专利权出资的形式下,则无须此种特殊义务。

二、国际专利技术直接投资的优势

以国际直接投资方式进行的国际专利技术转让要明显多于其他形式进行的技术转让,包括专利技术产品的直接进出口与国际专利许可贸易。一国的专利技术所有人选择到另一个国家以专利权作价出资的方式进行技术转移,就是考虑到了国际专利权出资所具有的其他技术转移方式所不具有的优势。

(一)相对于国际专利产品进出口贸易的优势

1. 绕开国际贸易壁垒

加入WTO后,针对我国实施的关税壁垒减小,但随之而来的是各国对于我国出口货物的其他形式壁垒,如技术壁垒、绿色壁垒等,除新形式的贸易壁垒外,一些国家还对进口产品设定了边境贸易管制条款,如美国的"337条款"等。如以专利权在该国境内进行直接投资,生产专利产品,就可以绕开各国对于进口产品设定的边境管制措施与贸易壁垒,降低企业产品在海外销售所遇到的风险。

2. 规避运输成本与风险

只要进行国际专利技术直接投资的一方企业具有以专利技术在境外投资的条件与实力,选择以专利权进行境外投资是一种绩效优异的投资方式,有益于企业的海外发展。将专利权作为出资在境外入股,可以在境外直接利用专利技术与当地的原材料、人力生产专利产品,节省了专利产品进行跨国运输的费用,同时,也避免了货物在运输途中可能发生的损坏、灭失等风险。

3. 先期占领境外市场

开发境外产品市场,与当地竞争者相比,专利权利人并不具备迅速占领该市场的能力，而且缺乏厂房和设备，但通过与当地经营较为成熟的企业合作，以专利技术直接投资就可以轻易地解决这些困难，实现快捷进入境外市场的目的。即使专利权利人有足够的资金与人员开发新市场，但专利的技术生命周期较短，自己开发市场的时间会错过利用技术占领市场的最佳时机，这时企业选择以专利技术投资的方式能够迅速开发市场是最明智的选择。

4. 充分发挥专利价值

权利人至少需要在纵向与横向链条上均具备开发市场的能力，才能完全开发境外产品市场，将纯粹的技术付诸实践，产出产品、成功销售并实现利润最大化。纵向链条包括产品开发、试验、系统生产、产品宣传、批发、零售并提供售后服务等一系列具体活动，横向链条则指权利人进行产品销售所能够覆盖的网络，及各销售点之间协调统一的销售方案。任何企业都很难在横向与纵向链条上全部控制，实现利益最大化，这就是个体局限性的必然。以单纯的专利技术出资，企业可以省去一系列的时间，而将开发利用的工作交由所投资的公司去完成，又可以通过股东分红的方式分享投资公司的收益，能够充分发挥专利的价值。

此外，因各国政治、法律、文化等各方面的差异客观存在，尽管随着世界经济的发展，全球一体化程度逐渐加强，但这并不意味着各国在任何方面都可以实现一体化，许多根深蒂固于各国文化传统而有些又必然以法律等意识形态反映出的国家意志是不可能与其他国家一体化的，权利人若想在不同于本国的法律环境下创造利润，开发境外市场，借助于所在地投资的能力，利用其现有的资源及营销渠道，对专利权利人是有利的，是最终进入开发市场的捷径。

（二）相对于国际专利许可贸易的优势

1. 掌握专利技术的垄断地位

保持专利技术垄断地位的前提条件是保持掌握专利产品与客户的信息反馈，失去技术产品的信息反馈，就失去了市场上的垄断优势。国际专利权出资可以使专利技术所有人直接参与到所入股企业的经营管理之中，保持对专利产品的信息畅通，及时对专利技术加以改进，并控制专利技术的最新发展态势。

2. 随时监管专利权法律状态

通过国际直接投资进行的专利技术转让，由于专利权人可以在技术引进国直接参与公司的运营，对于专利技术的法律状态可以随时加以监管。而在国际专利许可贸易中，则由于专利权人不参与被许可方经营，对于专利权在技术引进国的法律状态属于间接监管。在发生专利侵权纠纷以后，对于具体侵权行为与侵权后果的了解也相对滞后，不利于专利权人随时了解专利权的法律状态。

3. 避开反垄断审查

在国际专利许可贸易中，作为专利权人的许可方存在技术引进国对其进行反垄断审查的风险。在国际专利许可合同中，为了限制被许可方的发展，往往会制定若干限制性商业条款。而这些限制性商业条款的争议性较大，会遇到反垄断法的审查，只有在进行相关市场与竞争力的分析后，才能确定专利权人是否滥用了市场支配地位。这种审查对专利权人的影响较大，如果采用专利权出资的方式，专利权人在经营自己的公司，就会避开由于国际专利许可产生的反垄断调查。专利权人在以专利技术出资过程中，不会对自己投资入股的公司以各种限制性商业条款加以限制，不必担心自己的公司会因为技术的实施、发展过于强大，成为专利权人自己的潜在竞争对手。

4. 回报相对较高

国际专利技术出资人通过股东红利的方式获取利益回报，非以技术本身价值为基础收取提成费用，在公司运营稳定的前提下，会获得比单纯技术许可更高的利润回报。

（三）相对于其他类型国际直接投资的优势

与其他类型的国际直接投资方式相比较，国际专利技术直接投资也具有明显的优势。

1. 减低海外投资的风险性

专利技术的无形性减弱了专利技术输出方海外投资的风险。如一国专利权人与技术引进国企业谈判设立公司，专利权出资方以专利技术出资，引进国企业以厂房、仪器设备等实物与货币进行出资，在公司筹备过程中，可能由于各种原因导致公司无法设立。在以专利技术出资的情形下，专利权出资方由于并未投入实际的实物或大量资金，仅仅是无形性的专利财产权，损失就会较小，以专利技术投资显然降低了企业海外投资的风险。

2. 国有化损失相对较小

在专利权人以专利技术在另一国进行国际直接投资时，也一样有遇到资产国有化的可能，如果以其他设备等实物或资金投资，国有化的损失也是不可避免的。

在以专利技术投资的情形中，技术引进国对于专利技术的国有化主要表现在对专利技术为国家征用的强制许可，在此方面，技术投资人可以避免较大的损失。首先，专利技术的无形性特征，该技术可以无限次重复使用，在一国的强制许可不影响权利人本人的使用；其次，专利权人可以采取其他方法控制技术的有效实施性，如将专利技术与技术秘密进行捆绑，即使专利可能被强制许可，使用人也无法与专利权人进行竞争，真正有效地实施该项专利技术。

3. 国有化补偿原则较为统一

在海外资产被国有化后，是否能够得到补偿则要依据投资东道国的国有化补偿原则，有的国家采用充分、及时、有效的补偿原则，有的国家采用合理补偿原则，有的国家采用适当补偿原则，不同的补偿原则使投资人的资产在国有化后受到不同的损失。而在专利技术直接投资领域，补偿原则则是相对统一的。多数国家，尤其是 TRIPS 成员，均依据 TRIPS 中关于强制许可费用的规定调整了本国的国内法。依据 TRIPS，一国发放强制许可，必须向专利权人支付合理的技术使用费，使用费的数额应当相当于以商业谈判的方式向专利权取得许可应当支付的费用。TRIPS 的这一规定维护了专利权人的利益，并且赋予了专利权人可以就技术使用费问题寻求司法救济的权利。作为 WTO 的重要协定之一，TRIPS 的这一规定在很大范围内统一了专利技术在被技术引进国征用时的补偿标准与权利救济途径。

三、调整国际专利技术直接投资的法律规范

（一）外资法

外资法是资本引进国制定的关于调整外国直接投资法律关系的规范的总称。专利权投资作为国际直接投资中一种无形资产投资的表现形式，也必然受到各国外资法规范的调整。外资法主要对专利技术投资的形式、条件以及具体审查机制进行规范，同时，也对专利技术出资当事人的权利义务加以规范。由于各国经济发展水平的差异，外资法的表现形式也有所差别，发达国家技术水平相对较高，一般采取与国内技术出资相同的法律规范。而发展中国家则一般制定有专门的外资法律规范，根据本国的经济安全与国家利益，对某些领域采取一定的限制措施，增加市场准入的条件。如美国 2007 年颁布

了《外国投资与国家安全法》，对外国投资与国家安全的关系问题密切关注，美国学者爱德华·格哈姆与戴维·玛瑞克针对此问题提出了一系列风险，其中就包括将关乎国家利益的关键技术转移至境外等。❶

（二）专利法

专利法律制度是专利技术国际转让的必要前提条件。首先，专利法确认了专利技术的财产权属性，为专利技术提供了法律保护，也就从法律上为专利技术的出资行为提供了保障。其次，专利法律制度也为专利技术出资过程中的具体出资问题提供了法律上的依据，如专利权人关于技术的使用权与所有权出资问题，专利具体实施权的表现与权利内容等问题，都为专利技术能够顺利出资提供了有效的运作依据。

（三）公司法

由于专利技术出资采用的主要形式就是在技术引进国设立公司，并通过专利权出资成为该公司股东，并对公司加以经营管理的模式，专利技术出资必然会受到技术引进国公司法方面的法律规范。

各国公司法一般都允许以专利权的形式作价出资，如依据我国《公司法》第27条规定，股东可以用货币出资，也可以用实物、知识产权、土地使用权等可以用货币估价并可以依法转让的非货币财产作价出资；对作为出资的非货币财产应当评估作价，核实财产，不得高估或者低估作价；全体股东的货币出资金额不得低于有限责任公司注册资本的30%。此外，我国在此之前的《中外合资经营企业法实施条例》第25条规定："合营者可以用货币出资，也可以用建筑物、厂房、机器设备或其他物料、工业产权、专有技术、场地使用权等作价出资。"从这些规定中可以得出，进行国际技术投资可以采用专利技术出资，也可以采用技术秘密出资，两者同为可以用货币估价并可以依法转让的知识产权的范畴。在其他国家的相关立法中，也对技术可以进行作价出资给予了肯定性的立法规范。

（四）技术进出口管理法

以专利技术进行国际直接投资仍然是国际技术转让的一种重要方式，各国除通过外资法、公司法等法律规范对专利技术直接投资进行管理外，还必

---

❶ CHISTOPHER M. WEIMER. Foreign Direct Investment and National Security Post-FINSA 2007 [J]. Texas Law Review, 2009 (2).

然通过技术进出口方面的管理法规对技术的转让进行规范。

如在我国 2009 年 2 月实施的《技术进出口合同登记管理办法》中对此进行了明确的规定，中外合资、中外合作和外资企业成立时作为资本入股并作为合资章程附件的技术进口合同按外商投资企业有关法律规定办理相关的技术进出口登记管理手续。

第二节　东道国政府管理专利权出资的现有规范

专利技术输出国对于国际专利技术直接投资的管理主要体现为对技术出口的管理与控制，这一问题在上一章中已经详细加以介绍。东道国直接接受专利技术的跨国投资，对于国际专利技术直接投资的法律规范主要体现为东道国的相应规范。

一、界定合格的出资

国际专利权出资是专利权人以专利权作为财产权在另一国境内进行直接投资的行为。从各国的外资立法、国际直接投资双边协定与国际投资条约中的规范来看，一般都允许以专利权出资，专利权属于合格的出资范围。

（一）双边投资协定

双边投资保护协定（BIT）是国家与国家之间为鼓励、促进和保护本国公民在对方国家境内投资而签署的双边条约。在两国之间签署的双边投资协定中，一般都会首先对"投资"的含义与范畴加以明确。

1. 我国签署的双边投资协定

我国在双边投资合作方面已经签订了 130 多项投资协定，在这些双边投资协定中，多数协定都在第一条中对"投资"的定义与范围加以明确。以 1998 年 2 月《中华人民共和国政府和也门共和国政府关于鼓励和相互保护投资协定》为例，在第 1 条中规定：在本协定内，"投资"系指缔约一方的国民或公司在缔约另一方的领土内依照其法律和法规所投入的各种财产，特别是，但不限于：(1) 动产和不动产及其他财产权利，如抵押权、用益权、留置权或质权；(2) 公司的股份、股票、债券和类似权益；(3) 对金钱或具有经济价值的合同的权利；(4) 知识产权，特别是著作权、专利、实用新型专利、外观设计、商标、商名、贸易和商业秘密、工艺流程、专有技术及商誉；(5) 法律或合同赋予的商业特许权，包括勘探、养护、提取或开采自然资源的特许权。专利权作为知识产权的一类被明确规定在"投资"的范围之内，这表明包括与我国签署双边投资协定的国家或地区，均承认（至少包括来自我国的）专利权属于合格的外资范畴，外国企业可以专利财产权进行直接投资。

2. 美式双边投资协定

美式投资协定主要指美利坚合众国提交对方缔约国的"双边保护投资条约"，作为供谈判用的样本。2008年起，我国正式启动了与美国双边投资协定的谈判，意味着中美投资关系会有进一步的发展。

美式投资协定对于投资的范围也给予更为明确的规定，依据美国提供给缔约国的"双边保护投资条约"，"投资"是指在缔约国一方所属或所控制领土上，由缔约国另一方的国民或公司直接地或间接地投入的各种形式的资本，诸如股票、债款、各种劳务合同与投资合同，并且包括：

（1）有形财产和无形财产（包括各种权利，如抵押权、留置权以及质权等）；

（2）公司，公司的股票或其他权益，公司资产的各种利益；

（3）金钱请求权，或具有经济价值并与投资有关的行为请求权；

（4）各种知识产权和工业产权，包括版权、专利权、商标权、商号名称、工业设计、商业秘密与专有技术以及商业信誉等项权利；

（5）由法律或合同所赋予的权利以及依法授予的各种特许证和许可证。

专利权出资包含在知识产权范畴。

（二）各国外资立法

日本外资法对于外资的规定比较细致，将专利技术出资以所谓"技术援助合同"的形式加以规定，依据日本外资法，"技术援助合同"指有关工业产权及其他技术权利的转让的合同。加拿大投资法中规定的"资产"包括任何有价值的有形资产与无形资产。2007年韩国最新修改的《促进外国人投资法》中将属于合格的投资的资产称为"出资目的物"。依据该法第2条第7款规定，"出资目的物"，指外国投资者根据本法为持有股票等而出资的物品，应属如下各目之一：（1）外汇管理法规定的对外支付手段或者将前者兑换而成的国内支付手段；（2）资本品；（3）根据本法取得的股票等所产生的收益；（4）工业产权及《总统令》规定的知识产权相当于前两者的其他技术和该技术的使用权；（5）外国人关闭韩国国内支店（分公司）或事务所（办事处）将其转为韩国国内法人，或外国人持有股票等的国内法人解散时，根据该支店、事务所或法人的清算程序，分配给该外国人的剩余财产；（6）本条第4项B款所规定的借款等从海外借入款项的偿还金额等。专利权包含在第（4）项中的工业产权之中。

我国《中外合资经营企业法实施条例》中也对专利权出资问题作出了明确的规定。该条例第22条中规定，合营者可以用货币出资，也可以用建筑物、厂房、机器设备或者其他物料、工业产权、专有技术、场地使用权等作价出资。以建筑物、厂房、机器设备或者其他物料、工业产权、专有技术作为出资的，其作价由合营各方按照公平合理的原则协商确定，或者聘请合营各方同意的第三者评定。将专利权出资同样包含在工业产权之中。并规定，外国合营者如以专利权作为出资，应当提交该专利权的有关资料，包括专利证书、专利有效状况及其技术特性、实用价值、作价的计算根据、与中国合营者签订的作价协议等有关文件，作为合营合同的附件。

二、明确外资进入的条件

（一）专利财产权的外资属性

外资是指由东道国境外输入的外国资本，外资应当是由具有外国国籍的自然人、法人或其他经济组织所控制的资本。外资包括各种形式的资本，如现金、有形资产与无形资产，专利权属于无形资产的范畴。

专利财产权具有一定的特殊性，不能因为专利权的登记地在技术引进国而否定专利权的外资属性。从外资的角度上进行分析，专利权仍然属于东道国境外具有外国国籍自然人、法人或其他经济组织所控制的无形资产。技术所有人取得专利权是为了在东道国取得专利法律保护，即使以东道国授权的专利权出资，专利权仍然属于外资的范畴。

（二）外资进入的条件

1. 外国人申请专利的条件

外国人在东道国取得技术的专利授权是进行直接投资的前提，有的国家给予外国专利申请人与本国国民同样的待遇，如美国、德国等。有的国家一般会在此方面设定一些进入条件。如日本专利法规定，在日本国内无住址或住所（法人为营业所）的外国人，符合下列条件时，才可以享有专利权及其他有关专利的权利：一是根据互惠原则，即申请人所属国对日本国民承认与该国民在同一条件下享有专利及其他有关专利的权利，二是日本国对其国民承认享有专利权及其他有关专利的权利时，所属国承认日本国民与该国民在同一条件下享有专利权及其他有关专利的权利。

我国《专利法》对于外国人是否在中国拥有经常居住地或营业所，申请专利权需要满足的条件不同。依据我国《专利法》（2008年修正）第18条规定："在中国没有经常居所或营业所的外国人、外国企业或者外国其他组织在中国申请专利的，依照其所属国同中国签订的协议或者共同参加的国际条约，或者依照互惠原则，根据本法办理。"可见，在我国，没有经常居所或营业所的外国人、外国企业或者外国其他组织申请专利权需满足以下条件：

（1）依照该外国人的所属国与我国签订的双边协议，其所属国给予我国国民以同样专利保护；

（2）依照该外国人的所属国和我国共同参加的国际条约，其所属国给予我国国民以同样专利保护；

（3）依照互惠原则，该外国人的所属国给予我国国民以同样专利保护。

对于在我国拥有经常居住地或营业所的外国人、外国企业或者外国其他组织申请专利权的，享有国民待遇。

2. 限制专利技术进入的行业与部门

外国人在东道国的专利申请是以专利技术进行国际直接投资的第一步，但将专利技术投入到具体的行业与部门，还要遵守东道国关于外资进入行业与部门的限制性规定。对外资进入的领域进行限制，是一国行使国家主权的体现，尽管发达国家对于外资进入的限制较少，但基于对国家安全的考虑也会对外资进入的行业与部门加以限制，发展中国家一般对外资的行业与部门也加以限制。专利权直接投资与其他类型国际直接投资同样要受到东道国政府关于外资进入领域的限制。

（1）美国《2007外商投资与国家安全法案》（FINSA）

《2007外商投资与国家安全法案》（The Foreign Investment and National Security Act of 2007）是美国关于外资并购的国家安全审查法，是为了扩大美国政府对外资涉及核心基础设施和关键技术等经济、技术领域的国家安全审查权限。

美国这一法案除对外资的范围加以界定，改变传统的国家安全的含义外，很重要一点是注意到了外资在无形资产领域可能对美国安全造成的影响。FINSA对外资并购交易涉及的国家安全问题给予了全新的诠释：除考虑传统的"国防安全"外，还将考虑所有对美国至关重要的有形或无形的系统或资产（如银行、供水、关键技术、基础设施等）在被破坏或摧毁的情况下将对美国国家安全所造成的潜在影响。而威胁美国国家安全的关键领域的数目也在不断增加，已从1988年的8个扩大到2003年的11个，并增加了5类若受到攻击可能对生命和民众信心产生严重影响的核心资产（包括有形资产和无形资产）。除此之外，外资并购交易如果威胁到美国在关键技术领域的世界领先地位，或影响美国的本土就业，都将被视为威胁国家安全❶。美国对待外资的态度始终是倡导自由原则的，但从1988年《埃克森—弗罗里奥修正案》到《2007年外国投资与国家安全法案》及其实施细则，都反映了美国对于外资进入领域所持的谨慎态度。

（2）俄罗斯《有关外资进入对国防和国家安全具有战略性意义行业程序》

《有关外资进入对国防和国家安全具有战略性意义行业程序》是俄罗斯于2008年批准的对外资进入领域进行限制的法律规范。

根据该法案，规定了13大类42种经营活动被视为战略性行业，主要包括国防军工、核原料生产、核反应堆项目的建设运营、用于武器和军事技术生产必须的特种金属和合金的研制生产销售、宇航设施和航空器研究、密码加密设备研究、天然垄断部门的固定线路电信公司、联邦级的地下资源区块开发、水下资源、覆盖俄领土一半区域的广播媒体、发行量较大的报纸和出版公司等。

（3）我国外资进入领域的限制

根据我国《中外合资经营企业法实施条例》（2001年修订）规定，在中国境内设立的合营企业，应当能够促进中国经济的发展和科学技术水平的提高，有利于社会主义现代化建设。国家鼓励、允许、限制或者禁止设立合营企业的行业，按照国家指导外商投资方向的规定及外商投资产业指导目录执行。我国将外资进入的项目分为鼓励、允许、限制和禁止四类，其中"技术水平落后的"属于限制进入的外资。对环境造成污染损害，破坏自然资源或者损害人体健康的领域，占用大量耕地，不利于保护、开发土地资源的领域，危害军事设施安全和使用效能领域，以及运用我国特有工艺或者技术生产产

---

❶ 王小琼，何焰. 美国外资并购国家安全审查立法的新发展及其启示——兼论《中华人民共和国反垄断法》第31条的实施[J]. 法商研究，2008（6）.

品的领域禁止外资进入。

3. 专利技术本身的要求

东道国在接受专利技术出资时，也会对专利技术本身作出一定的限制性要求，如我国《中外合资经营企业法实施条例》规定，作为外国合营者出资的工业产权，必须符合两项条件，一是能显著改进现有产品的性能、质量，提高生产效率的技术；另一是能显著节约原材料、燃料、动力的技术。

韩国《外国人投资促进法》也作出了类似的规定，依据该法第4条，如果专利技术对维护国家安全和公共秩序造成阻碍，或者有害国民健康卫生和环境保护，或明显违反良好的社会风俗，或者违反大韩民国法令，则不能进行该专利技术的引进，接受该技术的出资。

三、鼓励专利技术出资的规范

（一）税收优惠

东道国对专利技术直接投资给予的税收优惠往往与特定的技术领域相结合，只有在东道国所限定的技术范围内，才能获得相应的税收优惠。

为了使本国引进的技术与国家经济发展的利益保持一致，东道国就会利用税收优惠的方法对所引进的技术加以引导，我国在2006年制定了《中国鼓励引进技术目录》，其中包含了9个领域的149项技术。在该目录的说明中指出，这些技术按现行税法规定可享受所得税减征、免征优惠。如果技术先进并条件优惠的，在引进时可按程序申请享受外国企业所得税免征优惠。

韩国《促进外国人投资法》对技术引进合同进行租税减免，依据第26条规定，对于技术引进合同，可按《租税特例限制法》的有关规定减免法人税和所得税等税赋。

（二）利润汇出保证

利润汇出保证是东道国鼓励专利技术直接投资的重要政策，如果专利技术所有人在东道国所取得的投资所得不能顺利汇往境外，其投资积极性就会受到影响，东道国一般都从法律上明确规定了专利技术投资利润汇出的保障性条款。

日本外资法第15条对技术援助的等价报酬以及公司债或贷款事项作出了规定。如前所指，日本的技术援助合同是指包括专利技术投资在内的各种技术转让合同。根据该条的规定，出资人希望汇往国外的技术援助的等价报酬或公司股本回收金之意图已明确的情况下，经主管大臣批准后，可允许汇往国外支付。

韩国《促进外国人投资法》规定了对外国人投资的保护等措施,其中第3条规定,外国投资者向海外汇出所持股票等产生的股利、或卖掉股票的收益、技术引进合同所约定支付的代价时,(韩国政府)根据汇款当时外国人投资及技术引进合同的许可内容或申报内容,保障该对外汇款。

(三)现金支援

对外国投资者现金支援这种鼓励措施见于韩国外资促进法,现金支援也是对所引进该新技术企业的一种补贴。根据韩国《促进外国人投资法》,对于外国人投资,国家和地方政府根据外国人投资项目,是否具有高新技术、其技术转移效果、扩大雇用规模,以及是否与国内投资重复、项目布设区域是否适当等因素,对该项目新建工厂设施等,按照总统令规定的使用用途所需资金,以现金方式予以支援。

第三节 东道国政府管理专利权出资需完善的规范

接受专利技术出资的东道国为了吸引技术进入,往往制定了专门的外资法,在税收、金融等方面给予一定的优惠措施。但随着东道国外资引进经验的丰富,逐步意识到能够从长远意义上吸引外资进入的,不是简单的优惠政策,而是成熟的市场与完善的法制环境。一些国家没有制定专门的外资法,适用与本国一致的法律政策,但外资吸引力很强,原因在此。我国在20世纪90年代起,法律法规调整的力度较大,逐步完善了吸引外资的软环境,从统一的合同法,到公司法、物权法等,都体现了整体吸引外资政策体系的进步。

随着技术在国际竞争力中占据的地位加强,东道国国家政府在吸引专利技术投资方面加大了力度,许多外资优惠措施开始向高新技术领域倾斜,特定的高新技术领域意味着吸引的外资必然伴随着技术的转让。但东道国政府,尤其是发展中国家政府,目前对专利技术直接投资进入本国后,相配套的法律管理规范尚不完善,许多环节还处于空白状态。这就使得当事人的经济利益处于不确定的法律状态,这不仅会对吸引无形财产权外资造成阻碍,也会对本国合资、合作方,甚至国家经济利益造成影响。

一、东道国接受专利技术出资的风险

(一)专利权出资的权属不明

国际专利技术出资不同于国际专利许可,被许可方取得明确的专利技术使用权，专利权出资需要在东道国将专利权折价入股，设立合资企业后，企业可以实施该项专利技术。但在专利技术投资中，由于发展中东道国专利法律制度一般建立较晚，尚不完善，对于企业基于专利权的所有权投资获得技术实施权，还是基于专利权的使用权获得技术的实施权这一问题往往没有明确的规范。专利的使用权即专利技术的实施权，可以与专利所有权相分离并获得收益，属于专利财产权的表现形式之一。对于这一问题的模糊处理很容易产生纠纷，不同的认识会导致对专利不同的处置权。

依据我国《公司法》规定，股东以非货币财产出资的，应当依法办理财产权转移手续。如以专利权出资，权利人在出资后，应当将专利所有权转让给公司，出资人不能再主张对专利权的专有权。当然，我国目前的立法上存在出入之处，如国家科委在《关于以高新技术成果出资入股若干问题的规定》中规定，以高新技术成果出资入股，成果出资者应当与其他出资者协议约定该项技术保留的权利范围，以及违约责任等，从这一规定来看，似乎又允许专利权人以专利使用权出资，这种情况在实践中就会给当事人带来混淆。因而，我国企业在接受外商以专利权投资时，如果对专利权投资后的权属规定未加以明确，就容易带来后续的纠纷。尤其是外商权利人认为自己是以专利使用权出资的情形，如以使用权出资，专利权人仍然可以再将专利权许可给他人使用，也可以将专利权转让，这些行为都会为接受专利权出资的企业造成损害。

（二）专利技术估价体系不健全

专利技术的价值风险包括两种情况，一种是由于专利技术市场变化导致的专利技术价值下跌；另一种情况则由于专利权的无效程序，宣告专利权无效，使已经作价出资的专利技术变得毫无价值。这两种情况的出现，将直接使接受专利权投资一方面临不可估量的风险。首先，由于专利技术的价值受市场影响很大，一旦市场上出现新型可替代技术，原专利技术的价值就会大为下跌，接受专利权出资的企业不但无法营利，无法收回为专利技术支付的转让费用，其他股东还要一起承担由于专利技术价值下跌而导致出资不足的风险。我国《公司法》第27条第3款规定，全体股东的货币出资金额不得低于有限责任公司注册资本的30%，这说明，从理论上讲，专利权出资的比例可以高达公司注册资本的70%，一旦专利技术的价值出现贬损，企业将无法承受这一风险。其次，依据我国专利法的规定，任何人均可以提出专利权无效的异议申请,如果一项专利技术已经作价出资,在技术合作过程中,专利权被宣告为无效,被宣告无效的专利权视为自始即不存在。这种情形使技术合作方不仅面临经济上巨大损失,还要为后续的法律纠纷解决带来难题,如以专利技术出资的股东是否需要补交资本额,公司解散时,原以专利权出资的股东是否可以仍以原比例分得公司剩余资产等一系列的法律问题。

(三) 出资专利权存在权利瑕疵

在接受专利权出资时,应对专利权的权属进行检验,确认专利权的有效状态,但即使如此,在两种情形下,专利权出资同样可能存在权利瑕疵,对公司行使专利权造成影响。一种情形是,专利权人出资的专利为第二专利,尽管权利人为合法有效专利权,但使用此专利却必须得到第一专利的许可,否则,该专利技术无法使用。此外,接受"第二专利"的出资,在进行专利评估时作出的评估价格就可能超过其实际真实价值,这对于其他股东不公平,虚增公司资产,会损害其他股东及第三人的利益。另一种情形是专利权为共同发明专利,如果出资人未取得其他共有人的同意对专利权进行出资,在公司日后对专利权的使用中,就会遭遇被迫终止的裁决。因而,在接受专利权出资时,一旦存在专利权利瑕疵,公司的运营就会受到较大影响。

二、东道国专利技术投资配套法律体系的完善

(一) 专利法律规范

东道国的专利法律制度不仅要明确规范专利权的申请、授权与侵权行为,还应当完善专利权人在实施专利权过程中具体行为的规范。与专利权出资相关的法律规范中主要应包含以下方面。

1. 完善专利实施权方面的规范

(1) 专利权出资的法律状态

东道国应当从制度上保证,在引进专利技术出资时,本国合作方可以获得合法有效专利权,并能够加以证明的有效法律途径。专利权人以专利权作价出资,要证明专利权人为合法持有人,且专利为有效专利权。权利人应当提交该能够证明的文件资料,包括专利证书、最新缴纳专利年费记录等。东道国政府应当从多种途径提供证明专利权法律状态的平台,使接受专利权出资的公司可以对权利人提交的专利信息,通过正式途径,如专利公报、国家官方网站公布的专利文献信息等渠道加以核实。还应当能够进一步确定该专利权是否发生了权利归属、权利效力方面的变更。

(2) 专利实施权无瑕疵

合资方在确定专利权合法有效后，还要确定专利权在运用实施方面无瑕疵。首先，确定专利权是否为共同发明专利，作为共同发明专利，有的国家专利法规定，如无其他共有人的同意，任何专利权共有人都无权单独作出以专利权出资的决定；其次，要确定该专利权之上是否设定质押担保。专利权上设定质押担保需要在国家相应行政机构进行登记备案，在我国，如果专利权已经被质押，无质权人的同意，专利权人无权再对外转让或许可该项专利权，公司接受这种已经质押的专利权，实施专利的权利就无法得到保证；再次，公司还要确定专利权是否已经进行了其他许可，主要是专利独占实施许可。确定在公司的销售范围内是否存在独占被许可方，最先存在的独占被许可方，有权阻止其他人在其独占许可范围内使用专利技术制造、使用、销售专利产品；最后，接受出资的企业还要判断出资的专利是否为"第二专利"，如果专利为第二专利，在没有得到第一专利权人的同意之前，即使第二专利权人也无权使用作为第二专利基础的第一专利技术。当然，第二专利权人可以要求得到强制许可，但法律并非支持任何第二专利权人都可以得到第一专利的强制许可，只有具有比第一专利重大的实质性进步，才可以经相关机构授权得到强制许可。

国家只有对以上具体问题进行科学合理的、明确的法律规范，才能做到专利权之上无权利瑕疵，这需要东道国政府逐步完善专利法律制度加以实现。对于共同发明专利的实施权，我国《专利法》对共同所有专利的实施作出了新的规定，不再简单地从法律上对专利的实施加以禁止，而是规定专利技术是否实施以共同所有人的约定优先，没有约定的，共有人可以单独实施或者单独向他人发放普通许可，但许可费应与其他共有人共享。共有专利权人在其他共有人不同意许可的情况下，可以对外发放许可，但只能是专利普通许可，而不能是专利独占许可。这意味着，如果专利权人除非以普通实施权的方式进行出资，否则，以专利所有权或独占实施权出资必须取得其他共有人的同意。

(二) 专利价值评估体系

专利技术的运用与转移，离不开对专利本身价值的估算，专利价值评估是专利权出资的必要程序。由于专利权的无形性，其价值很难按照传统的有形财产价值成本方式加以确定，这种特殊性使当事人倾向于采取更为专业、更为客观的方式确定专利权的价值。东道国完善对于专利权价值的科学评估体制，对于合理引进外资具有重要的意义。企业接受外商以专利权投资入股，首先应当对专利进行科学合理的评估，不仅评估专利的商业价值，还要评估专利的技术生命周期。东道国应当在制度上完善专利价值评估体系，建立专利技术的科学评估的法律保障。

1. 专利评估机构规范

专利评估机构应当是依法取得东道国资产评估资格，自主经营、自负盈亏、独立承担法律责任的法人。只有具备一定条件与资质，才可以申请设立专利资产专业评估机构，以保证对专利资产价值进行评价与估算的合理性。除对专利评估机构本身的规范外，应当重点规范专利评估机构的从业人员，从业人员应当具备财政、会计、金融、经济、工程技术等方面的专业知识，经过东道国主管部门的考核，具备良好的道德素质，遵守从业纪律。此方面的规范还应当规定，国家或相应组织要对专利资产评估机构的从业人员进行定期的专业知识培训。

2. 建立影响专利权价值评估指标因素的规范

影响专利权价值评估的因素很多，可以分为经济因素、法律因素以及技术因素，尽管不同因素对专利技术价值评估产生的影响不同，但专利技术的评估不能撇开任何一项因素单独进行。东道国政府应当制定影响专利权评估的因素指标体系，对影响评估的具体因素指标内容、影响及比重进行科学阐述，指导引进技术的企业作出合理预判。

（1）经济因素

在进行专利评估时，需要考虑的经济因素主要包括专利技术的沉入成本、机会成本与预期取得的利润等方面。沉入成本指研究与开发费用，是技术所有人从事该项技术研究所投入的全部人力、物力等费用。专利价值的评估应将基础研制费用作为金额的一部分，这是得到一致承认的，但对这一部分费用应补偿多少，却是一个应该慎重考虑的问题。在专利技术评估中，出资人往往强调其技术开发过程的艰巨性和投入资金的庞大，但将开发费用全部计算入专利价值的做法是不合理的，因为：首先，由于开发技术时各技术开发者所具备的基础条件不同，研制的方法和手段不同，其投入总是存在着很大差异，片面地以一项技术开发的投入来确定专利价值的大小，就缺乏为社会所公认的基础；其次，除了受让方专门要求开发的技术以外，大部分技术的开发是技术许可方在自身产品生产中实现的，其研制、开发技术的费用已在生产费用中预提或在其产品销售时分摊和回收，权利人把一项技术推向市场所获得的已是纯额外收益。机会成本是指专利权人失去部分销售市场，即失去销售机会所致的利润损失。在对专利价值进行评估的过程中，专利技术应用后的新增利润应考虑在专利技术评估的价值之中，这也是决定专利价值高低的关键因素。

(2) 法律因素

需要考虑的法律因素包括专利的权利范围、专利权的有效法律状态等。专利的权利范围需要以专利权的权利要求书为依据，在权利要求书中，对于专利技术的实施范围给予了明确的界定，也是法律加以保护，判断专利价值的依据。

专利权的法律状态需要考虑的因素较多，首先要考虑专利权属问题，即专利权是否为共同共有等问题；其次，要考虑专利权的法律性质，即专利权为基本专利，还是从属专利。为第一专利，还是第二专利，如专利技术为第二专利时，对专利技术的评估不能加入第一专利技术的商业价值；再次，要考虑专利权的合法有效性，包括专利权的无效程序、侵权诉讼程序等内容；最后，还应当考虑专利权之上是否有其他限制性权利存在，如在专利权上是否设定了质权等问题。

(3) 技术因素

专利技术的生命周期与专利的有效期限不同，一般而言，专利技术的生命周期要经过三个阶段，即发展阶段、成熟阶段和衰老阶段。专利技术的生命周期与市场对技术的需求程度相关，在专利技术出资中，对专利技术价值影响较大的是专利技术的生命周期。一般情况下技术刚刚研制成功尚未进行大规模商业化生产，专利价值不明显，在技术的成熟阶段，其经济效益已为人们所认识，专利价值也随之提高，技术转让费要求也高，在该项技术逐渐被其他技术所取代后，则进入衰亡阶段，专利的评估价值也会随之降低。

3. 专利评估程序方面的规范

专利价值的评估应当依照一定的法定程序进行，专利评估程序的科学合理对于技术评估的顺利进行有着重要的影响。一般情况下，评估程序方面的规范应当对评估业务的基本事项、专利评估合同、评估人员的调查与收集评估资料、评估费用的计算与支付，以及编制提交专利评估报告等方面进行规范。

（三）公司法相关规范

与专利权出资直接相关的法律规范应当是东道国的公司法规范。东道国在公司法中一般对专利权出资适格性都给予肯定。如我国《公司法》第27条规定，股东可以用货币出资，也可以用实物、知识产权、土地使用权等可以用货币估价并可以依法转让的非货币财产作价出资。明确肯定了专利权可以出资。但由于东道国的公司法规范往往忽略规范无形资产的出资、撤资以及对股权变化影响等问题，专利权出资在具体运作中遇到了阻碍。东道国公司法应对以下具体问题的规范加以完善。

1. 明确专利权出资的权利性质

一国出资方以专利权入股是以其专利技术的财产权作价出资参与公司运营，权利人在专利入股后即转化为股东，分享公司的收益。专利权的财产属性决定了权利人既可以将专利所有权作为资产投资入股，也可以将专利使用权投资入股。在接受专利技术的投资时，应当明确出资方进行投资的专利权利性质。如果东道国政府允许专利权人以使用权出资，还应当在法律中明确，如当事人未加以约定，专利权人是否在出资期间还有权再许可他人使用。此外，还应当规定专利权人在专利有效期内，缴纳年费，维持专利有效的义务，在权利出资期间，专利权人不得转让、放弃专利权。

2. 确定专利权出资最高比例

由于专利权的无形性，会给东道国吸收专利出资的企业带来一定的风险，各国政府一般对专利技术出资的比例进行明确限制。我国公司法对专利技术的出资比例间接作出了规定，规定全体股东的货币出资金额不得低于有限责任公司注册资本的30%。这就意味着从理论上讲，在我国以专利权进行出资的最高比例可以达到公司注册资本的70%。

3. 专利价值变化与股东义务间的关系

专利的价值由于其本身的特性处于不确定的状态，既可能在技术作价出资后，出现明显的价值下跌状态，也可能由于官方程序宣布专利权为无效法律状态致使专利丧失价值。这两种情形都为公司的运作带来一些问题。

公司法在对这一问题进行规范时，应当考虑两种不同的形态，一种是出资人的恶意出资，另一种是专利价值本身的变化。在专利技术的价值由确定的专利评估机构进行评估作价，不存在专利技术所有人恶意出资情形下，出现出资不足的，专利技术所有人不能因此丧失所有的股东权利，需要考虑的因素应有：（1）公司是否因专利技术出资已经获得收益；（2）如公司已经因实施专利技术获得收益，收益份额与作价份额之间的比率；（3）公司因接受专利技术投资，使用专利技术所避免的权利人的侵权诉讼成本。另外，在技术出资后，尚未获得任何收益，专利权即被宣告无效或专利技术价值明显下跌的情形下，公司法应当对专利技术出资人是否应当补交出资，如果专利技术出资人不补交出资额，是否可以减少出资比例，或由其他股东补足等具体法律问题加以规范。

第八章
国际货物贸易与技术转让

国际技术许可并非当事人拟实现的最终结果,其根本目的是实施专利技术,生产专利产品以实现价值,国际许可与货物销售密切相连。国际许可产生对待含知识产权货物进口态度的难题,而同时,各国政府通过采用对货物进口的管制措施维护本国专利权,又在一定程度上扩大了国际许可的范围。以下各节将对国际许可与货物进口直接相关的法律问题加以分析。

第一节 国际货物贸易中的平行进口

一、平行进口的概念与特点

平行进口(Parallel Importation)指在经权利人授权在国外生产的,并合法地使用知识产权的产品,未经权利人允许而进口到国内市场,与权利人或其独占被许可方的国内相同产品进行竞争的进口行为。

(一)平行进口的特点

1. 平行进口的产生原因在于知识产权的地域性

平行进口的纠纷总是与带有地域性特点的知识产权相关联,如专利、商标,甚至版权的平行进口纠纷。知识产权的地域性是产生平行进口的根本原因,知识产权的权利人依照本国知识产权法对未经其许可而进口的含有其知识产权的货物行使禁止进口权,从而引发平行进口纠纷。尽管技术秘密属于知识产权的类型,但由于其不具有地域性,不存在平行进口的问题。

2. 平行进口货物为权利人合法授权生产

在进口国被禁止的平行进口货物为权利人在国外生产或授权生产的货物,拥有的合法授权,拥有合法的来源。该产品可以是权利人在国外自己生产的产品,也可以是权利人授权被许可方生产的产品,也可以是权利人设立的子公司生产的产品,但无论何种形式,都是权利人曾经授权生产的产品。

3. 含知识产权的货物发生跨国流动

平行进口行为只有在带有知识产权的货物进行了跨国性的流动时才会发生,平行进口所引发的冲突是不同地域知识产权法律效力的冲突,并非知识产权流动所产生的法律冲突,因为知识产权作为一种特殊的私权只在特定国家的地域内独立存在,真正流动的是含有知识产权的货物。

(二) 不同知识产权平行进口的区别

平行进口依据从境外进口经合法授权生产的货物所附着知识产权种类的不同,可以分为专利平行进口、商标平行进口与版权平行进口。其中专利平行进口与国际技术转让关系最为密切,也具有自身的特点。

与商标平行进口、版权平行进口相比,专利平行进口隐蔽性强。含有商标权、版权的进口货物可以在货物表面加以识别,可以由普通工作人员比照合法授权的商标权或版权加以辨别。而专利技术则隐含于专利产品内部,不容易从货物表面进行判断,对于一些使用了较为复杂技术的货物,是否为专利技术产品,还需要由专业人员加以判断,因而,当平行进口货物所附着的知识产权为专利权时,隐蔽性较强。商标平行进口与版权平行进口主要是对进口国权利人个体利益造成冲击。商标平行进口商品会"搭便车",利用进口国商标权人的商标声誉或广告宣传而损害商标权人的利益。而专利平行进口不仅会对进口国专利权人的市场份额造成损害,还有可能冲击进口国的产业安全政策。国家为了维护本国的产业安全,往往要对本国产业给予特殊保护,利用各种贸易壁垒限制国外进口货物。近年来,各国开始利用各种非关税壁垒,如技术贸易壁垒等限制货物的进口。专利平行进口货物由于采用与本国同类产品相同的技术,会轻易地越过此种壁垒,使进口国为维护本国产业安全设置的技术壁垒失去作用。此外,就专利权本身性质而言,其独立性就强于商标权与版权。知识产权的独立性原则早在《巴黎公约》中已经确立,在公约第4条之2中明确规定:"本同盟成员国的国民向本同盟各成员国申请的专利与他在本同盟其他成员国或非本同盟成员国为同一发明所获得的专利无关。"此原则的内容是各成员国所授予的专利权相互独立,各成员国独立地按自己的国内法授予专利权,同一发明,在一个成员国取得专利权并不意味着在其他成员国也一定可以取得专利权;同一发明的专利权,在一个成员国被撤销或终止，也不意味着在其他成员国一定要被撤销或终止。依照各国专利独立的原则，各国都只保护根据本国专利法所批准授予专利权的发明创造，没有保护在外国被批准的专利的义务，这表明了专利权较为严格的地域性属性。而商标权与版权在地域性属性方面则要弱得多，《巴黎公约》明确规范了商标权的"独立性例外"，即如果一项商标在其本国已经获得了合法注册，一般情况下，其在其他成员国的注册申请就不应被拒绝。公约关于商标权独立性例外的规定的考虑是商标权属于识别性知识产权，只要同样商标标示同一来源的相同商品，就不应因为商标权而阻碍货物贸易的自由流通。而版权则由于自动保护原则的适用，地域性的限制更少一些。正因为如此，各国立法更为关注专利平行进口的问题，在专利法、货物贸易法等中对此加以规范。

（三）国际许可产生专利平行进口的两种情形

专利平行进口产生的主要原因是在不同地域内制造、生产专利产品的价格差异，由处于下游价格较低的地域在经过转售后销往价格较高的地域。专利平行进口可以因为专利权自己在境外授权销售专利产品而产生平行进口，也会因专利权人签订了国际专利许可合同而产生，也正是由于专利实施权的境外许可，使专利平行进口法律关系进一步复杂。理顺国际专利许可产生的平行进口法律关系，可以从根本上彻底解决专利平行进口引发的问题。国际专利许可产生的平行进口一般会涉及三个地点，即：专利产品进口地、专利产品制造地、被许可方所在地。在这三个地点因素中，最为主要的是专利产品进口地，依据在专利产品进口地主张权利的法律主体不同，可以将专利平行进口分为两种情形：专利权人在专利产品进口地主张专利独占权的情形与专利独占被许可方在进口地主张约定排他权的情形。

1. 专利权人主张权利

此种情形的最突出特点是专利权人对平行进口货物主张权利，专利产品由被许可方生产，产品的制造地一般在被许可方所在地，或国际专利许可合同约定的地域之内。专利产品在经被许可方第一次合法销售后，经转售进入进口地，专利权人依据相关法律制度行使进口权。

2. 被许可方主张权利

根据与权利人签订的独占许可合同，被许可方在合同约定的地域范围内享有独占权，这种独占权包括在该地域内独占地使用该技术制造产品并使用、许诺销售及销售该产品的权利。这种独占权可以在该特定地域内抑制竞争，它排斥未经授权的第三方的侵权行为，也同样排斥其他在后授权的竞争者。同样，被许可方也可以对平行进口货物提出质疑，在这种情形下，专利产品的进口地与独占被许可方所在地重合，专利产品可能由境外的另一被许可方制造，也有可能由境外的专利权人制造，经权利人第一次合法销售后，转售进入至独占被许可方所在地境内。如果独占被许可方的利益遭受损失，也会直接影响权利人本身的利益，对其发放的独占许可证的价值提出质疑，权利人也希望维护独占许可证的价值无损。

二、关于专利平行进口的几种理论

（一）地域性与权利用尽理论

权利用尽又被称为权利穷竭，其基本含义是经知识产权人或其授权的人许可而生产的知识产权产品，在第一次投放市场后，权利人即丧失了对它的控制权，其权利被认为用尽。凡合法地取得该产品的人，只要不将其用于侵犯知识产权人的专用权，即可以自由地使用、转卖、处置该知识产权产品。

权利用尽理论是最早适用于解决平行进口问题的法律依据，直接依此理论解释平行进口，是因为经专利权人或其被许可方生产的产品，在第一次投放市场后，权利人即丧失了对它的控制权，其权利用尽。权利用尽原则主要是为了限制权利人的专有权，平衡知识产权人专有权所产生的负效应而设置的，避免在市场上产生垄断，并阻碍产品的自由流通。平行进口的专利产品在权利人第一次许可销售以后，其专有权已经用尽，无权再对进口商进行限制，平行进口的产品不侵犯权利人的任何权利，而且使消费者有更广阔的产品选择余地，有利于实现市场竞争，平行进口产品与进口地权利人生产的专利产品有同样合法的地位。当然用此原则来进行解释未必是完全支持平行进口的做法，依据权利穷竭理论与地域性原则的结合，又出现了以下两种解释。

1. 专利权国内用尽

专利权国内用尽观点认为权利穷竭理论是具有地域性的，因此有学者提出了"权利国内穷竭"理论，该理论指按照知识产权的属地原则，同一项权利按照各国法律，分别于这些国家取得专利权，且其权利内容和效力仅在该制定国领域内得以承认。尽管国际社会对消除专利的"地域性"差异作出了较大的努力，但是在短时期内消除专利权的地域性差异是无法做到的，这直接影响到各主权国家最根本的利益，因此，在国际公约中，对地域性差异所做的努力并不能等同于国际社会否认专利权的"地域性"差异。一些国际公约非常明确地指出,公约并不否认各国对专利权的规定具有独立性。按照此理论,专利权人的权利穷竭仅适用于国内第一次合法销售的产品,对于在境外许可销售的产品,专利权人的权利并不穷竭。进口国的专利权人仍然有权禁止专利产品的进口,因为不同地域的专利权是相互独立的,且是分别受到两国法律保护的不同客体。

2. 专利权国际用尽

支持平行进口的学者则提出了"专利权国际用尽说",即认为只要专利权人或其许可的使用人将专利产品在其享有权利的某一个国家投放到市场,进行了第一次合法的销售,专利权人的权利就已经穷竭,权利人没有理由禁止平行进口至其国内的专利产品。许多国家由原来禁止专利平行进口转向"专利权国际用尽",允许专利平行进口,如日本、美国等。日本对平行进口问题的态度在20世纪70年代后发生了较大变化,体现了从"国内用尽"原则到"国际用尽"原则的转变,要求专利权人自己在合同中事先对可能出现的平行进口问题作出约定。典型案例如BBS一案,BBS是一家德国公司,其汽车车轮在德国和日本都申请并取得专利权,日本的一家公司从德国进口了BBS公司在德国制造并享有专利的车轮后出售给另一家日本公司。BBS公司在日本起诉两家日本公司,请求法院禁止销售其专利产品的行为,并且要求损害赔偿。日本最高法院的判决支持东京高等法院驳回BBS诉讼请求的判决。日本最高法院认为,对发明专利的保护必须考虑到公众的利益,若每次交易都必须取得专利权人的同意,将导致交易的中断而有碍专利法目的之实现;专利权人通过转让或许可取得使用费已经是对其发明创造的回报,无需再控制以后的再销售并从中牟利,故有必要对专利权进行限制。这正是专利法所体现的专利权权利用尽原则。考虑到国际贸易之现状——在成熟的基础上、在广泛的范围内发展,所以保护贸易自由化是最重要的。除非专利权人与买方有明确的协议排除专利产品售往日本,否则专利权人在第一次出售以后权利用尽。

适用同一权利穷竭理论,产生不同态度的原因是地域性原则与权利穷竭理论的结合。地域性原则认为由于知识产权是权利人依据不同国家的法律分别付出了不同的代价而取得,因而依据不同法律产生的知识产权是相互独立的,不依赖于其他国家的法律。对这一原则的依据是《巴黎公约》关于专利权的独立性的解释，认为不同国家对同一项知识产权提供保护时，专利权是否穷竭，其受保护的程度以及为专利权人提供的司法救济方式等同样也有地域性，完全取决于提供保护国家的法律。这一原则并不否认专利权的权利用尽理论，只是认为按照进口国的法律或政策适用国家或国际的范围的不同，权利用尽的概念和含义也不同。TRIPS 中对"权利穷竭"问题也采取了回避的态度，其第 6 条规定："就本协定争端解决而言，在遵守第 2 条和第 4 条规定的前提下，本协定的任何规定不得用于处理知识产权权利用尽问题"，将这一问题交由各成员自己的法律来解决。

3. 专利权区域用尽

适用专利权区域用尽理论最典型的为欧盟，随后相继为其他自由贸易区所采用，如北美自由贸易区（NAFTA）。专利权区域用尽是指专利权人在对专利产品进行授权的首次销售后，专利权仅在特定地区内穷竭。专利权区域用尽理论是特定自由贸易区域内自由贸易政策与专利独占权进行协调的结果。在自由贸易区内，如欧盟，货物的自由流通程度较高，区域成员之间的合作密切，基于绝对的专利权国内用尽原则禁止专利产品的自由流动，无异于对自由贸易区辛苦建立的自由贸易政策提出了挑战。根据《罗马公约》的规定，欧盟内部应保证商品的自由流通。专利商品由专利权人或其指定的销售商投入到欧盟市场后，专利权人即丧失了对该商品的控制权，无论商品在欧盟市场内怎样转卖，权利人均无权干涉。几乎所有的欧盟国家都规定了专利权人无权使用自己的权利对抗自己或经其同意，投入欧盟市场商品的进一步转卖。在《欧洲共同体专利公约》签署之前，欧盟的一些国家对专利权"权利用尽"原则是排斥的，例如德国的一些判例中是赞成禁止平行进口的。法国 1978 年修改的专利法中也规定：专利权用尽以在法国国内将产品投放市场为前提。公约签署后，打破了共同体范围内各国专利权的地域性界限，专利权人可将专利产品投入到欧共体任何一个市场中去，同样，他人也可持有专利使用许可证将产品投入任一成员国市场。欧洲经济共同体法院在对案件的判决中也确立了共同体内专利权用尽规则，认为如果欧共体成员内的专利权人在不同的成员国内取得专利权，专利产品在经专利权人第一次合法授权销售后，专利权人无权阻止专利产品的进口。如果允许专利权人对专利产品行使再次的进口权就会破坏共同体内部已经建立的自由贸易政策。到目前为止，其他的自由贸易区域在各自的地域内也采纳了专利权区域用尽理论。

专利权区域用尽理论是在"专利权国内用尽"说与"专利权国际用尽"说之上进行了发展的理论，在一定程度上调和了适用两种理论之间的冲突，对于解决自由贸易区域内部的专利平行进口问题发挥了积极的作用。专利权区域用尽理论没有完全承认或否定任何一种观点，可以说对两种理论均有条件加以地适用，同时有效地维护了自由贸易区已经建立的自由贸易政策，促进了专利产品在贸易区内部的自由流通。专利权区域用尽理论不仅在经济上维护贸易区一体化的利益，在某种程度，也促进和说明了贸易区法律一体化的程度。

4. 专利权地域性与权利用尽理论的二律背反

二律背反是德国古典哲学家康德提出的哲学基本概念，是指依据普遍承认的原则建立起来的、公认为正确的两个命题之间的矛盾与冲突。尽管目前对于平行进口的解释有所发展变化，专利权地域性理论与权利用尽理论仍然是解释专利平行进口的基础理论，新的理论依旧建立在这两种理论基础之上。至少到目前为止，无论专利的地域性理论，还是专利权利用尽理论都已被普遍接受，但同时运用两种理论来解释专利平行进口问题时，又会陷入自相矛盾的境地。关于这一点，从平行进口问题在我国探讨之初到现在，均有学者提及，如有学者指出：就"权利用尽说"而言，其具有地域性是正确的，但如果就此推导出"知识产权国内用尽说"就不正确了。国内用尽说的逻辑结论是该知识产权在国外尚处于未曾行使的状态，尚未用尽。"知识产权国际用尽说"也是错误的，该理论只看到知识产权在不同国家的权利内容基本相同这一表象，而没有认识到根据不同国家的知识产权法产生的是不同的知识产权这一本质。因此，不管是"知识产权国内用尽说"还是"知识产权国际用尽说"，都是存在逻辑上矛盾的概念❶。

对于平行进口问题的解释，无论是"专利权区域用尽"理论抑或"专利权默示许可"理论依然是建立在两种基础理论之上，以至于迄今为止，尚未有解决专利平行进口的公认理论。抛开专利平行进口问题，分别适用"专利权利用尽"理论与专利地域性理论解决相关法律问题，在实践中并未产生异议。在解决专利平行进口问题时，却出现对两种理论的异议，究其原因，其实是同时适用两种理论，试图用其中一种理论解释另一种理论的结果，最终

---

❶ 王志刚. 平行进口的竞争法分析 [EB/OL]. [访问日期不详]. http://gongsifa.biz.

使适用法律的人陷入二律背反的矛盾之中。从以上基础理论的分析可以看到具有共性的一点，就是以地域性理论来解释权利用尽理论，由于所持观点的不同，得出了不同类型的"权利用尽"说。我们可以先明确一个问题：如果专利产品的贸易发生在同一国境内，那么就不会产生以地域性理论解释权利用尽理论的现象，两种理论没有交集。地域性原则确立的目的是为了维护本国专利法律制度的独立性，而权利用尽理论则是为了限制专利权人的权利，从根本上说，权利用尽原则属于专利法律制度的一部分，其理论本身就是具有地域性的。哲学上的二律背反矛盾产生的重要原因之一就是试图使用整体去解释整体中的部分，而使用地域性理论解释权利用尽恰恰进入了二律背反矛盾之中。

（二）专利权默示许可理论

如前所述，即使在英美法系，默示许可理论在实践运用中也不是十分明确的，在多种情形下都存在有适用默示许可理论的机会与可能性，英美法系的法院始终对默示许可理论持比较谨慎的态度。

专利权默示许可与专利权人的明示许可相对应存在，主要是基于法律的规定而推定存在的专利权许可。由于专利权默示许可的最初表现与权利用尽原则有关，默示许可理论又被拿来用以解释专利平行进口问题。解释专利平行进口问题的默示许可理论主要依据的是英美早期的判例实践，即如果专利权人或独占被许可方在专利产品第一次出售时，未在产品之上明确提出有关货物流转的限制性条件，就意味着对于专利产品的继续流转给予了默示许可，无论是国内流通，还是跨越国界的流动，均不能再次主张专利排他权。默示许可原则应用到平行进口问题上，是指运用默示许可原则对知识产权人的权利进行限制从而允许平行进口。其内容是，只要权利人在许可协议或者首次销售协议中未对产品随后的处置指出明确的限制，就可以推定权利人存在默示的许可，许可购买者及其后手自由处置购买的知识产权产品。所以，当进口商将购买的产品进口到权利人所在国时，并不构成专利侵权。因为，未经权利人许可销售专利产品才构成侵权，而存在默示许可时，这种销售当然不构成侵权。❶

专利权默示许可理论在专利平行进口领域的发展，在一定意义上讲，类

---

❶ 严桂珍. 我国专利平行进口制度之选择——默示许可 [J]. 政治与法律, 2009 (4).

似"区域专利权用尽"理论的适用，同样是对"专利权国内用尽"与"专利权国际用尽"理论的发展与协调，是对权利用尽理论的有条件适用。依据专利权默示许可理论，如果专利权人在专利产品第一次合法销售时，明确提出了对于专利产品进一步流转的限制条件，则专利权并未用尽，权利人仍然有权主张专有权，排除其授权专利产品的进口。反之，专利权人则无权限制经其合法授权专利产品的进口。目前，在许多国家，包括美国、日本以及欧盟一些国家，专利权默示许可理论在一些案例中已经得以适用，对于解决业已存在的专利平行进口问题从另一侧面寻找到了突破口，并发挥了现实的作用。

三、平行进口的合法性分析

在面对平行进口的专利产品时，权利人的禁止进口权应当受到限制，如专利权人自己或其授权的人进行了第一次合法销售，专利权人不再享有禁止进口权。

1. 专有权不能限制合法取得的完整物权

知识产权与物权是两种不同的财产权，如专利权是需要国家行政机构授权取得财产权，而物权则不需要。知识产权具有严格的地域性，除非两国间存在国际公约或者互惠约定，各国不会承认在他国得到授权的知识产权，但一般会通过占有推定物权的存在。有形货物在各国之间的自由跨国流动是当今经济全球化情势下倡导与追求的目标，知识产权专有权不能限制他人合法取得的完整物权。专利权人可以对实施其专利技术生产的有形商品实现排他权，但一旦商品经其合法销售，即脱离专利权人限制。专利产品的购买人有理由认为其已经获得该批货物之上的完整物权，并可以自由处分该批货物，而不会受到法律上的限制，除非其在购买该批货物时已经非常清楚地了解自己将要受到的限制。专利法律制度作为人类社会一定历史阶段的产物，以短期赋予专利权人独占实施权为代价，促进技术的创新与社会经济的发展，但当这种独占权与国际货物贸易秩序相抵触的时候，会阻碍货物的自由流转，国家需要根据本国的利益确定对独占权加以限制。

2. 平行进口损害的私力救济

平行进口商品由于冲击进口国市场，给权利人带来一定的损害，包括借用商誉、广告宣传等，但这种损害可以通过权利人私力救济的方式加以回避。首先，平行进口商品所造成的权利人利益损失很多情形是权利人自身的疏忽形成，平行进口货物与其在境内生产的货物形成竞争，很大程度上是由于专权利人对此种损失缺少预见，或认为不会发生的疏忽所致。如权利人在签订知识产权许可合同时，可以签订避免造成商品混淆的条款，如在商品的包装、产地注明方面加以明示等。如平行进口的商品不会在进口国市场上造成混淆，权利人的损害会得到避免。这种因专利权人自身的疏忽造成的损害，可以经权利人自身努力得到回避，就不能通过法律对货物合法所有人的权利加以限制。专利默示许可理论实际上是专利权人私力救济的一种表现，依据默示许可理论，除非专利权人已经通过合同等方式对专利产品的流动进行了明确的限制，否则专利权用尽，认为专利货物所有人已经得到了在任何地点销售该批货物的默示许可。

我国《专利法》（2008年修正）第69条作出了一定的修改，规定专利产品或者依照专利方法直接获得的产品，由专利权人或者经其许可的单位、个人售出后，使用、许诺销售、销售、进口该产品的，不视为侵犯专利权。其改动就是增加了"进口"这种情形。这一修改表明了我国对专利平行进口的立法态度，认为在专利权人或其许可的单位、个人售出后，其他企业进口该种产品的，不视为侵权，首次从法律角度对平行进口加以肯定。但我国该条款的适用性及可操作性尚存疑惑，还需进一步的细化，这主要集中在两点，其一是关于"专利权人"的认定。由于专利权的地域性，在不同国家的专利权人也许以不同的身份出现，如母公司的子公司等等。如果不能认定为同一的专利权人，该条款就无法得以适用。其次，是关于"专利技术"的认定，即使在同一国家，技术的表现尚可能不同，如改进技术等，专利技术在不同国家申请，往往会依据不同国家审批授权的要求加以改变，因此，在认定平行进口商品是否使用了同一专利技术，也会成为在司法实践中遇到的问题。对于这两点，可以通过进一步的司法解释加以细化，无论专利权人以何种形式出现，确定权利人实体身份仍然是可行的，不仅在国际技术贸易之中，在国际投资与国际税收过程也有同样的问题，确定实质条件对其身份予以认定是可行的，对于专利技术的认定也有着同样的道理。因而，我国在法律中对平行进口态度的明确是应当肯定的。

当然，尽管有基于以上对于平行进口合法性问题的分析，当货物进口与国际相关产业安全政策相冲突时，维护国家产业安全方面的法规应当优先得以适用。当平行进口的产品以低价等优势对国内的相关产业造成威胁时，国家可以基于维护经济安全的考虑，采取保障措施，禁止商品的平行进口。

第二节 未获知识产权许可货物的边境措施

一、知识产权边境措施

知识产权边境措施是指为保护知识产权权利人的利益，边境管理机构依据权利人的申请，对于未获得知识产权权利人许可的进出口货物采取的相关措施。制定知识产权边境保护措施的意义在于在侵权货物尚未进入进口国流通市场之前采取禁止措施，以避免货物在进入国内流通领域后，对权利人造成更大的损害。海关采取边境措施的法律依据包括国际立法，也包括本国的专利法、海关知识产权保护方面立法等，主要是知识产权权利人禁止侵权产品进口权的集中表现，海关依据权利人的申请采取相应的措施。

1. 客体是未经权利人许可的侵权货物

边境措施的保护对象主要是进口国依法得到知识产权权利人授权的货物，未获得知识产权许可而进口的货物将会被采取相应的制裁措施。平行进口也是涉及知识产权问题的进口货物，但两者的区别是：平行进口货物是经过进口国知识产权权利人授权的货物，而边境措施所管理的是未经进口国知识产权权利人授权的侵权货物。

2. 目的是保护进口国权利人利益

知识产权边境保护的主要目的在于维护本国知识产权权利人的利益，避免受到国外侵权货物的侵害。此种侵权界定的关键词是"进口国"，这就意味着进口货物的侵权属性是针对进口国而言，由于知识产权的地域性，进口货物在出口国完全有可能属于合法货物，而非侵权货物。举例说明，如在 A 国与 B 国存在同一商标品牌的不同商标权人甲与乙，那么甲在 A 国生产该批货物，乙在 B 国生产该批货物，并使用同样的商标都是合法的不属于侵权货物。但如果甲将在 A 国生产的货物出口到 B 国，就会侵犯进口国乙的商标权，在 B 国边境被认定为侵权货物。因而，判断是否为侵权货物的标准是进口国的知识产权法律制度，目的是维护进口国知识产权权利人的合法利益。

3. 一般只对进口货物进行管理

海关边境措施包括对进口货物的管理，也包括对于出口货物的管理，但知识产权边境措施一般情形下只针对进口货物进行管理，以维护进口国市场竞争秩序。鉴于知识产权的地域性属性，一般不对知识产权货物的出口进行管制。如美国关税法中只规定了对于侵犯知识产权进口货物的边境措施，欧盟 2003 年实施的《关于海关查处侵犯知识产权货物措施的条例》也规定禁止来自第三国的侵犯知识产权的货物进入欧盟。边境措施的目的就是为了保护本国市场，因而一般只对进口货物进行管理。

二、知识产权边境措施的国际法规范

统一的知识产权边境措施能够促进国际货物跨国的流转，减少国家之间的贸易摩擦，WTO 在制定知识产权国际公约时，知识产权边境措施必然成为其中的内容。TRIPS 在知识产权执法一章中就知识产权边境措施进行了规定，主要内容包括以下几方面。

1. 海关当局中止放行

当发现有合法理由怀疑的假冒商标商品或盗版商品进口时，应当保证权利持有人能够向主管的司法或行政机构提交书面申请，申请要求海关中止存在知识产权侵权可能的商品进入自由流通市场。海关当局收到此类申请时应当对该批货物采取一定的措施并中止放行。

2. 适用的进口货物类别

TRIPS 要求其成员在本国境内制定相关的边境措施，以保护知识产权权利人的利益，但并非包括所有类别的知识产权货物，协定要求成员保护的货物类别应当包括：（1）假冒商标的商品，指任何未经权利人授权使用了与有效注册的商标相同的商标，或者使用了其实质部分与有效注册的商标不可区分的商标，依照进口国的法律侵犯了该商标所有人的权利的商品；（2）盗版商品，指任何未经权利持有人本人、或在商品制造国的被正当授权之人的许可而复制，或直接或间接依照某物品制造的商品，这种复制行为依据进口国的法律构成侵犯版权或有关权利。

3. 保证金与中止放行

成员海关边境主管当局有权要求申请人提供足以保护被告和该主管当局并防止申请人滥用权利的保证金或与之相当的担保。对商品中止放行的通知，应立即通知进口人和申请人。如果在向申请人发出中止通知后不超过 10 个工作日的期限内，海关当局未被通知除被告之外的当事人已经提起诉讼，或未被通知经合法授权的当局已决定采取临时措施延长对该商品的放行中止期，则应对商品予以放行。如果成员要求主管当局根据其获得的初步证据对有关正在侵犯知识产权的商品主动采取行动，中止放行，则应立即将中止放行通知进口人及权利持有人。

4. 具体措施

在不妨害权利持有人有自由采取行动的其他权利，并使被告有权寻求司法当局进行审查的前提下，海关主管当局有权责令销毁或处置侵权商品。对于假冒商标的商品，除个别场合外，主管当局不得允许该侵权商品按照原封不动的状态重新出口，或以不同的海关程序处理该商品。

三、美国"337条款"

美国"337条款"是专门针对侵犯本国知识产权的进口货物进行制裁的法规。"337条款"最早源自美国1922年关税法的第336节，1930年修改后成为第337节，后又历经了1974年、1988年及1994年等修订，逐步发展为主要针对侵犯本国知识产权的进口货物案件。如依据该法规定专利权人有权依法禁止他人在美国生产其受保护的专利产品和在海外仿制其专利产品后销往美国。目前，"337调查"已经成为美国阻碍外国产品进口的重要手段，本世纪以来，我国企业频频遭受到"337调查"，占美国"337调查"案件的比例也在不断上升。

依据"337条款"，无论是货物所有人、进口商或者分销商，凡向美国进口、为进口而买卖或进口后在美国销售属于侵犯了美国法律保护的著作权、专利权、商标权、集成电路布图设计和设计方案权货物的行为，就属于其规范的有关知识产权的不公平贸易。这种行为会威胁、破坏或对美国相关产业造成实质损害，因而被认定违法。相对于国内的知识产权侵权案件，适用"337调查"程序的案件面临更为严格的制裁措施，美国国际贸易委员会负责此类侵犯国内知识产权案件的受理，案件适用的期限较短，程序相对简单，被认定知识产权侵权的货物还会累及同类别的其他相关产品。如被认定在美国市场侵犯了知识产权，国际贸易委员会有权实施的救济措施主要有有限排除令、普遍排除令、停止令。其中普遍排除令指不管出口人是否为被诉方，只要无法证明其产品没有侵权，就排除该类产品进入美国；有限排除令是针对被裁定侵权的被诉方发出，禁止被诉方的产品进入美国；停止令要求被诉方立即停止被指控的侵权行为，除产品不得向美国出口外，也不得在美国对涉案产品进行市场营销、分销、代理、寻求销售或者转让等行为。

四、我国海关知识产权法律规范

我国海关知识产权保护的规范最早见于1992年中美两国签订的《中美知

识产权谅解备忘录》，该备忘录第 5 条规定："两国政府将在各自境内及边境采取有效的办法和救济，以避免或制止对知识产权的侵犯，并遏制进一步的侵犯。在采取这些办法和救济时，两国政府应提供禁止滥用的保障，并应避免为合法贸易制造障碍"，这是我国在海关采取法律措施禁止侵犯知识产权货物进口的最早依据。随后我国 1995 年发布《知识产权海关保护条例》，该条例运行了 9 年后，我国在 2004 年施行了新的《知识产权海关保护条例》。2007 年 4 月 10 日，美国向 WTO 提出申诉，指控中国的知识产权保护立法不符合 TRIPS 的相关规定，10 月"中美知识产权案"专家组正式成立，成为针对我国知识产权提起的首起案件。2009 年专家组公布裁决结果，就海关知识产权保护措施部分认为我国规定与 TRIPS 第 59 条及 46 条规定不一致，我国随后在 2010 年 3 月通过了《国务院关于修改〈中华人民共和国知识产权海关保护条例〉的决定》，对侵权货物的具体处理措施进行了修改。

1. 知识产权备案

知识产权权利人可以提交申请书，将其知识产权向海关总署申请备案，备案内容包括知识产权权利人的名称或者姓名、注册地或者国籍，以及知识产权名称等相关信息，还包括知识产权许可行使状况，行使知识产权的货物的名称、产地、进出境地海关、进出口商、主要特征、价格等。知识产权海关保护备案自海关总署准予备案之日起生效，有效期为 10 年。知识产权有效的，知识产权权利人可以在知识产权海关保护备案有效期届满前 6 个月内，向海关总署申请续展备案。每次续展备案的有效期为 10 年。知识产权海关保护备案有效期届满而不申请续展或者知识产权不再受法律、行政法规保护的，知识产权海关保护备案随即失效。

2. 扣留侵权货物

知识产权权利人发现侵权嫌疑货物即将进出口的，可以向货物进出境地海关提交申请书及相关证明文件，并提出扣留侵权嫌疑货物的申请。知识产权权利人请求海关扣留侵权嫌疑货物的，应当向海关提供不超过货物等值的担保，用于赔偿可能因申请不当给收货人、发货人造成的损失，以及支付货物由海关扣留后的仓储、保管和处置等费用。海关扣留侵权嫌疑货物，书面通知知识产权权利人，并将海关扣留凭单送达收货人或者发货人。涉嫌侵犯专利权货物的收货人或者发货人认为其进出口货物未侵犯专利权的，可以在向海关提供货物等值的担保金后，请求海关放行其货物。知识产权权利人未能在合理期限内向人民法院起诉的，海关应当退还担保金。

知识产权权利人在向海关提出采取保护措施的申请后，可以依法在起诉前就被扣留的侵权嫌疑货物向人民法院申请采取责令停止侵权行为或者财产保全的措施。海关收到人民法院有关责令停止侵权行为或者财产保全的协助执行通知的，应当予以协助。如海关自扣留之日起50个工作日内未收到人民法院协助执行通知，并且经调查不能认定被扣留的侵权嫌疑货物侵犯知识产权的，或者涉嫌侵犯专利权的收货人或者发货人在向海关提供与货物等值的担保金后，请求海关放行其货物的，海关应予以放行。

3. 侵权货物的处理

经海关调查后认定侵犯知识产权的被扣留货物，由海关予以没收。根据我国修改前的《知识产权海关保护条例》，海关没收侵犯知识产权货物后，应当将侵犯知识产权货物的有关情况书面通知知识产权权利人。被没收的侵犯知识产权货物可以用于社会公益事业的，海关应当转交给有关公益机构用于社会公益事业；知识产权权利人有收购意愿的，海关可以有偿转让给知识产权权利人。被没收的侵犯知识产权货物无法用于社会公益事业且知识产权权利人无收购意愿的，海关可以在消除侵权特征后依法拍卖；侵权特征无法消除的，海关应当予以销毁。

美国2007年在WTO提起的申诉中认为，我国《知识产权海关保护条例》中确立的对没收侵权产品拍卖的处理方式违反了TRIPS，并未将侵犯知识产权的商品真正排除出商业流通渠道。依据TRIPS第46条的规定，为有效制止侵权，司法机关有权在不给予任何补偿的情况下，责令将已经被发现侵权的货物在商业渠道之外进行处置，以避免对权利持有人造成任何损害，或下令将其销毁。专家组在2009年公布的裁决中认为我国此项规定与TRIPS的规定不符，我国于2010年施行的《国务院关于修改〈中华人民共和国知识产权海关保护条例〉的决定》对此问题进行了修改。修改后的规定是，"被没收的侵犯知识产权货物无法用于社会公益事业且知识产权权利人无收购意愿的，海关可以在消除侵权特征后依法拍卖，但对进口假冒商标货物，除特殊情况外，不能仅清除货物上的商标标识即允许其进入商业渠道；侵权特征无法消除的，海关应当予以销毁"，即修改后的条例补充了不能仅清除货物上的商标标识即允许其进入商业渠道的规定，保持了与TRIPS的一致。

第九章
国际技术转让的政府管理

第一节 国际技术转让政府管理概述

一、国际技术转让政府管理的含义与特征

国际技术转让政府管理指为了维护国家安全,政府对于特定技术的跨越国境转移行为进行的干预与控制。国际技术转让的政府管理是政府针对技术的涉外安排进行的管理,属于技术转让政府管理内容的分支,是政府管理技术对象的重要组成部分。政府在为维护国家安全对技术进行管理干预时,并不会对技术的类型是否属于一般技术、秘密技术,还是专利技术进行区分,其目的性决定了只要对国家安全会产生重要影响的技术就必然要被纳入管理的范围。但由于专利技术特殊的法律属性,政府在对专利技术的国际转让行为进行管理时,也具有一定的特殊性。政府对于跨越国境技术转让行为的管理,既包括将本国技术转移出境外的行为,也包括将国外技术引进本国的行为。国际技术转让政府管理的主要特征如下。

1. 是以政府为主导的行政管理行为

对于国际技术转让的管理行为是以国家政府为主导的行政管理行为,是对国际技术转让的纵向管理行为,包含着国际技术转让法律关系。这种行政管理行为直接影响国际技术转让合同的效力,是将私人行为纳入国家利益标准加以权衡的一种体现。

2. 政府管理行为应当依法进行

政府对技术转让行为的管理是单向的,具有强制性的,但并非是随意的,政府管理行为必须是法定的。对于管理控制的技术种类、审查的具体程序安排等都必须有明确的法律依据,这种要求源于政府与被管理者之间不对等的法律地位,当事人应当对所订立的技术转让合同的效力有一定程度的预期,这种预期依赖法律的明确规范。

3. 政府管理不等于抑制技术的出口

政府对于技术进出口的管理与政府鼓励技术进出口并不矛盾,一国政府只对本国具有重要影响的技术转移加以干预,对于普通的技术都持以积极鼓励的态度。因而,政府进行管理的对象仅是部分技术,而非所有进行国际转让的技术。

二、政府管理国际技术转让的原因——技术的政治性

政治作为一种社会现象和社会的上层建筑,出现在产生阶级对立和产生国家的时候,并总是直接或间接地同国家相联系。马克思认为:"政治是以经济为基础的上层建筑,是经济的集中表现,是以政治权力为核心展开的各种社会活动和社会关系的总和。"政治管理就是国家权力为了维护某种政治秩序和实现某种政治目标,按一定原则和方式对社会政治生活进行自觉的、有计划的管辖和控制。

由于技术水平的先进与否直接决定了一个国家的经济实力,一个国家的科技水平高就决定了一个国家拥有更强的综合国力,这种对国家利益的重大影响赋予了现代技术政治性的特征。对于技术进行政治管理就是国家权力为了维护稳定的政治秩序和实现以科技强国的政治目标,按本国利益最大化的原则和方式对涉及技术的转让行为进行的有计划管辖和控制。从英国率先使用蒸汽机技术成为世界强国,到世界第一科学技术中心的美国,再到依靠引进先进技术发展本国经济的日本,都已经印证了技术在一个国家的发展中所发挥的作用。国际货物贸易的不断发展,在货物贸易的竞争中,含有高新技术的产品拥有更强的竞争力,因此,货物的制造商将维持利润的基点放在货物的技术含量上,技术贸易的顺利与否直接决定了货物贸易的正常进行。而在技术进出口贸易的市场上,由于技术的所有人对技术拥有排他的权利,就决定了技术的许可方有可能对被许可方、甚至国家市场造成影响,这些都是国家加强对技术进出口管制的原因。因而,有学者指出,有形物与知识财产的一点重要差别就在于,政府在知识财产上有着比在物质财产上更深的涉入。❶

---

❶ 威廉·M. 兰德斯,理查德·A. 波斯纳. 知识产权法的经济结构 [M]. 金海军,译. 北京:北京大学出版社,2005:45.

依据政府对待技术进行管理的不同态度,一般可以将技术分为三种不同的种类,即政府严格控制的技术、需经政府行政审查的技术与政府积极鼓励出口的技术。如我国《技术进出口管理条例》依据国家的产业政策、科技政策和社会发展政策,将所管理的技术分为三类,分别是禁止进出口的技术、限制进出口的技术以及自由进出口的技术。对于限制与禁止进出口的技术,由国务院外经贸主管部门会同国务院有关部门,制定、调整并公布禁止或者限制进口的技术目录。属于禁止进出口的技术,当事人不得签订技术进出口合同进行技术转移;属于限制进口的技术,则可以签订技术进出口合同,但实行许可证管理,只有得到相关部门许可后,才可以进行技术转移,未经许可,则不得进出口技术;属于自由进出口的技术,国家实行合同登记管理,当事人可以签订技术转让合同,但应当向国务院外经贸主管部门办理登记,合同自依法成立时生效,不以登记为合同生效的条件。

三、国际技术转让政府管理的内容

1. 技术涉外申请的管理

国家对技术涉外申请的管理属于国际专利技术转让政府管理的内容,因为在技术引进国申请专利权,是进行技术跨国转让的前提条件,国家政府也往往在技术申请阶段就介入管理。对于专利技术涉外申请的管理,一般包含两个方面,一是本国技术向国外申请的管理;另一是外国人在本国申请专利等权利性内容的管理。

2. 技术本身的管理

国家对于技术本身的管理是进行政府管理的核心,多数国家往往根据技术的重要性程度,将技术进行分类管理,而且,会在一定期间内公布国家对于技术分类管理的清单或目录。以调整技术转让当事人对于国际专利技术转让交易的预期性,对于国家限制或禁止的技术,往往要通过政府的严格审核。国家根据技术的出口与进口,对技术进行管理的态度有所不同,对于技术进口侧重于技术的先进适用,以及对于环境、资源的影响,而对于技术出口的管理则主要基于对国家安全的考虑。

3. 国际技术转让合同的管理

对于国际技术转让合同的管理主要体现在对合同的登记备案,以及合同条款的管理方面,许多国家对于技术进出口合同要求当事人进行登记。在对合同进行审查时,有些国家还会对技术转让合同中出现的一些条款作出禁止性规定，对于合同条款的规范主要体现在对于技术进口合同的管理，不允许本国当事人接受技术合同中的限制性商业条款。

四、国际技术转让政府管理的国际协调

（一）巴黎输出管制统筹委员会

巴黎输出管制统筹委员会（Co-Ordinating Committee for Export Control）即"巴黎统筹委员会"，简称"巴统"，于1949年成立，成员主要是一些西方发达国家，成立巴黎统筹委员会的目的是限制成员国向社会主义国家出口战略物资和高新技术。

这个在"二战"后冷战年代成立的出口控制组织反映了发达国家以国家安全为理由，在政府出口控制方面的协调行动，其针对的国家主要是前苏联、东欧及中国。这种出口控制集中体现在高技术及其产品方面，以美国对技术出口的控制坚持最为彻底，以至到了20世纪末时，引来国内外一片反对声音。认为由于美国政府出口控制，美国高科技产业处于极为不利的处境，因为美国单方面的出口控制削弱了美国公司在全球市场上取得的成功，进而危及整个国家的安全。❶提出这种反对声音的不仅仅发生在美国，在"巴统"的其他成员国内也提出了出口控制与本国经济利益冲突的质疑，随着经济全球化的发展，这种质疑不断增强，许多成员国在实际的技术出口中已经放宽了政府控制。终于在1994年，"巴统"组织正式宣告解散。

以美中关系为例，1950年，朝鲜战争爆发，美国将中国宣布为"敌对国家"，禁止向中国出售任何技术和商品，中美贸易中断。1952年，美国积极推动"巴统"成立"中国委员会"，针对中国采取极其严格的技术管制政策。直到1972年尼克松总统访华后，美国才对中国采取了比对前苏联和其他东欧国家更加宽松的技术管制政策。1983年11月，中美签署美国向中国转让技术的有关文件，美国政府正式发表"对华出口指导原则"，但美国对中国还是规定了特殊的出口控制政策。为了维护美国贸易强国的地位，在中国加入WTO后，美国对中国的技术出口仍然保持着谨慎的态度。

（二）瓦森纳尔安排

瓦森纳尔安排是一种与技术出口有关的控制机制，主要成立依据是1996

---

❶ AYLAN BROADBENR. U. S. Export Controls on the Dual-Use Goods and Technologies: Is the High Tech Industry Suffering? [J]. International Trade Law Journal. Summer, 1999.

年7月在奥地利维也纳签订的《关于常规武器和双用途物品及技术出口控制的瓦森纳尔安排》(The Wassenaar Arrangement on Export Controls for Conventional Arms and Dual-Use Good and Technologies),是在"巴统"正式解散后建立的一种常规武器和双用途物资及技术出口控制机制。"巴统"解散后,一些原成员国认为,为了防止常规武器和具有双用途的技术或产品的扩散对地区与国际安全形成威胁,有必要设立一种新的安排加以控制,于是瓦森纳尔安排应运而生。瓦森纳尔安排的根本目的就是维护地区与国际安全,增加常规武器和双用途物品及技术转让的透明度,并达到对常规武器和双用途物品及相关技术转让的监督和控制。

瓦森纳尔安排建立的目标是形成国家政府与政府之间的保障制度,并不损害民间的商业贸易往来,并列出所控制的技术清单,技术清单会根据需要进行修订,如在2003年12月,瓦森纳尔安排在维也纳就加强对便携式防空导弹进行控制达成协议,并对控制清单进行了修订。但显然,由于双用途产品及技术在解释中存在的问题,政府对于双用途技术出口的控制同样引发了出口国技术转让公司与国家政府控制的矛盾。

五、各国政府管理技术进出口的立法

(一)美国技术进口的相关立法

美国为了遏制社会主义国家对外贸易的发展,于1949年通过了《出口控制法》(Export Control Act),规定为了维护美国的国家安全和经济利益,授予美国总统干预对外贸易的权利,美国总统可以禁止或限制技术资料的输出。该法于1969年被《出口管理法》取代,在10年后,1979年美国又颁布了一部新的《出口管理法》,对这一体系进行了较大调整,奠定了现行美国出口管制体系的基本特征。1990年9月30日,1979年《出口管理法》10年有效期满,由于美国各界在出口管制问题上分歧严重,美国至今仍没有出台取代它的新法律,为此,第12730号总统行政令规定,在《国际紧急状态经济权力法》授权范围内继续实行依据1979年《出口管理法》制定的《出口管理条例》,为维持出口管制制度的效力,历届美国总统不得不一再宣布全国紧急状态并启动安全网应急权。目前,根据第13222号总统行政令,《出口管理条例》在《国际紧急状态经济权力法》授权的范围内继续执行。美国有关出口管制的各项法律缺乏一个一贯的、现代的法律基础,这不仅为工商界造成了不确定性,损害了美国在同外国政府交往中的信誉,而且还破坏了美国执行出口管制各项法律的努力。❶ 尽管根据出口管理法和总统的授权，美国商务部制定了一套十分详尽的《出口管理条例》（Export Administration Regulation），但条例也经常进行修改。美国的出口管理条例旨在鼓励与所有国家进行自由贸易，除非总统发布决定此项贸易损害国家利益。❷

目前，美国的《出口管理法》已经到期，美国一些学者及负责出口管理的官员对这一问题也纷纷要求本国尽快制定新的法律，如美国商务部出口管理局负责出口管理执行事务的助理部长迈克尔·J. 加西亚在谈及美国对华出口管制的讲话中表示，制定新的出口管制立法对保护美国国家安全利益至关重要，授权实施出口管制的美国《出口管理法》已于 2001 年 8 月到期。在过去的 23 年内，这项立法已第六次到期失效。美国有关出口管制的各项法律缺乏一个一贯的、现代的法律基础，这不仅为工商界造成了不确定性，损害了美国在同外国政府交往中的信誉，而且还破坏了美国执行出口管制各项法律的努力。2007 年 8 月，美国参议员提交了《2007 年出口执行法》（The Eeport Enforcement Act）议案，以修订《出口管理法》，但美国出口许可制度法律依据仍然来自《国际紧急状态经济权力法》。

尽管如此，美国并未放松对于敏感技术的出口控制与管理，以对中国为例，美国商务部 2007 年 6 月正式公布了《对中华人民共和国出口和再出口管制政策的修改和阐释；新的经验证最终用户制度；进口证明与中国最终用户说明要求的修改》，用以指导对中国的技术出口管理，新的制度在程序上有一些变化，但对于技术出口的控制并未明显减弱。

（二）日本技术进出口政府管理的立法

日本有关对外贸易的法律体系包括作为基本法的《外汇及对外贸易管理法》和具体涉及对外贸易管理的《进出口交易法》，促进对外贸易发展的《贸易保险法》《日本贸易振兴会法》等，20 世纪 70 年代后期，日本着手对外管法进行了较大的修正，并将其与原外资法合并起来，成为一部新的外管法，于 1979 年 12 月 18 日颁布，并于次年 12 月 1 日生效。为了具体操作进出口贸易法，日本经济产业省颁布了《输入贸易管理令》和《输出贸易

---

❶ MICHAEL J. GARCIA. Commerce Official Cites Need for New Export Administration Act，17 January 2002，U. S. Relations with the People's Republic of China，2002.

❷ MICHAEL D. KLAUS. Dual-Use Free Trade Agreement：the Contemporaty Alternative to High-Tech Export Control [J]. Denver Journal of International Law and Policy，2003.

管理令》。

日本鼓励技术的引进，1997年，修改了《外汇及对外贸易管理法》，修改并更名后的《外汇及外国贸易法》使日本经济从战后恢复走向独立的时期，直接引进外国成熟技术，利用电子计算机等现代化技术改造传统支柱业，缩短了本国支柱产业的发展周期和升级速度。日本在实现这一目标的过程中，对国内技术转化制定了专门的法律规定，如：

（1）1985年2月15日，日本通产省和邮政省共同制定以设立基础技术研究促进中心等为主要内容的法律——《顺利推进基础技术研究法》，于同年6月15日公布执行；

（2）1988年5月6日颁布的《促进大学有关技术的研究成果向民间事业者转移的法律》，即成果转移法；

（3）1995年11月颁布的《科学技术基本法》，1998年12月18日颁布的《新事业创出促进法》；

（4）1999年3月，日本颁布了《制造基础技术振兴基本法》；

（5）2000年8月又颁布了《产业技术竞争力强化法》。

（三）我国技术进出口管理的法律规范

我国在改革开放以后，技术贸易的比重不断加大，1981年国务院通过了《技术引进和设备进口工作暂行条例》，1985年又颁布了《技术引进合同管理条例》，1988年原外经贸部（现商务部）公布了《技术引进合同管理条例施行细则》。20世纪90年代，我国对外输出的技术也不断攀升，为了履行我国在加入WTO时作出的承诺，2004年第十届全国人大常委会第八次会议通过了《对外贸易法》的修订草案，使我国对技术进出口贸易有了更高层次的法律依据，修订后的《对外贸易法》是对技术进出口贸易的管理性规范，并增加了第五章"与贸易有关的知识产权保护"，确立了我国对外贸易改革的基本法律框架。2001年国务院发布了专门调整技术进出口行为的《技术进出口管理条例》。此外，我国对技术进出口进行管理的规范，还包括《合同法》《反不正当竞争法》等其他法律规范。

2009年我国对于技术进出口管理的规范作出了较大的调整，这主要包括：2009年2月，商务部修订实施新的《技术进出口合同登记管理办法》，原2001年对外贸易经济合作部的《技术进出口合同登记管理办法》同时废止；2009年4月，商务部与科技部根据《对外贸易法》和《技术进出口管理条例》修订公布新的《禁止出口限制出口技术管理办法》，原对外贸易经济合作部、科学技术部 2001 年第 14 号令《禁止进口限制进口技术管理办法》同时废止；2009 年 7 月，商务部修订实施《两用物项和技术出口通用许可管理办法》等。

综上，无论发展中国家，还是发达国家，对于技术的跨国流动，甚至高技术人才的跨国流动，都进行了相对较为严格的法律管理，以保护本国经济与技术市场，防止技术的扩散。尽管国家主要针对某些特定领域的特定技术，但这种控制同样限制了用于和平目的的技术的流动。这在某种程度上可以称之为技术保护主义，但这种为实现技术保护主义而进行的限制，是否符合 WTO 框架下的法律机制，从目前看，尚不明确。[1]

第二节 发达国家国际技术转让的政府管理

一、发达国家国际专利技术转让政府管理的特点

（一）重点管理技术出口

按照技术差距理论，国家之间的技术差距对于国际技术转让有着重要的影响，能够产生国际技术转让的根本原因在于不同国家之间存在技术差距。技术领先的国家具有技术上的比较优势，就有可能将技术由具有优势的国家转让到技术不具有优势的国家。

一般而言，发达国家属于具有技术优势的国家，在发达国家与发展中国家之间的国际技术转让中更多居于技术出口国的地位，发达国家管理技术转让的规范也侧重对技术出口行为的管理。在发达国家与发达国家之间的技术转移也很频繁，是在不同技术上的差距形成的技术跨国转移，由于发达国家对技术的甄别与吸收具有较为成熟的经验，国家对于技术引进管理的需求也相对较弱。

（二）技术出口实行差别待遇

通过对不同发达国家技术管理法律规范的分析，可以发现，发达国家对技术的政府管理政策，往往根据技术输入国的不同，实行不同的技术管理政策。

---

[1] JOHN H BARTON. New Trend in Technology Transfer: Implications for National and International Policy, Published by International Center for Trade and Sustainable Development (ICTSD), 2007: 16.

如根据不同国家与美国的关系和实力等因素，按管制程度将世界上的国家分为 Z、S、Y、W、Q、T 和 V，从严到宽的七组，中国一开始被列入 Y 组。在美国的出口管理活动中，某类货物或技术是否允许出口，以及可以按照什么样的形式出口，其依据之一在于货物或技术是输往哪一国家。当出口许可制度初设于 1949 年时，美国将世界上所有的国家分为 O、R 两大组。O 组包括西半球的国家，其他国家都属于 R 组。朝鲜战争爆发后，美国又从 R 组里面分离出一个 A 组，包括除南斯拉夫之外的所有社会主义国家，然后又将远东地区的社会主义国家从 A 组里面分离出去，并且对以中国香港和澳门地区为输入地的出口也实施特殊的管制。美国的输入国分类制度基本上采用的是政治标准，所以前苏联和东欧国家近年来所发生的政治局势的改变必然要引起美国这一制度的变化。美国总统于 1990 年即已宣布将对其出口管制政策进行调整，随后便大幅度地放松了对前苏联和东欧国家的出口控制。即使不对国家的组别加以变更，美国也可通过对不同的组别、不同的国家制定特殊的出口控制政策而实际地决定有关国家的待遇标准。❶ 又如，1993 年，英国外交大臣赫德宣布根据新的准则，英国贸易和工业部将加强对伊朗有关军用设备和所谓"两用"技术的出口的控制。对那些企图出口"有消息或理由怀疑将到达军事用户手里或用于军事目的"的任何设备的许可证申请不予批准，主要适用可能"极大地提高"伊朗和伊拉克的能力的技术和设备。❷

（三）主要规范高端与双用途技术出口

发达国家对一般技术的出口持自由的态度，很少加以管制，国家技术出口管理法主要规范高端技术与双用途技术的出口行为，这两类技术具有较高的价值，而且会直接影响国际安全，尤其是军事与民用双用途技术。美国管制出口的技术有两类，一类是民用与军用两用产品技术，另一类是军事物资与技术，美国商务部的工业安全局负责管制"双用"品的出口和转口。所谓"双用途技术"，就是指具有商业和军事用途的软件和技术，其他发达国家也同样对双用途技术加以控制。主要国家控制出口的项目不仅包括军控，而且还包括军民两用和民用商品和技术的出口，其控制范围就十分广泛。如美国，

---

❶ 车丕照. 国际经济交往的政府控制［M］. 长春：长春出版社，1996：148.
❷ 英国加强对伊朗两用技术出口的控制［N］. 叶文，译，绍杰，校.（英）金融时报，1993 – 03 – 02.

出口管制产品和技术包括十大类，即：（1）核材料、设施和设备及其他；（2）材料，化学品，有机品及毒素；（3）材料加工；（4）电子产品；（5）计算机；（6）通讯及信息安全；（7）激光及传感器；（8）航海及航空电子器材；（9）船舶；（10）宇航推进系统、航天器及相关设备。❶

二、美国政府管理的法律措施

（一）国外专利权的申请

美国对于本国发明在外国申请专利权规定了限制性规范，根据美国专利法第184条给予在外国提出申请的规定，"一个人在美国提出关于在美国完成发明的专利申请，或请求实用新型、外观设计或款式的注册以后的六个月内，非经专利与商标局局长发给许可证，不得在任何外国提出申请，或使他人或授权他人提出申请"。

这一条款表明，美国对于本国完成的发明如果想在外国申请专利，必须满足在注册以后的6个月内取得美国专利与商标局局长颁发的许可证的条件，否则，发明人既不能自己申请专利，也不得授权他人提出申请。

（二）技术出口的管理

1. 出口许可

美国的出口管制包括对商品和技术两方面管制，在技术方面，《出口管制法规》中将技术分为公开技术与不公开技术及正式确定为国家安全等级的技术，不同技术所需申请的许可证不同。一种为普通许可，可按一般程序申请技术的出口许可，另一种为特别许可，只能将技术按照特定的方式输往特定的国家。

如果在美国以外的地区出口或原产地为美国的物品，或者与美国有关联的物品，产品可能需要获得美国商务部工业安全局（BIS）的许可证。一般有以下一些情况：

（1）产品产于或源于美国；

（2）为外国制造产品，但以美国原产地技术或软件为基础，且有意运往指定目的地；

（3）为美国以外工厂所制造，或为主要部门位于美国以外地区的工厂所制造，且该工厂或工厂主要部门为某种美国技术或软件的直接产品，而且有

---

❶ 童书兴. 出口管制与高技术国际转让［J］. 国际技术经济研究，2003（10）.

意将产品运往指定目的地。❶

2. 分类管理

（1）部门分类管理

美国对技术出口的控制主要是通过三个渠道进行，军火及与军火有关的技术的出口由国务院军火控制局管理；军事技术的专利申请由原子能委员会或国防部管理，如果原子能委员会或国防部认为该项专利申请及技术需要保密，则申请人未经授权不得向外国申请专利，国防部及国务院对于此类技术会从国家安全及外交政策等方面进行考虑，拥有否决权。技术出口控制的第三种渠道就是依据美国的出口管理法所进行的出口控制，这也是技术出口控制的最经常性的方式，民用和军民两用的技术由商务部和财政部共同管理，可见，除商务部外，国防部、能源部、财政部及专利商标局也参与对技术出口的管理，但各自有着相对具体的分工。

（2）技术分类管理

在美国商务部颁布的《出口管理条例》中，列有民用及军用两用技术管制的清单的全部内容。该清单共有六个纵栏，第一纵栏有各类出口商品和技术的控制编号，第二至第五个纵栏分别标明根据每一商品或技术的控制编号，该商品或技术应适用单一有效的许可证或特许可证的国别分类号、实行管理的法律依据及其他有关许可的规定。第六纵栏里，对于某些商品或技术的控制编号还有建议性的解释，说明某些分类组的国家获得该商品或技术许可证的可能性。❷

（3）输入国分类

根据不同国家与美国的关系和实力等因素，按管制程度将技术输入国分为Z、S、Y、W、Q、T和V，从严到宽的七组，不同的国家实行不同的技术出口控制。美国的输入国分类也随着美国政治与外交关系不断地加以调整与变化。而且，美国还会针对不同的国家制定不同的技术控制清单。

以我国为例，美国对其先进技术与产品出口我国的管制对美中贸易平衡、贸易结构的影响很大。据美国统计局统计，2004年、2005年美国对我国出口的高新技术产品占美国高新技术产品总出口的比例分别为4.67%、5.71%，

---

❶ Guidance on Reexports and other Offshore Transactions Involving U. S. -Origin Items（BIS）.

❷ 王传丽. 国际技术贸易法 [M]. 北京：中国政法大学出版社，2004：306.

但是2004年、2005年美国从我国进口的高新技术产品占美国高新技术产品总进口的比例却分别为19.16%、22.79%，2003年美国对华高新技术产品贸易逆差为210.90亿美元，2004年达到362.97亿美元，2002至2005年间，美中高新技术产品贸易在生命科学、光电技术、信息通讯、高新材料、核技术领域存在逆差。❶ 这与美国所实施的对我国技术出口控制政策有关。因此，2006年7月，美国商务部工业安全局（BIS）提出新议案修订了对我国出口技术及产品的管制。

三、日本对技术出口的管理

1. 日本技术出口管理现状

日本对于进出口的管理的法律包括《外汇及对外贸易法》《进出口交易法》，以及《输入贸易管理令》和《输出贸易管理令》。技术出口管制主要体现在日本1949年制定的外汇外贸法中，此后，外汇外贸法经历了几次修订，主要有1979年修订的《外汇及对外贸易法》。依据1979年的《外汇及外对贸易法》，主要调整的事项包括（1）外汇交易；（2）支付事项；（3）资本交易及服务交易，包括技术转让协议在内；（4）直接投资；（5）对外贸易。《外汇及对外贸易法》将"技术转让协议"规定在外国直接投资中，"技术转让协议"一词涵盖了工业产权及其他有关技术权利的转让协议、许可合同、或非居民提供技术或管理指导。日本对出口规定了一些限制，以防止不正当的出口，规定不正当出口包括可能侵犯受目的地国家保护的工业产权或版权的货物出口，以及与合同指定种类显著不同的货物出口。《外汇及对外贸易法》同时规定，向特定国家出口特定种类货物及服务，以及运用特定交易或结算方式的交易，应首先取得出口许可证。并指出，关于货物、服务出口的限制规定同样适用于技术转让。

2. 技术出口管理的新趋势

日本在1999年对本国的技术出口情况进行了统计，对日本技术的主要输出地区及国家，向这些国家及地区出口技术的比例及接收技术的企业性质等问题做了较细致的调查，并公布了调查结果。结果表明，日本技术出口的主要去向国家与地区是美国、中国、中国台湾、韩国与泰国。主要的技术类型是专利与专有技术。日本作出了此项调查后，修改了本国的《特许法》及其

---

❶ 苏志明. 美国公布对我国出口技术与产品的新议案［J］. WTO经济导刊, 2006 (10).

他一些知识产权法规,对本国企业将专利技术向境外转让作出了一些限制,要求经本国相应的主管机关批准。近年来,日本又加强了对技术出口的限制,尤其是可能用作军事意图技术出口的控制。最近,日本经济产业省向国会提交了《外汇及对外贸易法》修正案,要点是对于可能转为军用的出口货物,规定企业必须实施恰当的出口管理,对于管理混乱的企业,将加强惩罚。按照新的修订案,日本企业员工等通过电子邮件等方式向国外提供重要情报时也必须取得许可。对未经许可擅自出口的行为,将加大处罚力度。

第三节 发展中国家国际技术转让的政府管理

一、发展中国家国际技术转让政府管理的特点

1. 侧重技术引进管理

由于发展中国家多数为技术水平相对处于劣势的国家,国际技术转让合同的主要类型是技术引进合同。因技术所有人对于技术的垄断地位,以及对于技术被吸收后其垄断地位丧失风险的考虑,许多国际技术引进合同中都被强加了一些限制性商业条款。发展中国家对于技术引进经验及相关法律体系并不完善,为防止本国经济利益在技术引进合同中受损,在吸引技术之初往往进行严格的政府管制,主要通过技术引进合同审批登记与明确限制性商业条款来规范本国的技术引进行为。为了吸引外国技术的进入,发展中国家在对技术引进进行管制的同时,又通过其他政策措施,如税收优惠等,鼓励技术转让。无论是管制措施还是鼓励措施,发展中国家主要是侧重对技术引进的管理,鼓励先进、适用技术的进口。

2. 因发展水平不同管理措施亦有差别

发展中国家在40年的发展过程中,彼此的技术水平与经济水平已经有一定的差距,21世纪发展速度较快的四个国家在国际上被号称"金砖四国"。"金砖四国"包括巴西、印度、中国与俄罗斯,"金砖四国"的名称源于英文BRICs一词,因这四个国家的英文名称首字母组合为"BRICs"。我们可以发现,在"金砖四国"中,有三个国家属于发展中国家,这表明发展中国家间的发展速度差距已经较大,发展较快的国家已经对国际经济产生了重要的影响。

发展水平不同的发展中国家对于技术进出口的管理措施也逐步呈现较大的差别,发展速度较快的国家政府管理措施变化也较大,对于原有的技术管

理措施进行了不同的修订,对技术的管理由原来的单纯技术引进管理转为对技术进出口行为的管理。如我国在 2001 年将原来的《技术引进合同管理条例》修订为《技术进出口管理条例》。韩国国会 2006 年通过的《防止产业技术外流及保护产业技术法》规定,韩国政府有权指定关系国家安全和国家重大利益的核心技术,韩国企业在向国外出售或转让相关的核心技术时,须事先得到政府有关部门的许可或提前向政府有关部门申报。而发展速度较慢的发展中国家,对于技术引进的政府管理措施改动则相对较小。

二、发展中国家技术引进政府管理法介绍

(一)阿根廷技术转让管理法

阿根廷目前管理技术引进立法规范的主要内容有:

1. 技术引进管理法的适用范围

阿根廷技术许可与转让法适用的范围是居所地位于境外的许可方与居所地位于阿根廷境内的被许可方签订的在阿根廷境内生效的技术转让与许可合同。阿根廷技术转让合同中所指的"技术"范围包括任何可申请专利的发明、外观设计,以及制造一种产品或提供一种服务的技术知识。

2. 技术引进合同的登记

依据阿根廷技术转让与技术许可法,本国当事人与境外许可方签订的技术转让合同必须在阿根廷国家工业产权机构(National Institute of Industrial Property)进行登记,技术转让合同的任何一方当事人均可提交登记。但国家工业产权机构并无权对技术转让合同进行审查,也不能对技术引进合同中包含的技术转让费用的支付、合同的期限、出口限制等限制性商业条款提出异议,其职能仅仅是进行登记。未提交登记的技术许可或转让合同不产生法律效力,也不具有强制执行力。

3. 限制性商业条款的规范

阿根廷并非对限制性条款不予规范,技术引进合同中包含的限制性条款要接受通常市场习惯规则的调整,这种通常市场习惯规则是指由技术引进合同当事人之外的独立当事人之间进行交易所确定的习惯规则。如果技术引进合同中的费用支付条款不符合通常市场习惯规则,双方当事人确定的技术使用费就会被认为存在虚假利润,而遭到税务机构的反对。

(二)墨西哥《关于技术转让与使用专利权与商标权的法律》

1972 年墨西哥通过了《关于技术转让与使用专利权与商标权的法律》,

对墨西哥的技术引进作出了比较严格的规范，1972年墨西哥关于技术转让的主要规定有以下内容：

1. 技术转让合同登记

墨西哥在1972年《关于技术转让与使用专利权与商标权的法律》中明确了具体适用技术管理政策的主体范围，即当技术转让合同涉及具有墨西哥国籍的个人或公司；居住在墨西哥的外国人或设在墨西哥的外国公司；设在墨西哥的外国公司的分支机构等主体时，其签订的合同应当进行登记。

根据该法，在墨西哥境内生效的以下内容的合同，应在合同签订后60日内，在技术转让登记处登记册上进行登记：

（1）允许使用商标；

（2）允许使用发明者的专利权、改善专利证、外形设计与模式；

（3）采用设计图、示意图、说明模型、说明书、公式、技术规格、训练人员和其他方式提供技术知识；

（4）为安装或制造产品提供基本或详细的设计；

（5）一切方式的技术援助；

（6）公司经营管理。

当事人所签订的技术转让合同，如果在法律规定的期间内提交登记，则技术转让合同登记自合同签字之日起生效。如果当事人超出了法律规定的期限进行登记，则登记只从提交文件之日起生效。

除技术转让合同的缔结需要登记外，墨西哥法律还要求在发生技术转让合同的修改时，也需要在技术登记处进行登记。如果技术转让合同的双方当事人自愿在合同约定期满前终止合同，那也要从终止之日起60天内履行通知义务。而且规定，墨西哥工商部有权于任何时候对是否履行本法律规定的义务进行审查。

2. 未登记的合同及其效力

未登记的合同包括两种，一种是由于合同当事人原因未进行登记的技术转让合同；另一种是因不符合法律要求，墨西哥技术转让登记处不予登记的合同。登记处不予登记合同的主要原因有以下两种：（1）所签订国际技术转让合同的技术标的是在墨西哥本国可以自由取得的同一技术；（2）包含有法律不允许的限制性商业条款。

无论哪一种形式，未在墨西哥国家技术转让登记处进行登记的技术转让合同,以及修订后的合同文本,不能够产生任何法律效力。技术转让合同也不会在墨西哥各机关得以执行,不具有强制执行力。

3. 限制性商业条款

墨西哥在 1972 年法律中规定了 13 种限制性商业条款,这些限制性商业条款的出现将导致合同无法产生预期的效力,其规定的限制性商业条款主要有:

(1) 价格或约因与取得的技术不相称或对本国经济造成不应有的负担的条款;

(2) 规定技术供应方有权直接或间接地控制或干预技术接受方的业务管理工作的条款;

(3) 规定技术接受方须无偿地把有关技术的改进或革新的成果返授给供应方的条款;

(4) 对技术接受方的研究与技术发展活动加以限制的条款;

(5) 规定必须仅从某一供货来源购买设备、工具、零件或原料的条款;

(6) 禁止或限制接受方的产品或服务的出口,违反本国利益的条款;

(7) 禁止使用补充技术的条款;

(8) 规定接受方所生产的货物只能卖给技术供应方的条款;

(9) 规定技术接受方必须长期使用供应方所指定的人员的条款;

(10) 限制产量,对接受方的国内生产与出口的商品强行规定售价或转售价的条款;

(11) 规定接受方必须与供应方签订独家推销或代理合同的条款;

(12) 协议的期限过长条款(最长不得超过 10 年);

(13) 规定上述合同或协定必须按外国法律进行解释,或规定有关争议必须提交外国法院审理的条款。

从对墨西哥 1972 年《关于技术转让与使用专利权与商标权的法律》内容的介绍来看,墨西哥对于技术引进采取的是较为严格的限制性措施,严格限定了合同的登记要求与合同中禁止出现的限制性商业条款。墨西哥在 1982 年对技术转让的法律进行了修订,废除了 1972 年的法律,但这部 1982 年的法律规定了相对 1972 年法律更为严格的管理措施。这种严格的技术转让合同管理规范限制了墨西哥技术的引进,墨西哥政府也逐步意识到严格的技术引进管理政策成为本国吸引技术与资本的障碍,开始着手改变相关立法,并在

1990年1月通过了技术转让的新立法，废除了1982年法律。新的法律放松了对技术引进合同的管制，减少了政府的管制，将更多的自由权交给了企业自身。在墨西哥加入北美自由贸易协定后，其他配套立法也逐步修订，这在很大程度上促进了墨西哥技术引进的力度。

三、我国的技术进出口管理规范

（一）我国专利技术的国外申请

我国《专利法》增加了关于在我国国内完成的发明创造向国外申请专利的限制性规定，这是企业在向国外申请专利时需要注意的问题。依据我国《专利法》规定，任何单位或个人就在中国完成的发明或实用新型向外国申请专利或向国外机构提交专利国际申请的，应当事先报经国务院专利行政部门进行保密审查；申请人就上述发明创造向国家知识产权局提出专利申请或国际申请的，视为同时提出了向国外申请专利的请求。受理该请求后，国务院专利行政部门认为可能涉及国家安全或利益的，应当及时通知申请人；申请人自请求递交日起4个月内未收到前述通知的，可以就该发明或者实用新型向外国申请专利或提交国际申请。国务院专利行政部门发出前述通知的，应当自请求递交日起6个月内作出是否需要保密的决定，并通知申请人，未在前述期限内作出决定的，视为同意申请人向外国申请专利或者向国外机构提交专利国际申请。

我国《专利法》的这一规定是出于对国家利益与国家安全的考虑，凡是在我国境内完成的发明向国外申请专利时，需要事先经过我国国务院专利行政部门的保密审查。同时对具体的程序也作出了详细的规定。

（二）我国技术进出口基本管理制度

我国对技术进出口的法律管理，除合同法、知识产权法等法律规范外，主要体现为2001年公布的《技术进出口管理条例》，在这部条例中也解释了制定该条例的原因，一是为了维护我国的技术进出口秩序，用法律手段规范和加强技术进出口的管理，明确违法行为和所应承担的法律责任，对明显扰乱技术进出口秩序的行为予以处罚，以促进我国技术进出口的健康、有序和持续发展；另一目的是为了促进国民经济和社会发展。我国从20世纪80年代开始，通过引进技术与消化创新加快了我国产业升级和产品的更新换代，从而提高了我国产品在国际市场上的竞争力。20世纪90年代以来，我国在自主开发技术的同时，引进国外的先进技术。在技术出口方面，鼓励成熟的产业化技术出口,有力地促进了国民经济与社会的发展。技术进出口是我国科技兴贸战略的核心内容,用法律手段规范和加强技术进出口管理,有利于促进我国技术进出口的健康、持续发展。依据我国《技术进出口管理条例》,我国对待技术进出口管理的基本制度体现为以下几方面。

1. 统一的对外贸易制度

我国对技术进出口也实行统一的管理制度,主要指首先我国在对技术进出口的管理体制上的统一,对技术进出口的贸易统一由一个行政管理部门进行管理;其次指技术进出口管理政策上的统一,我国对技术进出口的管理政策是相互一致,互相衔接的,这种统一性在全国范围内都是统一的;再次,在这些政策的执行上,也保持着统一性。国家实行这种统一管理制度的目的就是为了鼓励发展对外贸易,维护公平、自由的技术进出口秩序。使所有参与技术进出口的经营者能够按照法律享受平等的法律保护,创造一个公平的自由竞争的法律环境。

2. 贯彻平等互利的原则

我国对外贸易法鼓励按照平等互利的原则促进和发展同其他国家和地区的贸易关系,缔结或者参加关税同盟协定、自由贸易区协定等区域经济贸易协定,参加区域经济组织。平等互利原则是国际经济秩序的基本原则,我国在执行技术进出口贸易的政策时也要求遵循这一基本原则。

我国在对外贸易方面根据所缔结或者参加的国际条约、协定,给予其他缔约方、参加方最惠国待遇、国民待遇等待遇,或者根据互惠、对等原则给予对方最惠国待遇、国民待遇等待遇。任何国家或者地区在贸易方面对中华人民共和国采取歧视性的禁止、限制或者其他类似措施的,中华人民共和国可以根据实际情况对该国家或者该地区采取相应的措施。

3. 技术自由进出口制度

除法律、行政法规另有规定的外,国家准许技术的自由进出口。一国的对外贸易政策依据对贸易进行管制的严格程度,可以分为限制贸易政策与自由贸易政策,但在实践中很少有国家单纯地采纳完全自由贸易政策或完全限制贸易政策。我国的对外贸易法将自由进出口作为我国贸易政策的基本原则,除特殊情形,国家不限制技术的进出口贸易。进出口属于自由进出口的技术,应当向国务院对外贸易主管部门或者其委托的机构办理合同备案登记。

（三）对技术引进的管理

1. 技术引进的鼓励与限制措施

我国鼓励先进、适用的技术进口。这是我国推动科技创新、发展高科技的捷径，企业可以直接利用引进的高新技术进行生产，并提高产品的国际竞争力，促进技术的升级。我国在对技术进行管理的工作实践中，已经总结了一套对先进、适用技术进行判断的标准。

（1）税收管理措施

为鼓励技术进口，我国在对外开放之初就对技术引进通过对技术进口的经营者免征关税和进口环节增值税，及对外国的许可方所得税给予优惠的方式给予鼓励。

我国还规定对单位和个人从事技术转让、技术开发业务和与之相关的技术咨询、技术服务业务取得的收入，免征营业税。规定从中国境外向中国境内通过贸易、投资或者经济技术合作的方式转移技术的行为，对于符合规定的技术进口合同，外国企业可以享受减免企业所得税的优惠，许可方申请办理所得税减免的，可委托技术进口被许可方办理有关手续。[1]

我国在对技术引进的经营者进行税收优惠鼓励的同时，也规定了具体的要求，即在进行技术引进时，不得进口限制类技术，在技术引进合同条款中不得存在严重限制性条款，违背《技术进出口管理条例》中关于限制性商业条款规定的具体内容。此外，技术引进合同中以提成费方式支付特许权使用费，提成率超过5%的，也不享有税收优惠政策。

（2）金融管理措施

鼓励技术引进所采取的金融措施主要表现为金融机构对技术投资所给予的优惠贷款和专利技术融资的抵押贷款。采取金融措施鼓励先进技术的投资已经成为我国知识产权战略中的一项重要内容，只要开发从事高新技术项目，包括引进技术成立合资企业在内的企业就可以取得我国的优惠贷款。优惠贷款是指低于金融企业同期同类贷款利率水平的贷款。我国还为鼓励金融机构接受专利技术抵押贷款提供了优惠政策，接受专利技术抵押贷款可以更好地促进我国技术引进的进程。

---

[1]《国家税务总局 商务部关于技术进口企业所得税减免审批程序的通知》（国税发 [2005] 45号）。

(3) 外汇管理措施

技术引进外汇管理是接受技术的国家通过法律、条例等形式对技术许可产生的使用费或投资产生的利润进行管理的措施。我国通过外汇管理条例对技术引进产生许可费与利润进行管理。依据我国 2008 年的《外汇管理条例》，境外机构、境外个人在境内直接投资，经有关主管部门批准后，应当到外汇管理机关办理登记。办理登记后的企业与个人在符合我国外汇管理法规定的条件下，可以将所得利益汇出境外，以保证技术许可方与投资方所获得的利益能够真正得以实现。

2. 限制进口技术的许可证管理

对属于限制进口的技术，我国实行许可证管理；未经许可，不得进口。所谓许可证管理指国家主管部门对属于限制进口的技术实行行政许可的制度，未经过主管部门行政审批的技术不得进口。

进口属于限制进口技术的具体程序是，首先应当向国务院外经贸主管部门提出技术进口申请并附有关文件，技术进口项目需经有关部门批准的，还应当提交有关部门的批准文件。国务院外经贸主管部门收到技术进口申请后，应当会同国务院有关部门对申请进行审查，并自收到申请之日起 30 个工作日内作出批准或者不批准的决定。技术进口申请经批准的，由国务院外经贸主管部门发给技术进口许可意向书，进口经营者取得技术进口许可意向书后，可以对外签订技术进口合同，进口经营者签订技术进口合同后，应当向国务院外经贸主管部门提交技术进口合同副本及有关文件，申请技术进口许可证，国务院外经贸主管部门对技术进口合同的真实性进行审查，并自收到前款规定的文件之日起 10 个工作日内，对技术进口作出许可或者不许可的决定。

在特殊情况下，申请人在向国家主管部门申请时，已经签订了技术进口合同的，申请人也可以在向国务院外经贸主管部门提出技术进口申请时，一并提交已经签订的技术进口合同副本，这样就不必再申请技术进口许可意向书。国务院外经贸主管部门应当对申请及其技术进口合同的真实性一并进行审查，并自收到前款规定的文件之日起 40 个工作日内，对技术进口作出许可或者不许可的决定。

技术进口经许可的，申请人可以申请领取技术进口许可证，经审查真实后，由国务院外经贸主管部门颁发技术进口许可证。技术进口合同自技术进口许可证颁发之日起生效。

3. 自由进口技术的登记管理

我国对属于自由进口的技术，实行合同登记管理。进口属于自由进口的技术，技术进口合同自合同依法成立时生效，不以登记作为合同生效的条件。技术的进口经营者在进口属于自由进口的技术时须将技术进口合同向主管部门办理登记，但这不是对技术的审批程序，只是一种形式管理。办理登记时应提交必要的申请文件，包括技术进口合同登记申请书、技术进口合同副本及签约双方法律地位的证明文件。

凡没有被列入限制进口的技术目录和禁止进口的技术目录中的技术，都可以视为自由进口的技术，准许其自由进口。对自由进口的技术进行登记主要目的是为了对技术的进口情况进行统计，分析技术进口的趋势，从而为国家制定相应的政策提供依据。技术的进口者则要依据技术进口合同登记证办理外汇、银行、海关等相关手续，如国家还有其他相应的优惠政策，还要凭合同登记证来办理优惠待遇的申请。

国务院外经贸主管部门应当自收到相关文件之日起3个工作日内，对技术进口合同进行登记，颁发技术进口合同登记证。

（四）技术出口的管理

国家鼓励成熟的产业化技术出口。成熟的产业化技术出口可以带动高技术含量的产品和设备出口，增强我国产品的国际竞争能力。

1. 技术出口的鼓励措施

国家对技术出口的鼓励措施主要有税收优惠政策和政策性的金融手段。在税收优惠上的政策主要是出口退税。我国的出口退税政策是1985年开始实行的，目前执行的出口退税率是1995年10月《国务院关于降低出口货物退税率的通知》的规定。国家利用符合国际惯例的政策性金融手段，主要是成立中国进出口银行，通过开展出口卖方信贷、出口信用保险等业务，为成熟的产业化技术及相关设备、高新技术产品的出口提供充足的资金和政策性贷款以支持出口，此外，国家还逐步建立和完善了对外贸易服务的金融机构，设立对外贸易发展基金、风险基金以促进成熟的产业化技术出口。❶

---

❶ 国务院法制办公室财政金融法制司．中华人民共和国技术进出口管理条例问答［M］．北京：中信出版社，2002：52．

国家税务总局在2009年4月正式发布了《关于技术转让所得减免企业所得税有关问题的通知》，对于可以获得技术转让所得减免企业所得税应符合的具体条件进行了明确，首先，享受优惠的技术转让主体应当是企业所得税法规定的居民企业；其次，向境外转让技术应当经省级以上商务部门认定。享受技术转让所得减免企业所得税优惠的企业，应单独计算技术转让所得，并合理分摊企业的期间费用。

2. 限制出口技术的管理

限制出口的技术，由国务院外经贸主管部门会同国务院有关部门，制定、调整并公布限制出口的技术目录。属于限制出口的技术，实行许可证管理；未经许可，不得出口。

限制出口技术出口的具体申请程序为，出口属于限制出口的技术，首先应当向国务院外经贸主管部门提出申请。国务院外经贸主管部门收到技术出口申请后，应当会同国务院科技管理部门对申请出口的技术进行审查，并自收到申请之日起30个工作日内作出批准或者不批准的决定。限制出口的技术需经有关部门进行保密审查的，按照国家有关规定执行。技术出口申请经批准的，由国务院外经贸主管部门发给技术出口许可意向书，申请人取得技术出口许可意向书后，方可对外进行实质性谈判，签订技术出口合同，申请人签订技术出口合同后，应当向国务院外经贸主管部门提交申请文件，申请技术出口许可证，这些文件主要包括：

（1）技术出口许可意向书；

（2）技术出口合同副本；

（3）技术资料出口清单；

（4）签约双方法律地位的证明文件。

国务院外经贸主管部门对技术出口合同的真实性进行审查，并自收到规定的文件之日起15个工作日内，对技术出口作出许可或者不许可的决定。技术出口经许可的，由国务院外经贸主管部门颁发技术出口许可证。技术出口合同自技术出口许可证颁发之日起生效。

3. 自由出口技术的管理

国家对属于自由出口的技术，实行合同登记管理。出口属于自由出口的技术，合同自依法成立时生效，不以登记为合同生效的条件。出口属于自由出口的技术，应当向国务院外经贸主管部门办理登记，并提交下列文件：

(1) 技术出口合同登记申请书；

(2) 技术出口合同副本；

(3) 签约双方法律地位的证明文件。

国家主管部门应当自收到规定的文件之日起 3 个工作日内，对技术出口合同进行登记，颁发技术出口合同登记证。申请人凭技术出口许可证或者技术出口合同登记证办理外汇、银行、税务、海关等相关手续。

4. 特殊技术的出口管制

根据我国《技术进出口管理条例》的规定，出口核技术、核两用品相关技术、监控化学品生产技术、军事技术等出口管制技术的，依照有关行政法规的规定办理。根据国际惯例，国家可以对下列技术实施出口管制：常规武器及双用途物品及相关技术；核，包括核材料、核设备和反应堆用非核材料等物质及相关技术；核两用品及相关技术；生物、化学武器；导弹及其技术。❶

我国对核技术、核两用品相关技术、监控化学品生产技术、军事技术领域制定有专门的法规，分别是《中华人民共和国监控化学品管理条例》《中华人民共和国核出口管制条例》《中华人民共和国军品出口管理条例》《中华人民共和国核两用品及相关技术出口管制条例》。相应地，这些特定受管制技术由不同的国家主管机关进行审批和管理，分别是：

（1）国家原子能机构负责核技术的出口申请，经其审查同意后，转达商务部进行复审或由商务部会同国防科工委进行复审，对国家安全、社会公共利益或外交政策有重要影响的，还应会同外交部，必要时报国务院批准。申请复审或审批同意的，由商务部颁发许可证。

（2）出口核两用品相关技术，应当向商务部提出申请，由商务部会同国家原子能机构或者会同国家原子能机构商有关部门，涉及外交政策的，并商外交部，对国家安全、社会公共利益或外交政策有重大影响的，由商务部会同有关部门报国务院批准。申请复审或审批同意的，由商务部颁发出口许可证。

（3）出口监控化学品生产技术，应当向国务院化学工业主管部门提出申

---

❶ 国务院法制办公室财政金融法制司. 中华人民共和国技术进出口管理条例问答 [M]. 北京：中信出版社，2002：68.

请,由其进行审查批准,申请被批准的,凭批准文件向商务部申请领取出口许可证。

(4) 出口军事技术应当向国家军品贸易主管部门提出申请,由其会同国务院、中央军事委员会的有关部门审查批准,申请被批准的,国家军品贸易主管部门签发出口许可证。

(五) 其他法律规范对技术进出口的管理

1. 《合同法》

技术进出口贸易作为一种国际商业交往必然要通过合同关系来加以实现,以确定许可协议的许可方与被许可方之间的权利义务关系。

技术进出口双方当事人的权利义务关系也要遵守我国《合同法》中关于合同的订立、合同的效力、合同双方当事人的权利义务以及合同的履行与救济方法方面的规定。此外,我国的《合同法》还在分则中对技术合同进行了专门的规定。

按我国《合同法》的规定,技术转让合同包括专利权转让、专利申请权转让、技术秘密转让、专利实施许可合同,并规定技术转让合同应当采用书面形式。合同法对技术转让合同的要求是技术转让合同可以约定让与人和受让人实施专利或者使用技术秘密的范围,但不得限制技术竞争和技术发展。

2. 《技术进出口合同登记管理办法》

我国在 2002 年 1 月 1 日施行了由对外经济贸易部公布的《中华人民共和国技术进出口合同登记管理办法》,改变了我国原来实行的技术进出口合同的审批制管理。2009 年 2 月,商务部公布实施了修订后的《技术进出口合同登记管理办法》,原办法废止。

(1) 技术进出口合同的范围

2009 年 2 月的《技术进出口合同登记管理办法》将我国技术进出口合同范围界定为专利权转让合同、专利申请权转让合同、专利实施许可合同、技术秘密许可合同、技术服务合同和含有技术进出口的其他合同。

(2) 技术进出口合同的登记

商务主管部门是我国技术进出口合同的登记管理部门,商务部负责对《政府核准的投资项目目录》和政府投资项目中由国务院或国务院投资主管部门核准或审批的项目项下的技术进出口合同进行登记管理。各省、自治区、直辖市和计划单列市商务主管部门负责对政府投资项目目录以外的自由进出口技术合同进行登记管理,包括中央管理企业的自由进出口技术合同。各省、自治区、直辖市和计划单列市商务主管部门可授权下一级商务主管部门对自由进出口技术合同进行登记管理。

支付方式非为提成方式的技术进出口合同,当事人应在合同生效后60天内办理合同登记手续。支付方式为提成的技术进出口合同,当事人应在首次提成基准金额形成后60天内,履行合同登记手续,并在以后每次提成基准金额形成后,办理合同变更手续。

自由进出口技术合同自依法成立时生效。国家对自由进出口技术合同实行网上在线登记管理。技术进出口经营者应登陆商务部政府网站上的"技术进出口合同信息管理系统"进行合同登记,并持技术进(出)口合同登记申请书、技术进(出)口合同副本(包括中文译本)和签约双方法律地位的证明文件,到商务主管部门履行登记手续。商务主管部门在收到上述文件起3个工作日内,对合同登记内容进行核对,并向技术进出口经营者颁发《技术进口合同登记证》或《技术出口合同登记证》。经登记的自由进出口技术合同在执行过程中因故中止或解除,技术进出口经营者应当持技术进出口合同登记证等材料及时向商务主管部门备案。

(3)自由进出口技术合同登记的主要内容

自由进出口技术合同登记的主要内容包括合同号、合同名称、技术供方、技术受方、技术使用方、合同概况、合同金额、支付方式,以及合同有效期。

(4)自由进出口技术合同登记的标准代码管理

国家对自由进出口技术合同号实行标准代码管理。合同号总长度为17位,一般前9位为固定号:第1~2位表示制合同的年份(年代后2位)、第3~4位表示进口或出口国别地区(国标2位代码)、第5~6位表示进出口企业所在地区(国标2位代码)、第7位表示技术进出口合同标识(进口Y,出口E)、第8~9位表示进出口技术的行业分类(国标2位代码)。后8位为企业自定义。

3.《对外贸易法》

(1)确定技术进出口的基本原则

为了履行"入世"承诺,我国《对外贸易法》在2004年进行了修订,对技术进出口的管理态度有所变化。对外贸易法修订之前,从事技术进出口,必须经国务院主管部门许可;修订后的对外贸易法取消了对技术进出口经营权的审批,明确规定了"国家准许技术的自由进出口",表明了我国对技术进行管理的基本原则。依据我国《对外贸易法》,进出口属于自由进出口的技术,也应当向国务院对外贸易主管部门或者其委托的机构办理合同备案登记。

(2) 互惠待遇

根据我国《对外贸易法》的规定,其他国家或者地区不能对来源于中华人民共和国的技术提供充分有效的知识产权保护的,国务院对外贸易主管部门可以依照有关法律、行政法规的规定,并根据缔结或者参加的国际条约、协定,对于该国家或者该地区的贸易采取必要的措施。

(3) 限制或禁止技术进出口的主要情形

在技术自由进出口原则的基础上,国家也规定了在对国家安全等有重大影响情形下,可以限制或禁止某些技术的进出口。限制或禁止技术进出口的情形主要有三种:一是会对公共安全造成影响的情况。国家安全包括国家的政治安全、经济安全等多个方面,只要会对社会公共利益、生命健康、环境、自然资源造成影响,有必要对技术的进出口进行限制或禁止的,国家将通过审批许可的方式加以限制。国家对与裂变、聚变物质或者衍生此类物质的物质有关的技术进出口,也会采取必要的措施,维护国家安全。在战时或者为维护国际和平与安全,国家在技术进出口方面也可以采取任何必要的措施。二是会对经济秩序造成影响的情况。国家通过宏观调控的手段对经济秩序进行管理,也会基于对经济秩序的维护限制或禁止技术的进出口。包括为实施与黄金或者白银进出口有关的措施,建立或者加快建立国内特定产业、国家国际金融地位和国际收支平衡等需要限制或者禁止进口或者出口的情形。三是根据我国缔结或者参加的国际条约的要求,承担相应的义务,需要对某些技术的进出口进行限制或禁止的,国家也会加以限制。

对限制进口或者出口的技术,实行许可证管理,实行许可管理的技术,经国务院对外贸易主管部门或者经其会同国务院其他有关部门许可,方可进口或者出口。

(4) 技术进出口合同中的限制性商业条款

与《技术进出口管理条例》中对限制性商业条款的规定方式不同,我国《对外贸易法》并未全部列举限制性商业条款的表现。只在第30条中规定了对许可合同中的知识产权的有效性提出质疑、进行强制性一揽子许可、在许可合同中规定排他性返授条件三项,与 TRIPS 中的规定是基本一致的。

在出现以上三种行为之一时,如果会危害对外贸易公平竞争秩序的,国务院对外贸易主管部门可以采取必要的措施消除危害。

4. 反垄断法

我国《反垄断法》于 2008 年 8 月 1 日正式实施,《反垄断法》的出台标志着我国市场经济发展与规范进入了一个新的时期。它是在对各国反垄断法进行研究并吸取其经验后制定的,能够从我国国情出发,确立预防和制止垄断、保护和促进公平竞争的法律制度。

《反垄断法》第 55 条对于知识产权与反垄断问题作出了原则性的规定:"经营者滥用知识产权,排除、限制竞争的行为,适用本法"。在对第 55 条的解释中,大多数观点倾向于从知识产权与反垄断法的一致性方面理解法条的含义,而该条真正具有突破性意义的领域实际在国际技术转让法中。在我国取得了引进国外先进技术成就的同时,也带来了一个不可回避的问题,那就是在国际专利技术转让的过程中,专利权人利用技术转让合同,滥用垄断地位,对我国的经济造成了一定影响。《反垄断法》首次在国际专利技术转让领域提出了禁止知识产权权利人滥用权利,限制竞争的规范,对国际技术转让的管理进行完善。尽管《反垄断法》并未对知识产权权利人的具体限制竞争行为加以列举,或明确可操作性具体标准,但在反垄断法中对国际技术转让过程中滥用专利权支配地位、限制竞争的行为进行规范,在相当大的程度上健全了我国国际技术转让法律体系。

四、我国技术进出口政府管理规范的完善

我国《技术进出口管理条例》自 2001 年修订以来,无论是法律自身内容,还是技术进出口现状都对条例的修改提出了进一步的要求,特别是《专利法》修订以后,对《技术进出口管理条例》的修改势在必行,以下就需要修改之处进行简要阐述。

1. "技术进出口"的界定标准

依据现有规定,政府管理技术进出口的标准是技术的"跨越国境转移"。对于"跨越国境转移"的解释是,"跨越国境"指经营跨境性:技术进出口,就是进出中华人民共和国关境。不进出关境,就无法称之为进出口。如果经营技术贸易不进中国关境,那么其是境外或者国外的技术转移行为,与我国的技术贸易经营者没有关系,我国技术进出口行政管理部门没必要管也无法管,这不是技术进出口,不归本条例调整❶。

由于专利技术的无形性,使用该标准确定专利技术转让的国际性时增加了难度,"跨越国境转移"在适用于有形货物时尚明确,但在适用国际技术转让时,则会出现这样的问题:跨越国境转移的客体是什么,是技术本身还是记载技术的技术资料?由于知识产权的无形性与地域性特征,认为是客体在跨越国境并不准确,只能求助于更为明显的国际性标志。这就又与国际货物贸易的国际性标准殊途同归了,即通过许可方与被许可方的营业所在地处于不同的国家或地区来确定,此种确定方法在实践中显然是既好操作,又不会造成异议。我国在实践中也是按照这一标准操作,即我国政府要求的技术进出口管理及登记的主要依据是转让方或受让方的营业地在我国国境之外。对于我国技术进出口的政府管理而言,是否可采用其他标准,如初次权利登记地标准或技术实施地标准❷等,尚需探讨,但对于异议不大,且在我国实践中已经采用的营业地标准,应当在法律中以明确、可操作的条文进行规范。纵观其他国家立法关于专利技术转让跨国性标准的规定,大多采用居所地或营业地的标准,与我国实践中的做法一致。如阿根廷技术许可与转让法规定,该法适用的范围是居所地位于境外的许可方与居所地位于阿根廷境内的被许可方签订的在阿根廷境内生效的技术转让与许可合同。墨西哥在1972年《关于技术转让与使用专利权与商标权的法律》中明确规定具体适用技术管理政策的主体范围包括:技术转让合同涉及具有墨西哥国籍的个人或公司;居住在墨西哥的外国人或设在墨西哥的外国公司。确定技术进出口的跨国性是我国对技术进行规范管理的基础,我国对技术进出口的管理,应当首先对技术进出口的标准予以明确,以指导政府对于技术进出口的管理,并使技术转让的当事人对于合同的管理行为有所预期。

2. 关于限制性商业条款的规范

(1) 现有规范

我国在1985年颁布的《技术引进合同管理条例》中曾规定了9种限制性

---

❶ 国务院法制办公室财政金融法制司. 中华人民共和国技术进出口管理条例问答[M]. 北京:中信出版社, 2002: 4.

❷ 徐红菊. 专利许可法律问题研究[M]. 北京:法律出版社, 2007: 118.

商业条款，并规定如果技术引进合同中包含了这 9 种条款，审批机关可以不予批准。我国在这一条例中对限制性商业条款的规定，主要是借鉴了《国际技术转让行动守则（草案）》中的内容，但在十几年的国际技术贸易实践中，逐步发现将其中的一些条款规定为限制性商业条款，并不符合国际技术贸易的法则与发展规律。在总结了国际技术贸易活动中的经验后，我国在 2001 年通过的《技术进出口管理条例》对原来的限制性商业条款也做了修改，删除了"禁止受方在合同期满后，继续使用引进的技术"条款，并在第 28 条中作出了这样的修改："技术进口合同期满后，技术让与人与受让人可以依照公平合理的原则，就技术的使用进行协商"，顺应了国际技术贸易发展的实际情况。与 1985 年国务院发布的《技术引进合同管理条例》中对限制性商业条款的规定相比，2001 年修改后的条例规定作了更为灵活的改动，如将"限制受方自由选择从不同来源购买原材料、零部件或设备"改为"不合理地限制受让人购买原材料、零部件、产品或设备的来源及渠道"，考虑到了技术许可方为保证所转让技术生产产品的质量而对产品的原材料、零部件及设备进行限制的合理情况。

（2）存在的问题与完善

尽管在限制性条款的规定上要比 1985 年的条例更为灵活与进步，但随着我国国际技术转让交易的不断发展，经济形势的变化，仍然需要对其作出修改。如在条例第 29 条中规定，"技术进口合同中，不得含有下列限制性条款"，这一条款表明了对于限制性商业条款的态度，但却并未从法律上明确在国际技术转让合同中出现类似条款时合同的效力。限制性商业条款在实践适用中，就会出现下列问题：

首先，是关于自由进口技术转让合同。我国将技术进出口的管理分为三类，其中一类是自由进出口的技术，实行合同登记管理。合同登记只是履行程序，并不对技术进行审核。2009 年我国进一步放宽对自由进出口技术的管理，根据 2009 年 2 月实施的《技术进出口合同登记管理办法》，除《政府核准的投资项目目录》和政府投资项目中的技术进口合同外，各省、自治区、直辖市和计划单列市商务主管部门负责对自由进出口技术合同进行登记管理。国家还对自由进出口技术合同实行网上在线登记管理，这些措施都将促进技术的进口。但对于限制性商业条款的规定，就会存在这样的问题：自由进口技术转让合同中是否可以规定限制性商业条款？从目前的规定来看，我国实际上对于在自由进口合同中规定条例中禁止的限制性条款是不加以禁止的，因为法律上并未设定程序对自由进口技术转让合同的限制性条款内容进行审查，而是仅履行登记程序即可。这就使条例的规定对于此类技术转让合同而言成为指导性的规范，这与条例最初的立法本意似乎不符。

其次，是关于限制进口技术转让合同。排除在自由进口技术转让合同类型中适用该规范，就只剩下唯一的适用对象——限制进口技术转让合同。限制进口技术转让合同中不得规定第29条中明确的限制性条款，但却并未规定如果在合同中出现了类似条款，会对合同效力产生何种影响。第29条中的内容对于限制性商业条款效力并未加以确定，如依据第29条不得规定的限制性商业条款包括，不合理地限制受让人购买原材料、零部件、产品或者设备的渠道或者来源；不合理地限制受让人产品的生产数量、品种或者销售价格；以及不合理地限制受让人利用进口的技术生产产品的出口渠道的条款，判断"不合理"的标准并不明确。

随着我国技术转让交易的发展，国内当事方对限制性商业条款已经有一定的意识与把握，国际公约中的规定也基本明确，参照一些发达国家的立法与司法经验，可以确定限制性商业条款对合同的影响力，包括使合同整体无效的绝对禁止限制性商业条款与只导致条款本身无效、不影响合同整体效力的限制性条款。对此予以明确规范，一方面可与国际公约的规定保持一致，另一方面可以在一定程度上防止技术进口中本国受让方利益受损。国际公约中加以确定的限制性商业条款体现在TRIPS中，主要包括独占性的返授条件，即要求技术的被许可方取得技术后对技术作出的改进，必须无条件地返授给技术的许可方或许可方指定的其他企业；禁止对有关知识产权的有效性提出异议的条件，即技术的被许可方对其所拟欲取得的专利技术或其他相关知识产权的有效性，不得提出任何异议；强迫性的一揽子许可证，即技术的许可方在许可协议中，除协议技术之外，强迫被许可方接受的其他被许可方不需要的专利技术、产品等。一些发达国家也对于类似条款的效力从法律上加以了明确的规定，如欧盟2004年4月27日颁布的《关于对若干技术转让合同适用条约第81条第3款的第772/2004号条例》（COMMISSION REGULATION (EC) No 772/2004 of 27 April 2004 on the Application of Article 81 (3) of the Treaty to Categories of Technology Transfer Agreements）中，将导致整个合同无效的条款称为核心限制性条款。如果在专利许可合同中出现此类条款，则导致整个许可合同无效,核心限制性条款不能得到豁免。确定此类条款的效力可以明确其对进出口技术合同的影响,真正发挥法律对于合同中限制性条款引导、禁止的规范作用。影响条款本身效力的限制性条款又被称为被排除的限制,该类限制性条款的出现只影响条款本身,因此,尽管此类限制也不会得到豁免,但只是针对于条款自身,未必及于包含限制性条款的许可合同整体。

限制性商业条款出现是由国际技术转让合同的特点决定的,无论在哪一种类型的技术转让合同中出现限制性商业条款,都有可能对市场竞争造成影响。鉴于对限制性商业条款事先规定的可操作性不强的现状,与自由进口技术合同中限制性商业条款效力规范欠缺的现状,我国可以建立对限制性商业条款的事后审查的制度。当由于当事人在合同中约定的限制性条款对市场竞争造成阻碍时,由法律加以强行纠正,恢复利益平衡。技术进出口合同中的限制性商业条款是否会对国家的经济发展或市场竞争造成影响,在合同订立之初很难加以判断。尤其是技术进出口双方当事人不具有相应市场影响力的情形下,限制性商业条款对于市场竞争秩序的影响也是微弱的,应当适用契约自由的原则,是否接受限制性的条款由当事人自己加以判断。只有在技术成为产品之后,当事人之间的约定影响市场竞争秩序时,才需要根据现实情况,通过法律对限制性商业条款予以限制或排除。因而,许多国家,主要是发达国家,对于限制性商业条款并不在事前主动介入,而是通过法院对合同条款是否属于法律禁止的限制性商业条款,结合具体案情进行判断。建立限制性商业条款的事后审查制度符合技术进出口合同本身的特性,也有利于在实践中及时调整不利于整体市场竞争的行为。

3. 进出口技术的类型与方式

从我国条例的规定可以看出,我国规范的技术类型包括专利技术、技术秘密,但在"技术服务和其他方式的技术转移"这一规定并未明确技术的类型,如未明确对"计算机软件技术"的转移进行规范。通过专利法对计算机软件技术加以保护已经成为许多国家的立法趋势,如日本1988年已经公布《有关计算机软件发明的审查办理案》,1992年又公布了《新软件专利审查标准框架方案》,美国专利商标局1995年提出了《计算机应用发明的审查基准草案》。这一方面体现了计算机软件技术在各国经济发展中的重要作用,另一方面也表明了软件技术的可专利性得到认可。我国《专利审查指南

(2010)》中也规定计算机软件可专利性的要求，但目前实践中计算机软件仍然主要以著作权的方式加以保护，经过多年的努力，我国计算机软件技术水平与国外的差距越来越小，在技术进出口管理规范中有必要纳入对计算机软件技术进出口规范。

依据我国现有条例的规定，技术进出口方式包括专利权转让、专利申请权转让、专利实施许可、技术秘密转让、技术服务和其他方式的技术转移。从该规定中可以得出"技术转让"与"技术实施许可"是两种不同的技术进出口方式，技术转让主要指技术所有权的转让，而技术实施许可则应指技术使用权的许可，因而将专利技术进出口方式并列为"专利权转让"与"专利实施许可"。由以上分析看出，对于"技术秘密"，条例仅规范技术秘密转让，而不规范技术秘密的实施许可。技术秘密是技术所有人采取了合理保密措施的，能够为所有人带来商业价值的秘密技术，技术秘密的范围甚至要大于专利技术的范围，为了避免技术公开的侵权行为、可能得不到专利授权而丧失经济利益，以及获得更长期间的技术独占实施权，技术所有人都有可能将所发明的技术以技术秘密的形式加以利用。将技术秘密许可受让方使用也是技术秘密利用的一种重要方式，从我国目前的规范来看，显然排除了对"技术秘密实施许可"的规范管理，应当加强此部分的立法，以避免这一部分的技术进出口处于政府管理范围之外。